R & L

W0051616

Lucinda Jarrett

STRIPTEASE

Die Geschichte
der erotischen Entkleidung

Aus dem Englischen
von
Andrea von Struve und Petra Post

Rütten & Loening
Berlin

Mit 50 Abbildungen

Die Übersetzerinnen bedanken sich bei Richard Vahrmann für seine engagierte und sach-
kundige Unterstützung.
Der Verlag dankt dem Deutschen Tanzarchiv Köln für die Unterstützung bei der Bebil-
derung der deutschen Ausgabe des Buches.

ISBN 3-352-00620-2

1. Auflage 1999
© Rütten & Loening Berlin GmbH 1999
Stripping in Time © Lucinda Jarrett 1997
First published by Pandora, an Imprint of Rivers Oram, London 1997
Bearbeitung und Bildredaktion Gabriele Dietz
Umschlaggestaltung Ute Henkel/Torsten Lemme
unter Verwendung des Fotos »Anita Berber, cocaine« Wien 1922, Bildarchiv ÖNB Wien
Typographie Peter Friederici
Reproduktion Galrev, Berlin
Druck und Binden G. Canale & C., Turin
Printed in Italy

Inhalt

Für Anna

Einführung
Der glühende Funke

Se eu fosse a Eva eu teria juizo
E nao perdia o paraiso
Chutava a cobra coma sua traicao
Pois nao, sou a Luz do Fuego
Pra gostar de cobra nao.

Ich an Evas Stelle hätte mich in acht genommen
Ich hätte das Paradies nie verloren
Die hinterlistige Schlange, ich hätte sie hinausgeworfen
Doch nein, ich bin der glühende Funke
Ich hätte es nicht getan, weil ich die Schlange liebe.

Luz do Fuego, 1950

Luz do Fuego kam am 21. Februar 1917 unter dem Namen Dora Vivacqua zur Welt. In den fünfziger Jahren war sie Karnevalsprinzessin und wurde nach ihrem Auftritt im *Teatro Recreio* in Rio de Janeiro als nackte Schlangentänzerin über Nacht berühmt. Ihr Lied bringt die widersprüchliche Haltung zum Ausdruck, mit denen Erotiktänzerinnen in Europa und Amerika konfrontiert wurden und immer noch werden: Einerseits bewundert man die Tänzerin als selbstbewußte Frau mit einer starken sexuellen Ausstrahlung, die das Bild von der sündigen Fleischeslust, die alle Frauen von Eva erbten, in Frage stellt. Andererseits zelebriert und bekräftigt sie den göttlichen Aspekt des Sex, indem sie ihn ins Zentrum der Liebeserfahrung rückt.

Aufgrund der rigiden christlichen Moralvorstellungen entwickelte sich der erotische Tanz im Osten, lange bevor er nach Europa und Amerika kam. Der Schlangentanz beispielsweise, das Vorbild für Dora Vivacquas Tänze, entstand in Indien. Der erotische Tanz ist ein zentrales Element der hinduistischen Religion; in der altindischen Kultur waren Schlangentänzerinnen zugleich Tempeltänzerinnen. Der Hinduismus geht davon aus, daß sich die Seele des Menschen in einem Zustand permanenten Leidens befindet, der nur durch Gebet und Meditation (Yoga) aufgehoben werden kann oder durch sinnliches Vergnügen (Bhoga), wobei der sexuelle Genuß den Menschen von seiner Begierde befreit. Beim Bhoga leiteten schöne Frauen ihre Schüler an, sich von ihrem Ich zu befreien und in der völligen Verschmelzung mit den weiblichen und männlichen Göttern des hinduistischen Pantheons Erfüllung zu finden.

Shiva ist der Herr des Tanzes und der Gott der Schöpfung. In seiner Erscheinungsform als vierarmiger Nataraja symbolisiert er die Untrennbarkeit von Mann und Frau. Hinduistische Hymnen besingen die sexuelle Vereinigung als göttlichen Akt, und die Tänze, die die Hymnen begleiten, unterstreichen diese Empfindung. Erotische Tänze symbolisieren die Liebesbeziehung zwischen Krishna und Radha und sind die Grundlage aller zeitgenössischen klassischen Tänze Indiens. Die vedischen Hymnen sind in zehn Bücher oder *mandalas* unterteilt. Das Buch *Natyasastra*, das der Weise Bharata verfaßte, enthält eine Beschreibung der Tänze der Apsaras, die die Einheit des Männlichen und Weiblichen verkörpern. Die anschaulich beschriebenen Bewegungen von Bauch, Brüsten, Hüfte und Schenkeln werden von erotischen Gesten von Hals, Kopf und Händen unterstrichen.

Unsere westliche Tradition des Striptease wurde von Tänzerinnen anderer Kulturen stark beeinflußt. Die Weltausstellungen im 19. Jahrhundert machten fremde Tanzstile im Westen bekannt, wobei die Tänzerinnen der nordafrikanischen Küste den stärksten Einfluß auf die Entwicklung des erotischen Tanzes in Europa und den USA hatten. Der »danse du ventre« oder »Bauchtanz« brachte zwei unterschiedliche Tanztraditionen hervor, von denen einer der Striptease ist. Lambada, Salsa, Rock 'n' Roll, Lindyhop und Jive sind »Gesellschaftstänze«, also zwanglose Tanzformen, die sich vom Bühnentanz dadurch unterscheiden, daß sie keinem Publikum vorgeführt werden. Zwangloser Gesellschaftstanz ist in der Regel sinnlicher als klassischer Tanz. Der erotische Tanz, darunter auch der Striptease, hat sich immer zwischen diesen beiden Polen bewegt; er hat von beidem etwas und ist doch keines von beiden.

Beim erotischen Tanz und beim Striptease entsteht eine gewisse Intimität zwischen Darstellerin und Publikum: Jeder Zuschauer soll das Gefühl haben, daß der Auftritt nur für ihn allein bestimmt ist und daß die Darstellerin seine Phantasien auslebt. Die Konventionen des klassischen Bühnentanzes hingegen – Tanztechniken, Bühnenausstattung und aufwendige Bühnenbilder – erzeugen eine Distanz zwischen Publikum und Künstlerin. Die Stripteasedarstellerin setzt nur ihr raffiniertes Bühnenkostüm ein, das mit ihrer Persönlichkeit in Einklang steht und die Phantasie des Zuschauers anregt. In ihrer Darbietung verbinden sich die Phantasien der Tänzerin mit denen des Publikums. Die starren Konventionen der klassischen Tanzkunst haben es dem erotischen Tanz erschwert, sich an bürgerlich-etablierten Theatern durchzusetzen, und die Erotik- und Stripteasetänzerinnen wurden von ihren Kolleginnen an klassischen Bühnen nie anerkannt. Immer wieder mußten sie die Beschneidung ihrer künstlerischen Freiheit durch die Zensurbehörden hinnehmen und lösten mit ihren Darbietungen regelmäßig Proteststürme und heftige öffentliche Debatten aus.

Zu Beginn dieses Jahrhunderts machte sich die kanadische Tänzerin Maud Allan die Popularität des orientalischen Tanzes zunutze und schuf in London den ersten »Salome-Tanz«. Sie strebte nach Erfolg und künstlerischer Anerkennung, aber die selbstbewußte Erotik ihrer Aufführung brachte sie um die ersehnte Würdigung und verlieh ihrer Arbeit den Ruch des Schlüpfrigen und Anstößigen. In den zwanziger Jahren trat die Ausdruckstänzerin Anita Berber in Berliner Kabaretts und Nachtklubs auf, erwartete aber von ihrem Publikum, daß es ihre Darbietungen würdigte wie eine Opernaufführung.

Die Aufspaltung in »seriöse« und »unseriöse«, in klassische und Unterhaltungskunst hat dazu geführt, daß man im 20. Jahrhundert Kunst und Pornographie als Gegensätze definiert. Die erotische Kunst ist angesiedelt zwischen diesen beiden Polen auf einer Art kulturellem Rechenschieber: Der Läufer ist der Zensor, und die moralischen Werte innerhalb des jeweiligen gesellschaftlichen Kontextes legen seine Position fest. Der Läufer verschiebt sich, die Parameter verändern sich, und die Erotik und ihr Verhältnis zu Kunst und Pornographie werden immer wieder neu definiert. Doch während sich die Maßstäbe für Kunst und Pornographie verändern, ist unsere Sicht der Erotikkünstlerinnen gleich geblieben.

Stripperinnen sind starke Frauen, die auf ihre sexuelle Ausdruckskraft stolz sind, eine Ausdruckskraft, für die die Formalismen des klassischen Tanzes kaum Raum lassen. Wenn jedoch die Erotik durch das Objektiv eines Pornographen fragmentiert und isoliert wird, ist der Blick auf die Persönlichkeit der Darstellerin verstellt. Der Tanz wird zu etwas Verbotenem, die Tänzerin wird kriminalisiert und die Macht des Publikums über die Darstellerin zur Macht der Gesetzestreuen über die Gesetzesbrecherin, des Seriösen über das Unseriöse, der Mächtigen über die Unterdrückten.

Trotz der Faszination, die Stripteasekünstlerinnen und ihre erotische Ausdruckskraft auf das Publikum ausüben, verweigert man ihnen die Anerkennung als Künstlerinnen. Nur in sozialen oder politischen Krisenzeiten, wenn die Zensurinstanzen ins Wanken geraten und die Maßstäbe für Kunst und Pornographie radikal in Frage gestellt werden, erfährt auch der erotische Tanz eine gesellschaftliche Aufwertung. Eine Tänzerin, die nach Aufhebung der Zensur in Nachtklubs in Soho gearbeitet hat, berichtet, daß in London Anfang der siebziger Jahre ideale Bedingungen für Stripperinnen geherrscht hätten, »weil sich das Gewerbe in einem seltsamen Zwischenstadium befand. Irgendwie war es illegal und irgendwie wieder nicht. Die Polizei verdiente daran, weil es eine ungeheure Korruption gab, deshalb ließ sie es zu, daß der illegale Zweig des Gewerbes aufblühte ...«

Ähnliche Entwicklungen gab es in den USA nach dem Bürgerkrieg, als sogenannte

»Beinshows« in Opernhäusern Einzug hielten, und in Paris nach dem Ende des Deutsch-Französischen Krieges von 1870/71, als der erotische Tanz in diesem Land eine Blütezeit erlebte. Nach dem Ende des Ersten Weltkrieges kam es in den zwanziger Jahren in ganz Europa und Amerika zu einem enormen Aufschwung des Nackttanzes. Auch der jüngste Boom der osteuropäischen Sexindustrie ist eine Folge der sozialen und politischen Umwälzungen nach dem Zusammenbruch der Sowjetunion.

Zu all diesen Zeiten ist es außergewöhnlichen Frauen gelungen, aus der Anonymität herauszutreten und sich für den erotischen Tanz stark zu machen. Und doch finden sie in den Annalen der Tanzgeschichte kaum Erwähnung. Dieses Buch dokumentiert das Leben jener Frauen, die die Geschichte des Striptease am stärksten prägten. Es sind Frauen, die ihre Fähigkeiten und Talente nur in oder an der Peripherie der Sexindustrie einsetzen konnten, die in ihrem Streben nach Unabhängigkeit aber stets um die Würdigung ihrer künstlerischen Arbeit rangen. Ihre Geschichte ist die Geschichte von Frauen, die um wirtschaftliches Überleben kämpften, die für die gesellschaftliche Anerkennung ihres Berufs eintraten und die sich gegen immer rigidere Zensurbestimmungen zur Wehr setzten.

Stripteasetänzerinnen müssen starke, unabhängige Nonkonformistinnen sein; sie müssen die Kraft haben, massiver moralischer Verurteilung standzuhalten und ihre Arbeit in der Presse und vor Gericht zu verteidigen. Die Schlangentänzerin Luz do Fuego wurde von der brasilianischen Polizei und den Zensurbehörden verfolgt, weil sie sich am Ende ihres Auftritts vollständig entkleidete, obwohl völlige Nacktheit auf der Bühne verboten war. Beim letzten Takt der Musik zog ihre Lieblingsschlange ihr den »cache-sexe« herunter, während die Lichter langsam ausgingen und die Bühne sich unter tosendem Applaus verdunkelte. Wenn man von Luz do Fuego verlangte, ihren »cache-sexe« anzubehalten, deutete sie auf ihre Schlange und sagte: »Es ist ihre Schuld. Sie haßt es, wenn ich angezogen bin.« In den fünfziger Jahren machte sie eine Tournee durch Brasilien und füllte mit ihren Auftritten ganze Fußballstadien. Sie galt als Tänzerin aus dem Volk, als »bailarinha do povo«, spendete vom Erlös ihrer Auftritte Geld für die Armen oder unterstützte mit ihren Gagen örtliche Krankenhäuser. Als Pionierin der Freikörperkultur gründete sie auf der Ilha do Sol eine Nudistenkolonie. 1967 wurde sie von einem religiösen Fanatiker ermordet.

Luz do Fuego war eine skandalumwitterte Berühmtheit. Sie galt als Größenwahnsinnige, Prostituierte, geltungssüchtige Exhibitionistin und geschmacklose und vulgäre Tänzerin. In einer Biographie aber wird sie als starke, unabhängige Frau und leidenschaftliche Verfechterin der politischen und sexuellen Rechte der Frau dargestellt. Obwohl Luz do Fuego aus einem streng katholischen Umfeld stammte, trat sie entschieden für das Recht auf Abtreibung ein und dafür, daß Frauen selbst über ihr Leben bestimmen. Sie erklärte: »Frauen müssen finanziell und emotional unabhängig sein. Eine Frau, die für sich selbst sorgen kann, kann nicht nur ihre eigenen Träume entwickeln, sondern auch ihre Vorstellungen verwirklichen.«

Es war die Lebensgeschichte Dora Vivacquas, die mich dazu anregte, dem Schicksal von Frauen nachzugehen, die in der Geschichte des erotischen Tanzes eine herausragende Rolle spielten, ihr Leben inspirierte mich zu der vorliegenden Sammlung weitgehend unerforschter weiblicher Lebensläufe, die die Geschichte des Striptease erzählen. Stripteasekünstlerinnen sind idealisierte Ikonen und zugleich Menschen aus Fleisch und Blut; sie sind Künstlerinnen, die ihr Leben selbst bestimmen und zugleich von den Klubs und ihren Gästen abhängig sind. Sie sind Göttinnen des Sex und zugleich sexuelle Objekte.

Als ich diese Geschichte des erotischen Tanzes niederschrieb, wurde mir bewußt, daß sie immer auch davon handelt, wie Frauen gesehen werden und wurden. Es war mein Anliegen, die ungeschriebenen Geschichten von Frauen ans Licht zu bringen, sie und ihre Kunst aus den Händen der Moralisten, Sozialwissenschaftler und Zensoren zu befreien und ihnen eine Stimme zu verleihen. Diese »Stimmen der Tänzerinnen«, fiktive Monologe, die auf Tagebuchauszügen, Zeitungsberichten, Interviews und Gerichtsprotokollen basieren, stehen am Ende dieses Buches.

1

Die Blondinen kamen, sahen und siegten

»Es gibt spezielle Vertreterinnen des ›Nacktdramas‹, die meiner Ansicht nach
nichts anderes als strikte Zensur und strengen Tadel verdienen. Ich spreche von
Frauen, die weder Fisch noch Fleisch sind – weder Schauspielerinnen, noch Pantomimen, noch Ballettmädchen –, und die sich einer Berühmtheit erfreuen, von der
die meisten seriösen Künstlerinnen nur träumen können ...

Wie immer es um ihren Charakter bestellt sein mag – sei er gut oder schlecht –,
ihre öffentlichen Auftritte berechtigen uns dazu, sie als schamlos und unwürdig zu
verurteilen.«[1]

Olive Logan, 1869

Der Grund für die Entrüstung der populären Schauspielerin Olive Logan waren Lydia
Thompson und die British Blondes, das erste weibliche Tourneetheater aus Großbritannien, das den Atlantik überquerte und 1868 ein Gastspiel in New York gab.

Die schönen Engländerinnen, die in Strumpfhosen auftraten, lösten mit dem Anblick
ihrer Beine bei ihrem Publikum sowohl Entzücken als auch Bestürzung und Empörung aus.
Ihre »Beinshow«, die erste, mit der eine Truppe in den USA auf Tournee ging, war eine
neue Form der Unterhaltung und führte zu einer Aufspaltung in »seriöses« und »unseriö-
ses« Theater, die noch hundert Jahre später bestehen sollte.

Ein Jahrhundert nach Lydia Thompsons Ankunft in New York waren Stripperinnen immer noch geächtet und isoliert. Stripteasekünstlerinnen wurden von korrupten Polizisten
verfolgt, waren Kriminellen ausgeliefert, die die Pornoindustrie kontrollierten, und hatten
keinerlei rechtlichen Schutz. Ende der sechziger Jahre empörten sich viele Stripperinnen
nicht nur darüber, daß man sie außerhalb des Gesetzes stellte, sondern auch, weil ihnen
von feministischer Seite ein merkwürdiges Mitgefühl entgegengebracht wurde. Viele Feministinnen konnten sich nicht vorstellen, daß Stripperinnen möglicherweise Mitstreiterinnen
im Kampf gegen die männliche Unterdrückung wären, und sahen in ihnen nur bemitlei-
denswerte Opfer. Ähnlich mitleidig betrachtete Olive Logan die britischen Burlesque-
Künstlerinnen, weil sie glaubte, daß die Zurschaustellung weiblicher Sexualität Frauen von
Männern abhängig machen würde.

Seit der Zeit, da Lydia Thompson eine Unterhaltungsform kreierte, die Tanz, Komödie, Satire und Versdrama miteinander verband, hat sich die Kunst des erotischen Tanzes

enorm verändert – an die Stelle von Einaktern voller frivoler Anspielungen traten Sechs-minutenauftritte einer schönen Frauenriege, an die Stelle von Strumpfhosen völlige Nackt-heit, an die Stelle von Frauen, die sich als Männer verkleiden, Frauen, die sich ganz entkleiden. Die Art aber, wie diese Frauen betrachtet werden, ist kaum eine andere ge-worden.

Lydia Thompson war, wie einer ihrer Bewunderer es ausdrückte, »eine perfekte Blon-dine, keck, blaue Augen, goldblondes Haar und wunderbare weiche Rundungen«. Sie hatte keine gute Stimme und war keine ausgebildete Tänzerin, aber sie verfügte über »ein Gespür für Situationskomik, eine ansteckende Fröhlichkeit und eine überschäumende Aus-gelassenheit, die das Publikum unwiderstehlich fand«[2]. 1860 brach das goldene Zeitalter des britischen Varietés an, und Lydia Thompson war der Liebling des englischen Publi-kums. Der amerikanische Impresario Michael Leavitt reiste nach London, um sich nach jungen Bühnentalenten umzusehen, die er in den USA groß herausbringen wollte. Lydia Thompson hatte bereits 1855 eine dreijährige Europatournee unternommen, die ein großer Erfolg gewesen war. In Berlin und Moskau waren Studenten von ihrem Sexappeal und ihrem Talent fasziniert gewesen. Auch Michael Leavitt war von ihr beeindruckt und holte sie und ihre Truppe 1868 nach Amerika. Am 12. August brach Lydia Thompson in Begleitung ihres Managers Alex Henderson mit der gesamten Truppe in London auf. Sie segelten mit dem Dampfschiff *City of Antwerp* nach New York und traten dort am 28. Sep-tember 1868 im *Woods Museum*, das am Broadway, Ecke Dreißigste Straße lag, zum er-sten Mal auf. Ihre Darbietung war ein überwältigender Erfolg.

Lydia Thompson war eine gefeierte Sängerin, Tänzerin, Schauspielerin, Schriftstelle-rin und Regisseurin. Sie hinterließ ein zweifaches Erbe: Zum einen schuf sie mit der Ein-führung von Strumpfhosen und Wasserstoffsuperoxyd das Idealbild des Revuegirls als lang-beinige blonde Schönheit, zum andern legte sie mit ihrer Form der »Burlesque« den Grundstein für den Striptease.

Sie brachte dem amerikanischen Theater die Tradition der britischen Farce nahe, die sich im Laufe der Zeit zu der rein amerikanischen Tradition der Burlesque bzw. des Strip-tease entwickelte. In England versteht man unter der Burleske immer noch die Farce des 19. Jahrhunderts, eine Mischung aus Gesang, Tanz, Parodie und deftiger Satire. Diese Form des Theaters bediente sich der Pantomime und des Geschlechtertauschs, was es den Frauen ermöglichte, zum ersten Mal in Strumpfhosen aufzutreten und ihre Beine zu zei-gen. Lydia Thompson bot dem amerikanischen Publikum etwas Neues: eine rein weibliche Truppe schöner Blondinen.

In der zweiten Hälfte des 19. Jahrhunderts entwickelte sich die amerikanische Burlesque immer mehr zu einer verruchten Unterhaltungsform, von der Frauen und Kinder ausgeschlossen waren und die Kirche und Regierung einmütig verdammten. Für eine Frau wurde es immer schwieriger, in Burlesque-Theatern aufzutreten, ohne ihren Ruf aufs Spiel zu setzen. In späteren Jahren zeigte sich selbst Lydia Thompson schockiert über den rapiden Wandel des Publikums und der Burlesque-Tradition. In einem Interview mit einer amerikanischen Zeitung sagte sie:

»Als ich 1889 zum letzten Mal in einer Burlesque auf der Bühne stand, erlebte ich bereits, wie vulgär diese Form des Theaters inzwischen geworden war. In den verschiedenen Städten, in denen wir auftraten, kamen immer wieder Herren zur Kasse und fragten meinen Manager, ob es sich um eine schickliche Veranstaltung handelte, zu der sie ihre Frauen oder Schwestern mitnehmen könnten. Ich kann kaum beschreiben, wie unglücklich mich diese Fragen machten ... Das Wort ›Burlesque‹ ist in den vergangenen Jahren schrecklich abgenutzt und mißbraucht worden. In den sechs Jahren, in denen ich den Atlantik überquerte, um in diesem Land aufzutreten, gehörten Frauen und Kinder zu meinen größten Bewunderern ... Aber wenn man jetzt eine Burlesque ankündigt, kommen fast nur noch Männer.«

Die strikte Trennung zwischen Burlesque und harmloser Familienunterhaltung sollte bestehenbleiben. Im 20. Jahrhundert entwickelte sich die Burlesque in den USA immer mehr zum Synonym für Striptease und Sexshows. Die Bühnen wurden mit Laufstegen versehen, die so weit in den Zuschauerraum hineinreichten, daß die Künstlerinnen den Zuschauern nahe genug kamen, um ihren Atem zu spüren.

Die unterschiedliche Entwicklung der Burlesque in den USA und Großbritannien ist auf die verschiedenartigen Erwartungen zurückzuführen, die die Zuschauer auf beiden Seiten des Atlantiks an Lydia Thompsons Theater stellten. Die Tradition des britischen Varietés hatte ihren Ursprung in den Musikklubs, die Anfang des 19. Jahrhunderts mit Pubs wie *The Coal Hole, The Strand* und *Cyder Cellars* entstanden waren und in denen nur Amateurmusiker auftraten. Aber auch Parodien, Satiren und kurze Sketche waren beliebt, und sogenannte »Judge and Jury Clubs«, in denen Scheinprozesse aufgeführt wurden, kamen in Mode. In diesen Prozessen ging es ausnahmslos um die Verführung junger Frauen, wobei die Zeuginnen, die ihre Erlebnisse vor Gericht schilderten, von Männern in Frauenkleidern dargestellt wurden. Sketche, von denen mancher Zuschauer meinte, sie

Olga Desmond mit
Partner als »Lebende
Marmorgruppe«

»dienten nur dazu, die niedersten Instinkte der verderbten Menschheit anzusprechen«[3]. Im Zuge dieser Entwicklung wurden immer mehr Pubs in Varietétheater oder »Griechische Salons« umgewandelt. Neben satirischen Sketchen wurden hier auch »Lebende Bilder« geboten: Die Akteure und Akteurinnen stellten klassische Statuen oder Gemälde nach, was aber nur als plumper Vorwand diente, um weibliche Körper öffentlich zu präsentieren.

Mitte des 19. Jahrhunderts ging die beinah hundertjährige Tradition der Amateurunterhaltung in englischen Wirtshäusern allmählich zurück. Die Sänger wollten jetzt Geld für ihre Auftritte, und man begann, für öffentliche Musikveranstaltungen Eintritt zu verlangen. 1843 wurde ein Gesetz erlassen, das es Wirtshäusern und Pubs erlaubte, eine Theaterkonzession zu erwerben und Eintrittskarten zu verkaufen. Dies führte zu einem enormen Aufschwung des Varietés. Man veranstaltete Gesangs- und Tanzabende für ein weitgehend männliches Publikum, das Wirtshäuser, Arbeitervereinshäuser und Tanzsäle oder Tanzlokale bevölkerte. Über das Publikum hieß es in der Boulevardpresse, es sei »ein närrisches, lasterhaftes Volk«, von dessen vulgärem Geschmack sich bürgerliche Kreise entschieden abgrenzten.[4]

Das Varieté beruhte auf den Traditionen der Komödie und der Groteske und bediente sich der populären Ausdrucksform der klassischen Pantomime. Allerdings traten an Stelle der Mimen nun Varietéstars und Frauen in Strumpfhosen auf, die, als Männer verkleidet, keck über die Bühne stolzierten. Die Darstellung von Männern durch Schauspielerinnen war zwar ein durchaus übliches Stilelement des Theaters, galt aber immer noch als moralisch bedenklich. Bessie Bonehill, in den siebziger Jahren des 19. Jahrhunderts die berühmteste Knaben-Darstellerin in der britischen Pantomime, mußte sich regelmäßig widernatürliches Verhalten und ein lasterhaftes Wesen vorhalten lassen. Der Varietékritiker und Historiker Archibal Haddon berichtete: »Jemand hatte ihr anonym einen Zettel geschickt, auf dem das folgende Bibelzitat stand: ›Ein Weib soll nicht Mannsgewand tragen‹ ... denn wer solches tut, der ist dem Herren, deinem Gott, ein Greuel.«[5] Die Verderbtheit und Widernatürlichkeit, der man Bessie Bonehill bezichtigte, hatte einzig und allein einen Grund: Sie trug Strumpfhosen.

Charles Morton eröffnete 1849 im Canterbury Arms an der Westminster Bridge sein erstes Varietétheater. Er führte regelmäßige Veranstaltungen wie Samstagabendvarietés und Montagskonzerte ein. Er war so erfolgreich, daß er bald darauf das *Oxford Theatre* gründete und später das *London Pavilion*, wo häufig der Publikumsliebling Marie Lloyd auftrat – eine Meisterin des aufreizenden Hüftschwungs, des kessen Zwinkerns und der

Frühe »Beinshow«: *Place auprès de l'orchestre*, um 1890

frivolen Texte. 1861 versuchte Morton, einen aufsehenerregenden Volkstanz aus Frankreich im *Alhambra Theatre* am Leicester Square einzuführen – die Quadrille, später auch »Cancan« genannt.

Die Gegend um den Leicester Square galt als das »französische Viertel« Londons und war das erotische Zentrum der Stadt. Bis heute sind nicht nur die Franzosen, sondern auch das Geschäft mit dem Sex am Leicester Square verblieben. In den fünfziger Jahren nannte man die Londoner Prostituierten auch »Fifis« oder die »Französinnen Londons«.

Das *Alhambra*, die führende Londoner Bühne für Ballett, »opéra bouffe« (parodistische Operette) und Musical in Leicester Square, ein maurischer Palast, war ursprünglich ein Wachsfigurenkabinett mit dem Namen *Royal Panoptica* gewesen, hatte sich aber als kommerzieller Fehlschlag erwiesen. Danach wurden zahlreiche Versuche unternommen, es in einen Veranstaltungsort für Familienunterhaltung umzuwandeln. Aber erst als Musik- und Tanztheater, das über eine Rauch- und Schankkonzession verfügte, gelangte das *Alhambra* zu seinem legendären Ruf. Mitte des 19. Jahrhunderts, als das britische Ballett noch kaum eigenen Tradition hatte (im Gegensatz zum europäischen Festland, wo das klassische Ballett gepflegt wurde), beschränkte man sich in London auf Gesangs- und Tanzrevuen. Auf der Bühne zeigten attraktive Frauen in seidenen Strumpfhosen einem männlichen Publikum ihre wohlgeformten Beine, während Kurtisanen ohne Korsett in den Wandelgängen der Theater auf und ab spazierten und den Männern die Erfüllung des Verlangens verhießen, das die Tänzerinnen in ihnen geweckt hatten. Im *Alhambra* feierte Madame Pitter als »première danseuse assoluta«, als Primaballerina, ihre ersten Erfolge, nachdem sie sich die Haare blond gefärbt hatte. Das Theater machte auch die Tänzerin Sarah Wright berühmt, die mit ihrem Künstlernamen »Mlle Sarah« an Sarah Bernhardts Ruhm anknüpfen wollte. Sarah Wright sollte es allerdings nur zu zweifelhafter Berühmtheit bringen. Laut einem Chronisten »warf sie nicht nur ihre flinken Beine ein wenig höher, als man es bisher für möglich gehalten hatte, sondern es gelang ihr auch, mit ihren schwarzen Haaren den Fußboden zu fegen«. »Sarah, das Beinwunder«, die »beinschwingende Sal« oder die »gelenkige Sal«, wie man sie auch nannte, wurde bald in allen Londoner Klubs gefeiert.

Als Charles Morton Ende der sechziger Jahre die französische Quadrille nach London holte, engagierte er Sarah Wright als erste Tänzerin. »Noch nie hat man jemanden so die Beine hochwerfen sehen«[6], schrieb Emily Soldene. Doch Sarahs auffallend kurzer Rock und ihre überaus langen Beine stießen bei den Behörden auf großes Mißfallen; sie erklärten die Aufführung für sittenwidrig und entzogen dem *Alhambra* die Theaterkonzession.

Im Varieté und in der Burlesque traten Tänzerinnen in Strumpfhosen auf, Männerdarstellerinnen trugen ebenfalls Strumpfhosen, und in der Pantomime sorgten die Strumpfhosen der tragisch-komischen Sängerin dafür, daß sie sich der ungeteilten Aufmerksamkeit des Publikums erfreute. Die Darbietungen in den Griechischen Salons waren vor allem deshalb so beliebt, weil sie den Anblick wohlgeformter Beine in Strumpfhosen boten.

In dieser Welt der kurzen Röcke und langen Beine lernte Lydia Thompson ihr Handwerk. Sie kam 1836 zur Welt und war schon als Kind ein erfolgreicher Bühnenstar. 1852 bot man der Sechzehnjährigen die Hauptrolle in dem Stück »Little Silverhair« an, das im *Haymarket Theatre* im Londoner West End aufgeführt wurde. Nachdem sie sich vom Bühnenleben zurückgezogen hatte, erinnerte sich Lydia Thompson an das denkwürdige Ereignis, das zu ihrem ersten »Auftritt in Strumpfhosen« geführt hatte:

»Als mir ein Freund anbot, mir ein Engagement in einer Pantomime im *Haymarket Theatre* zu vermitteln, sagte ich natürlich nicht nein. Und so führte man mich eines schönen Morgens in das Büro des Theaterdirektors J. B. Buckstone. Nachdem er mich eingehend gemustert hatte, fragte er mich:

›Glaubst du, daß du in Strumpfhosen gut aussiehst?‹

Ich war ein junges Mädchen, das noch kurze Kleider trug: Wenn ich eine junge Frau gewesen wäre, hätte ich wahrscheinlich auf der Stelle abgelehnt.«[7]

Nach ihrem ersten Auftritt nahm Buckstone sie in die Arme und sagte: »Mein kleiner Engel, du hast meine Pantomime zu einem Erfolg gemacht.« Dies war der Beginn einer großen Karriere – einer Karriere in Strumpfhosen.

In späteren Jahren fragte man Lydia Thompson oft, wie sie zur »Beinfrage« stehe. Ihre übliche Antwort lautete: »Shakespeares größte Heldinnen trugen Strumpfhosen, und was soll eine Frau, die einen Mann spielt, sonst anziehen? Wenn Strumpfhosen für Rollen wie Heinrich VIII. gut genug waren, warum nicht für mich?« Über die modernen Bühnenkostüme sagte sie spöttisch, daß man zu ihrer Herstellung weit weniger Material brauche als früher. Als eine jüngere Kollegin sie fragte, was sie von den modernen Kostümen hielte, antwortete sie:

»Damals, in den achtziger Jahren, waren unsere Kostüme nicht anstößig, und eure sind es heute auch nicht. Letztlich ist es doch vor allem eine Frage des Geschmacks. Wißt ihr,

Mädchen, Anstand und Schamgefühl hängen nicht von euren Röcken und Petticoats ab. Es kommt darauf an, wie ihr euch darin bewegt. Als ich frisch verlobt war, sagte mein Mann immer zu mir: ›Es ist mir lieber, wenn du in Strumpfhosen auftrittst als in diesen gräßlichen Ballettröckchen.‹«

Und um die Jahrhundertwende, ganz Expertin in Sachen Strumpfhosen, bemerkte sie:

»Das einzige, was an unseren Kostümen nicht teurer geworden ist, sind die Strumpfhosen. Es ist wirklich wunderbar, wie preiswert man sie in London bekommt. Für zehn Shilling und sechs Pence kriegt man schon ein gutes Paar aus Florettseide. Die besten Strumpfhosen kommen aus Deutschland, sie tragen sich wirklich gut. Die gleichen Strumpfhosen von einem englischen Hersteller kosten sieben oder acht Shilling mehr und sehen kein bißchen besser aus, und nach meiner Erfahrung sind sie bei weitem nicht so haltbar. Wie lange sie halten, ist von Frau zu Frau verschieden. Ich weiß von einer Tänzerin, die während einer Tournee drei Paar verbrauchte.«

Als Lydia 1868 in Amerika eintraf, hatte sich das Land von den Folgen des Bürgerkriegs noch nicht erholt. Die Bedürfnisse und Ansprüche des Publikums, das erst seit kurzer Zeit zu Wohlstand gekommen war, unterschieden sich erheblich von den Erwartungen der britischen Öffentlichkeit. Nach dem Ende des Bürgerkrieges wurde die alte anglo-amerikanische Oberschicht durch eine neue einflußreiche Klasse wohlhabender Industrieller abgelöst, die von der neuen Wirtschaftsordnung enorm profitierten. 1859 gewann man zum ersten Mal den neuen Rohstoff Erdöl, und bald darauf begann John D. Rockefeller sein Imperium zu errichten, die Standard Oil Company. Der Stahlproduzent Andrew Carnegie hatte es am Ende des Krieges zum Millionär gebracht. Der Bürgerkrieg verhalf der amerikanischen Industrialisierung zum Durchbruch.

1868 wurden auf amerikanischen Bühnen Farcen und Burlesquen aufgeführt, beides aus Großbritannien importiert. Zu den einheimischen Formen volkstümlicher Unterhaltung gehörten Wanderbühnen, die Gesangs- und Tanzvorführungen im Programm hatten, Minstrel-Shows und sogenannte »Groschenmuseen«. Im vorderen Bereich der Groschenmuseen wurden verstaubte Tierpräparate ausgestellt, harmlose Glücksspiele geboten und menschliche Monstrositäten vorgeführt, während man im verborgenen, hinteren Bereich ein pikantes Unterhaltungsprogramm bot, zu dessen beliebtesten Attraktionen Auftritte von Tänzerinnen gehörten. Die drei Zavistowski-Singers Emiline, Alice und Christine tanzten, sangen und spielten im hinteren Teil des *Woods Museum* in New York, während im vorderen Teil der chinesische Riese Chang zur Schau gestellt wurde.

1866 wurde die amerikanische Farce durch die Aufführung von »The Black Crook« revolutioniert, eine musikalische Komödie, die nicht nur die Quadrille, sondern auch kokette volkstümliche Lieder und eine frivole Komik in den USA einführte. Die Show bestach durch ein Staraufgebot von Tänzerinnen, die freche und anzügliche Lieder sangen. Da alle entweder naturblond oder blondgefärbt waren, kamen mit dem Erfolg des Musicals blonde Haare in Mode. Drei Jahrzehnte lang huldigte man dem Idol des sexy blonden Revuegirls. Der Produzent, ein Mann namens Jarrett, war überzeugt davon, daß er sein Erfolgsrezept gefunden hatte: »Frauenbeine sind die einzige unentbehrliche Voraussetzung für Erfolg, und sie sind eins der wenigen Dinge, die nie aus der Mode kommen.«[8]

Jarrett stellte eine Truppe langbeiniger schöner Blondinen zusammen und hatte jahrelang Erfolg mit ihr.[9]

Als Lydia Thompson und ihre British Blondes 1868 in New York eintrafen, erwartete sie ein Publikum, das auf frivole Unterhaltung eingestellt war. Was Lydia Thompson noch hinzufügte, war ihr derber Humor. Mit ihrer Unterhaltungsform entsprach sie ganz dem Zeitgeist und befriedigte das Unterhaltungsbedürfnis einer neu entstandenen Klasse wohlhabender Amerikaner. Viele Theater, in denen sich die alte amerikanische Oberschicht einst Ballette und Opern angesehen hatte, boten ihrem neuen Publikum nun Burlesquen. Der Wandel der künstlerischen Standards und des Publikumsgeschmacks stieß in manchen Kreisen auf Mißbilligung, und natürlich wurden die British Blondes dafür verantwortlich gemacht. In der Theaterzeitschrift *The Spirit* veröffentlichte ein Kritiker einen Artikel, in dem Lydia Thompsons Mann Alex Henderson, der zugleich der Manager der Truppe war, wie ein Zuhälter dargestellt wurde:

»Nicht nur, daß Henderson diese flachsblonden Mädchen, die als die Lydia Thompson Troupe bekannt sind, in dieses Land brachte, er hat sich darüber hinaus an den zahlreichen Orten, an denen er ihre Reize zur Schau stellte, als ihr Manager und Regisseur betätigt. Die Mädchen, die hübsch sind und sich nicht scheuen, sich auf sein Kommando hin zu entkleiden, sorgten für großes Aufsehen und lockten mit ihren Darbietungen nicht nur eine neue volkstümliche Klientel aus den Vorstädten an, sondern machten den etablierten Theatern einen beachtlichen Teil ihres Stammpublikums abspenstig, so daß diese sich gezwungen sahen, ebenfalls Truppen von zweifelhaftem Ruf zu engagieren.«

Lydia bot ihrem Publikum humorvolle Lieder mit aktuellen Bezügen und beliebte Melodien aus erfolgreichen Londoner Varietéproduktionen; sie gab ihren Zuschauern reichlich Gelegenheit, zu lachen und sich auf zwanglose Art zu amüsieren. Am 28. September 1868 traten die British Blondes im *Woods Museum* zum ersten Mal mit ihrer Burlesque »Ixion, oder der Mann am Rad« auf. Die Truppe verfügte über einen reichen Schatz an anzüglichen Wortspielen und sexuellen Anspielungen. Nichts war vor dem Spott und der Parodie der Burlesque sicher: Damenmode, politische Torheiten, lokale und nationale Ereignisse und Anachronismen des Theaters. In

Ankündigung der »Mammoth Burlesque Company« von Miss Lydia Thompson, 1877

einer Parodie auf das klassische Ballett des renommierten *Opera House* äffte ein als Ballerina verkleideter männlicher Darsteller den Stil des berühmten Tänzers Giuseppini Morlacchi nach. Die Werke von Jacques Offenbach wurden mit neuen Texten versehen; blonde Nixen schwebten in rosafarbenen Strumpfhosen und Gazeschleiern von der Bühnendecke herab und besangen die Diamanten des Jim Fisk. Die komischen Stücke mit ihren frivolen Wortspielen waren jedoch nur ein Vorwand, um attraktive weibliche Körper zur Schau zu stellen. Die frühen Feministinnen, die diese Darbietungen strikt ablehnten, waren ganz besonders beliebte Zielscheiben der Parodie; 20 Jahre lang wurde keine Burlesque aufgeführt, in der nicht ein »Marsch der Amazonen« vorkam oder ein »Großes Moral-Ballett«, in dem forsch dreinblickende Frauen führende Frauenrechtlerinnen karikierten.

Die Lydia Thompson Troupe trat im hinteren Teil des *Woods Museum* auf und sorgte mit ihrer spektakulären Show an 45 aufeinanderfolgenden Wochen für ein volles Haus. Das war ein völlig unerwarteter Erfolg, die Gruppe war eigentlich nur für zwei Wochen engagiert worden. Nach ihrem Engagement im *Woods Museum* wechselte sie an ein Opernhaus im Zentrum Manhattans.

Dieser Ortswechsel war charakteristisch für den gesellschaftlichen Umbruch in Amerika zu jener Zeit. Das traditionelle Publikum der Burlesquen, das sich bisher mit der schäbigen

Umgebung der Groschenmuseen hatte begnügen müssen, konnte sich aufgrund seines neu erlangten Wohlstands nun auch Plätze in der Oper leisten. Das einzige Zugeständnis, das die Blondes an den neuen Aufführungsort machten, bestand darin, ein *corps de ballet* ins Programm aufzunehmen. Die Ballettnummern sollten die Show nicht nur aufwerten, sondern boten natürlich auch eine zusätzliche Gelegenheit, attraktive Frauen und viel Bein zu zeigen. Die Show wurde ein Kassenschlager und einhundertmal aufgeführt.

Als Lydia Thompsons Truppe zu einer zweiten Gastspielreise in die Vereinigten Staaten zurückkehrte, führte sie eine Form der Burlesque ein, die sich in sämtlichen amerikanischen Theatern durchsetzen sollte. Ein Kritiker schrieb:

»Die Blondinen kamen, sahen und siegten: Eine faszinierende Mischung aus herumwirbelnden Gliedern, goldblondem Haar, dunklen halbmondförmigen Augenbrauen und rot geschminkten Wangen zog alle in ihren Bann. Die Pille ist so zuckersüß, daß sie sich problemlos schlucken läßt.«

Der Inhalt der Aufführungen war kaum nachzuvollziehen. »Es ist genauso unmöglich, den Inhalt ihrer Show wiederzugeben wie die Bestandteile eines Irish Stew«[10], hieß es, oder es wurde berichtet, daß die Blondes »erst einen Cancan tanzten, um im nächsten Moment einen Psalm zu singen«[11]. Blonde Haare waren für den Erfolg einer Aufführung von entscheidender Bedeutung. Als es Ada Harland, eine anmutige Tänzerin und erfahrene Schauspielerin, mit Verstand und Witz wagte, ohne blonde Perücke aufzutreten, wurde sie mit einer vernichtenden Kritik bedacht:

»[Miss Harland] ist mit dunklen Haaren geschlagen, und in Anbetracht der derzeitigen Begeisterung für blonde Perücken hatte sie Glück, daß sie nicht von einem entrüsteten Publikum ausgepfiffen wurde ... Miss Harland ist eine der grazilsten Tänzerinnen, die wir seit langem gesehen haben, und wir waren ein paarmal versucht, Beifall zu klatschen, aber sie hat nun einmal leider dunkle Haare – welch ein Jammer!«

Als die Nachricht vom Erfolg der British Blondes den Atlantik überquerte, tauchten innerhalb kurzer Zeit zahlreiche andere britische Blondinen-Gruppen auf, die sich kurzerhand Lydia Thompsons Erfolgsrezept zueigen machten: Strumpfhosen, Wasserstoffsuperoxyd und freche Songs. Die Beliebtheit britischer Blondinen führte zur Gründung von Truppen wie Rose Hill's English Folly, den Bon Ton Burlesquers, den Blonde Minstrels,

Lydia Thompson

den Continental Blondes, Mme Frothingham's Naughty Blondes und Rose Massey and her Blondes. Rose Massey versuchte sogar, Lydia Thompson die Schau zu stehlen, indem sie mit ihrer Truppe zur selben Zeit in San Francisco auftrat wie Lydia. Rose hatte am 17. Juni 1870 im *Maguire's Opera House* Premiere, Lydia Thompson startete ihre Show sechs Tage später im *California Theater*. Trotzdem mußten Rose Massey und ihre Blondinen das Gastspiel viel früher beenden als Lydia Thompson, deren Publikum ihrer noch lange nicht überdrüssig wurde.

Lydia verdankte es ihrem legendären Ruf, daß sie noch zu Zeiten ein Publikumsmagnet war, als ihre Shows im Vergleich zu anderen Burlesquen bereits recht prüde wirkten. Als sie am 23. Juni 1870, sechs Tage nach Rose Masseys Premiere, im *California Theater* auftrat, schrieb der Reporter des *Bulletin*:

»Gestern abend hatte die Lydia Thompson Burlesque Troupe ihre Premiere vor dem größten Publikum, das das *California Theater* je gesehen hat. Nicht nur alle Sitzplätze waren besetzt, sondern auf jedem Quadratzentimeter Fußboden standen dicht gedrängt die erwartungsvollen Zuschauer. Vor jeder der vier oder fünf breiten Türen, die zum ersten Rang führten, waren Stühle in langen Reihen aufgestellt, die bis ins Foyer reichten und auf denen Männer standen, die über die Schultern und Köpfe der anderen spähten, durch Armbeugen hindurch schielten, um einen Blick auf die Bühne und die Darstellerinnen zu erhaschen. Vielen blieb nichts anderes übrig, als wieder nach Hause zu gehen, nachdem sie erfolglos einen Platz gesucht hatten, von dem sie wenigstens ab und zu einen Blick auf die Bühne werfen konnten. Als Miss Thompson die Bühne betrat, brach ein tosender Applaus los, und von diesem Moment an bis zum Ende der Show hielten sie und ihre Truppe das Publikum in ihrem Bann. Einmal wollten die Rufe nicht mehr abreißen, und das Gestampfe und Gebrülle auf dem dritten Rang wurde so laut, daß Mr. McCullough gezwungen war, auf die Bühne zu treten und diese Narren zu bitten, sich zu zügeln, damit die Show weitergehen konnte … Zwar gab es einige Beiträge, auf die man auch hätte verzichten können, doch wurden, soweit wir es verstehen konnten, keine derben Reden geführt. Die Kostüme der weiblichen Ensemblemitglieder waren sehr eindrucksvoll, und die Darstellerinnen zeigten weder zuviel Brust noch zuviel Bein, wie es der Ruf der Truppe und der Ruf von Burlesque-Darstellerinnen im allgemeinen hätte erwarten lassen.«

Doch die British Blondes sahen sich immer stärkerer Konkurrenz durch andere Blondinen-Gruppen ausgesetzt. Es herrschte eine erbitterte Rivalität zwischen den Ensembles. Rose Massey warb Lydias besten Komiker, Harry Beckett, ab. Andere Truppen versuchten sich mit derberen Texten und freizügigeren Kostümen gegenseitig auszustechen. So urteilten Kritiker beispielsweise über Rose Masseys Ensemble:

»Es fragt sich, ob sie das Lob, das ihnen zuteil wird, wirklich verdienen. ›Schön blond‹ scheint mittlerweile gleichbedeutend mit ›schön deftig‹ zu sein … Auch wenn die Burlesque größtenteils höchst unterhaltsam war …, wurde der Genuß doch durch einen Grad an Derbheit beeinträchtigt, der bei vielen Zuschauern Anstoß erregte.«

Je erfolgreicher und populärer Blondinen-Truppen wurden, desto mehr hing der Kassenerfolg einer jeden Gruppe von der Schönheit der Darstellerinnen und dem Reiz des »Libretto des Beins« ab. Die Presse stimmte das Publikum auf Lydia Thompsons Auftritte ein, indem sie eine Sensation ankündigte, der immer auch der Ruch des Anstößigen anhaftete und der der Truppe überallhin folgte. Die Blondinen-Ensembles reagierten ihrerseits auf die Publicity und die Zeitungsberichte über ihr Privatleben, indem sie ihre Körper noch ungehemmter zur Schau stellten. Die Presse, die bislang voll des Lobes gewesen war, reagierte darauf mit entschiedener Mißbilligung. Lydia Thompson und ihre British Blondes mußten sich von den Kritikern zunehmend den Vorwurf gefallen lassen, für den moralischen Niedergang des amerikanischen Theaters verantwortlich zu sein: Die »lasterhafte Lydia Thompson« hatte angeblich dem Ansehen der Ballettänzerin schwer geschadet, indem sie Talent durch Beine und künstlerische Qualität durch Exhibitionismus ersetzte.[12] »Der Sittenverfall an den Theatern in unserer Stadt ist erschreckend«, begann ein Artikel über die Entwicklung der New Yorker Theaterszene in den Jahren nach dem Bürgerkrieg.

Die Schriftstellerin und Kritikerin Olive Logan, eine ehemalige Schauspielerin des »bürgerlichen« oder »traditionellen« Theaters, empörte sich nicht nur über Lydia Thompsons Aufführungen, sondern auch darüber, daß die Blondes einen ganzen Berufsstand in Verruf brachten. In einem ihrer Artikel heißt es: »Angesichts der verderblichen Einflüsse des heutigen Theaters kann ich nur jeder achtbaren Frau davon abraten, sich ihren Lebensunterhalt auf der Bühne zu verdienen.« Mit der praktischen und moralischen Unterstützung einiger Zeitschriftenverleger startete sie einen hartnäckigen Pressefeldzug und machte ihren Einfluß in der Regierung und dem Ministerium für Kunst und Kultur geltend, um der »Strumpfhosen-Revolution« Einhalt zu gebieten. Am schärfsten kritisierte sie die Art, wie die Blondes mit ihrem Publikum umgingen; darüber hinaus war sie der Meinung, daß es wenig mit Schauspielkunst zu tun hatte, wenn die Darstellerinnen nur sich selbst verkörperten, statt in eine dramatische Rolle zu schlüpfen. Die ungenierte Sinnlichkeit der Tänzerinnen empfand sie als besonders bedrohlich. Olive Logan nutzte ihren Ruf als erfolgreiche Schauspielerin, um ihre Ansichten zu verbreiten.

Um 1890 war die Burlesque das Freizeitvergnügen des Arbeiters geworden. Sie war keine abendfüllende musikalische Parodie mehr, sondern bestand aus einer Reihe von Sketchen, die hauptsächlich der immer freizügigeren Zurschaustellung des weiblichen Körpers dienten. Je fülliger die Körper, desto reizvoller. 1870 sorgte die 100 Kilo schwere Darstellerin May Howard für Aufsehen. Doch wurde diese überwältigende weibliche Fülle auch als bedrohlich empfunden. 1890 waren auf Theaterplakaten riesige, muskulöse Frauen abgebildet, die Männer wie Hündchen an der Leine führten, oder Amazonen, die zweirädrige Streitwagen lenkten.

In den neunziger Jahren des letzten Jahrhunderts machten die British Gaiety Girls mit ihren extravaganten, geschmackvollen und schillernden Revuen Furore. Sie waren die Vorbilder für die späteren typisch amerikanischen Revuetänzerinnen. Im 20. Jahrhundert begann man allmählich zwischen Revuetänzerin, Stripteasekünstlerin, Revuegirl und Erotiktänzerin zu unterscheiden. Die verschiedenen Unterhaltungsformen wurden ständig weiterentwickelt und verfeinert, um die unterschiedlichen Bedürfnisse einer immer komplexeren Gesellschaft zu befriedigen.

Darüber hinaus begann man auch zwischen Musicals, die sich durch Tänzerinnen und Revuegirls auszeichneten, und Burlesquen zu differenzieren. Robert Clyde Allen[13], der dieses Phänomen näher untersuchte, bezeichnete die Entwicklung hin zu einer derberen, deftigeren Form der Burlesque als »Proletarisierung« des Theaters. Während im klassischen Theater weiterhin die romantisierende weibliche Darstellung dominierte, spiegelte sich in der unterhaltenden Kunst eine neue Einstellung zur Darstellung des weiblichen Körpers wider, die sich erstmalig in der selbstbewußten Erotik der sinnlichen Frauen aus Lydia Thompsons Truppe gezeigt hatte.

Wie die britischen Varietétänzerinnen distanzierten sich die Burlesque-Tänzerinnen von der traditionellen Rolle der Ballerina und stellten eine unmittelbare Beziehung zum Publikum her. Lydia Thompsons Blondes, die den Zuschauern zuzwinkerten, mit den Hüften wackelten oder schlagfertig auf Zwischenrufe des Publikums reagierten, führten eine Form des Theaters ein, die es den Darstellerinnen erlaubte, ihre Persönlichkeit auf der Bühne darzustellen. Dieses selbstbewußte Auftreten wurde zum Charakteristikum der amerikanischen Stripteasetänzerin, die nie eine festgelegte Rolle spielte, sondern deren ganzer Erfolg oder Mißerfolg von ihren körperlichen Reizen, ihrer erotischen Ausstrahlung und ihrer Persönlichkeit abhing. Ob auf der Bühne oder im Privatleben – sie war immer sie selbst und verbarg nichts.

Michael Leavitt hatte mit der Einführung einer neuen Unterhaltungsform eine Entwicklung in Gang gesetzt, die nicht mehr aufzuhalten war. Im Alter allerdings bedauerte er, den schönen Blondinen in Strumpfhosen zum Siegeszug verholfen zu haben. In seinen Memoiren schrieb er:

»Heutzutage kann eine Tänzerin allein mit ihrer Figur und ihrem hübschen Gesicht öffentliche Anerkennung finden, aber früher hing dies ausschließlich von ihrer tänzerischen Begabung ab … Die Sensationsgier droht sich der Bühne Europas und Amerikas zu bemächtigen.«

Nach Lydia Thompsons Tod im Jahr 1908 hieß es in einem Nachruf:

»So wird sie uns Amerikanern in ewiger Erinnerung bleiben: als anmutiges junges Mädchen mit einer gewagten Tunika und Seidenstrumpfhosen, einer üppigen, ungebändigten hellblonden Haarpracht, einer silberhellen Stimme und einer so rasanten Vortragsweise, daß sie manchmal kaum zu verstehen war.«

2

La Goulue: Die Unersättliche

»Sie war eine provokative Exhibitionistin, die es genoß, ihr Publikum
zu reizen und es dann erahnen zu lassen, was unter ihren Unterröcken
verborgen war. Wenn sie ihr Bein hob, zeigte sie viel nacktes Fleisch
zwischen den Strumpfbändern und der ersten Lage Unterwäsche.
Der durchsichtige Stoff verhüllte kaum ihren Körper, und indem sie
die Faszination, die sie hervorrief, genoß, wurde sie immer kühner
und regte die krankhafte Neugier ihres Publikums zu immer absur-
deren Spekulationen an.«

Gil Blas, 1891

Die beiden letzten Jahrzehnte des 19. Jahrhunderts sind in Frankreich als Belle Époque
in die Geschichte eingegangen. Nach der Belagerung von Paris und der anschließenden
Niederlage Frankreichs im Krieg gegen Deutschland genossen die Pariser das Leben in
vollen Zügen. 1899 wurde die Redefreiheit gesetzlich verankert. Das Recht auf persönliche Freiheit wurde vielfach mit Hedonismus gleichgesetzt, und ein Kritiker taufte 1899
»das Jahr der Pornographie«.

Die Belle Époque war vor allem eine Hymne an die Frauen, an ihre Schönheit und
Sexualität. Prostitution nahm zu, die Zahl der registrierten Bordelle in Paris vervielfachte
sich. Der Strom internationaler Besucher zur Weltausstellung in Paris 1899 trug noch zur
Zunahme des Handels mit Sex bei. Die »Exposition Universelle« wurde in Frankreich
auch bekannt unter der Bezeichnung »cancan des filles«. Auf der Ausstellung präsentierte
man Dörfer, die die Sitten und Bräuche des Fernen Ostens, des Nahen Ostens und Afri-
kas vorstellten, eine Bereicherung auch des erotischen Unterhaltungsangebots der Hauptstadt des Sex.

Das 19. Jahrhundert war das Goldene Zeitalter der Kurtisane. Kurtisanen waren die
Karrierefrauen von gestern; sie eroberten Frankreich und wurden von der Bevölkerung
ähnlich bewundert wie zuvor die Aristokratie. In den letzten beiden Jahrzehnten des
Jahrhunderts übernahmen sie Hauptrollen in den Aufführungen der Opernhäuser und
Varietétheater und wurden zu Berühmtheiten. Die französischen Varietés boten Mitte des
19. Jahrhunderts Ballettszenen, Pantomime und Zirkusnummern, die von Monstrositätenkabinetts über Jongleure und Akrobaten bis hin zu Sängern, Clowns und Tänzerinnen
reichten. Das *Eldorado* war das erste Varietétheater in Paris und diente vielen Künstlern

Tänzerinnen um die Jahrhundertwende, rechts Cléo de Mérode

als Sprungbrett für ihre künstlerische Laufbahn. Die *Folies Bergère* eröffneten 1869, waren aber nicht unmittelbar erfolgreich. 1870 während der Belagerung von Paris geschlossen, wurden sie 1871 unter der Leitung von Leon Sari wiedereröffnet. Sari ließ den Zuschauerraum umbauen und fügte eine entscheidende Neuerung hinzu: eine Wandelhalle hinter den Sperrsitzen, wo die Zuschauer umherschlendern und Frauen betrachten konnten, die sich zur Begutachtung zur Schau stellten. Diese Wandelhalle war bis 1918 die Hauptattraktion der *Folies Bergère*[14]; die Frauen, die ihre sexuellen Dienste anboten, trugen entscheidend zum Erfolg der *Folies* bei: Prostituierte präsentierten sich in der Wandelhalle, Kurtisanen auf der Bühne.

In den *Folies* traten die vier berühmtesten Kurtisanen der damaligen Zeit auf: Liane de Pougy, Cléo de Mérode, Émilienne d'Alençon und Caroline Otero. Liane de Pougy war der Liebling von ganz Paris. Cléo de Mérode gelangte zu Ruhm, als König Leopold II. von Belgien sie als die schönste Frau bezeichnete, die er je gesehen hatte. Die Sensation aber war Madame Otero, eine spanische Tänzerin, die das französische Publikum der *Folies Bergère* zwischen 1889 und 1914 faszinierte: »Schon als junges Mädchen mußte ich mich daran gewöhnen, daß die Leute mich mit einem Ausdruck sexueller Begierde ansahen«, sagte sie.[15] »Sie hat den ganzen Orient in ihren Hüften«, erklärte Hughes Leroux.[16] Sie tanzte den Tango, die Rota und den Sombrero mit einer Intensität, die das Publikum verrückt machte. Ihrer Schönheit und Sinnlichkeit verdankte sie eine eindrucksvolle Liste an Freiern, einschließlich Kaiser Wilhelm II., Großherzog Nicholas von Rußland und Prinz Edward, der spätere König Edward VII.

Eine der scharfsinnigsten Beschreibungen der Otero stammt von der französischen Schriftstellerin Colette. In *Meine Lehrjahre* erinnert sie sich mit Wehmut an die Abende, die sie in Gesellschaft der Otero verbrachte. Es waren keine Männer zugegen, und selbst Oteros »offizieller Liebhaber« durfte nicht erscheinen, wenn sie in Negligé und Morgenmantel Gäste empfing. Ihr Negligé ließ sie gerade so weit auffallen, daß man den großen Edelstein sehen konnte, der an einem schimmernden Kollier prangte. In dieser intimen Atmosphäre servierte sie ein fürstliches Diner und tanzte dann bis in die frühen Morgenstunden, zu ihrem eigenen Vergnügen wie zu dem ihrer Gäste. Colette erinnert sich an sie als eine Frau, die »von ihren gewölbten Augenlidern bis zu ihrem runden Kinn, von der Spitze ihrer samtenen Nase bis zu ihren berühmten, sanft gerundeten Wangen ... ein Meisterwerk an konvexen Formen war«.

In einem Gespräch von Frau zu Frau gab Madame Otero Colette folgenden guten Rat:

»›Sie sehen ein bißchen unerfahren aus, mein Mädchen‹, sagte sie einmal zu mir. ›Vergessen Sie nicht, daß es immer einen Moment im Leben eines Mannes gibt – selbst wenn er ein Geizhals ist –, wenn er seine Hand aufmacht ...‹

›Der Moment der Leidenschaft?‹

›Nein, der Moment, in dem Sie ihm Daumenschrauben anlegen.‹«

Die Kurtisane war die Vorläuferin der *femme fatale*: eine sinnliche Frau mit üppigem Körper, die es genoß, Männer zu verführen. Sie war jedoch nicht darauf aus, Männer zu beherrschen. Während der Status der Mätresse von der Großzügigkeit ihrer Liebhaber abhing, schätzte und bewahrte die Kurtisane ihre finanzielle Unabhängigkeit.

Die Kurtisane kultivierte ihren Ruf und konnte sich dank der Geschenke und finanziellen Zuwendungen ihrer Liebhaber einen extravaganten Lebensstil leisten. Sie war jedoch selten auf ihre Liebhaber angewiesen, da ihre Begehrtheit ihr hohe Gagen für ihre Auftritte sicherte. Die *Folies* nahmen beispielsweise Madame Otero für ein Honorar von 5 000 Francs pro Monat unter Vertrag, und dieser Betrag erhöhte sich im Laufe ihrer zehnjährigen Verpflichtung auf 35 000 Francs. Aufgrund ihrer öffentlichen Auftritte und

Émilienne d'Alençon, Startänzerin im *Moulin Rouge*

La Belle Otero, legendäre Tänzerin des
Moulin Rouge

ihrer Beziehungen zu hohen Adligen war den Kurtisanen öffentliche Anerkennung gewiß, und ihre legendäre Schönheit ließ sie zu Sexsymbolen werden. Émilienne d'Alençon gab 1889 ihr Debüt im *Cirque d'Été* und begeisterte das Publikum mit ihrem enganliegenden Mieder, dem tiefen Dekolleté und ihrer Darbietung mit gefärbten, mit Papierkrausen geschmückten Kaninchen. Liane de Pougy stellte ihren Erfolg durch die Verbindung mit Edward Prinz von Wales sicher. Sie überredete ihn, bei ihrer ersten Vorstellung anwesend zu sein, und verschaffte sich über ihn Zugang zur Pariser Gesellschaft. Cléo de Mérode gab ihr Engagement als Primaballerina an der Oper auf, um die Hauptrolle in einem Ballett in den *Folies* zu übernehmen, wo man ihr ein größeres Publikum versprach.

Die Verbindung zwischen Prostitution und Bühne war nicht neu. Die Oper war zum exklusivsten Bordell in ganz Paris geworden, und der Zugang zu den Proberäumen und Garderoben war hart umkämpft. Die Ballettänzerinnen wärmten sich an der *barre* auf, während die Pariser Herren zwischen ihnen umherstreiften und sich eine Gespielin für die Nacht aussuchten, bevor sie den Preis mit dem Manager der Tänzerin aushandelten, der auch als ihre »Mutter« bezeichnet wurde.

Neu war allerdings, daß die Prostituierte zur darstellenden Künstlerin avancierte und das Bordell den Rang eines Theaters einnahm. Amtlich zugelassene Bordelle in Paris boten ihrem Publikum unter anderem lesbische und sadomasochistische Vorführungen:

»Der Voyeurismus, schon immer ein Charakteristikum des Bordellebens, war jetzt so beliebt, daß eine aufwendige, verborgene Technik notwendig wurde, auf die jedes Theater neidisch gewesen wäre. 1892 hatte das altmodische Guckloch, das in die Wand oder den Schrank gebohrt war, ausgedient; statt dessen gab es ›geschickt vor Türen drapierte Behänge, Wandteppiche, auf denen etwas unbeholfen Kupferstiche und Bilder befestigt sind, und dank Röhren, die in Wände eingelassen und mit Operngläsern und Hörrohren ausgestattet sind, kann der Zuschauer von einem kleinen Nebenzimmer aus alles sehen und hören; für einen verstellbaren Sitz, entsprechende Beleuchtung usw. ist gesorgt‹. Hier ›bezahlt man für seinen Sitzplatz wie für einen Sperrsitz im Theater‹.«[17]

Kurtisanen waren Objekte, die man betrachten, aber auch anfassen konnte – sofern der Preis stimmte. Es war ihr Beruf, Männern sexuelle Gefälligkeiten zu erweisen. Verschwenderisch möblierte Appartements und eine endlose Reihe von Galadiners und Empfängen sorgten dafür, daß ihr Lebensstil exklusiv und äußerst kostspielig war.

Paris nahm die selbstbewußte Sinnlichkeit der Kurtisane begeistert auf und genoß die Kombination von Schönheit und erotischer Darbietung; die Kurtisane schuf eine Atmosphäre, die die Zurschaustellung weiblicher Reize akzeptabel machte. Bedeutsam für die Entwicklung des erotischen Tanzes erwiesen sich jedoch Ereignisse außerhalb der *Folies Bergère* und der Varietés.

In den Vororten von Paris, in dem Gewirr kleiner Gassen, die noch nicht von Haussmans Plänen zur Stadterneuerung erfaßt worden waren, vor allem aber in den Tanzlokalen von Montmartre entwickelte sich aus dem »chahut«, dem beliebten Gesellschaftstanz, die »quadrille réaliste«. Der »chahut« war die Weiterentwicklung eines Volkstanzes aus dem Süden der Bretagne, dem »trion«. Der »trion« selbst geht auf die Fruchtbarkeitstänze des frühen Mittelalters zurück und wird als Tanz beschrieben, bei dem Frauen ihre Röcke rafften und die Beine in die Luft warfen. Um 1830 kam der »chahut« nach Paris, wo er seit Mitte des 19. Jahrhunderts die Attraktion in den Tanzlokalen war. Aus der späteren Quadrille wurde der Cancan, dessen Popularität bis in die fünfziger Jahre unseres Jahrhunderts anhielt.

Die Tänze der Arbeiter wurden in ganz Montmartre getanzt. »Les bals musettes« fanden ab der Mitte des 19. Jahrhunderts in Tanzlokalen statt, wie beispielsweise im *La Boule Noire*, *La Reine Blanche*, *Le Folie Robert*, *Le Bal Rochechouart* und *L'Ermitage*. Charles Mogadur, 1850 der Vortänzer des *Bal Mabille*, gilt als »Erfinder« der Quadrille; er war es, der den Versuch unternahm, dem improvisierten Gesellschaftstanz eine Struktur zu geben. Die Quadrille wurde in Paris hingegen immer beliebter und entwickelte sich allmählich zu einem Tanz mit einer charakteristischen Form. Die echte Quadrille, die zu den wilden Rhythmen Offenbachs getanzt wurde, war weder schön noch strukturiert. Die rhythmische Präzision des Tanzes, der in den fünfziger Jahren als Cancan durch Kino und Theaterbühnen bekannt wurde, entwickelte sich erst im 20. Jahrhundert und hat keinerlei Ähnlichkeit mit der Urform der Quadrille. Ursprünglich war die Quadrille ein anarchischer, improvisierter Tanz, eine akrobatische, ekstatische Verrenkung der Glieder, eine wilde und ausgelassene, feurige und schweißtreibende Darbietung. Von einem Herrn geführt, bewegte sich jedes junge Mädchen durch eine Reihe von »Gruppenformationen« (*figures d'ensemble*), bevor es im Mittelpunkt des Kreises ein Solo darbot, das stets mit einem Spagat endete. Das Solo oblag ursprünglich den Männern, aber Frauen gaben ihm seine endgültige Form. Nach dem Spagat der Tänzerin endete das Solo gewöhnlich mit der »Enthutung« eines männlichen Zuschauers. Ein einziger geschickter Fußtritt, und der Hut wirbelte zur allgemeinen Belustigung durch die Luft.

Im Gegensatz zu den Bewegungsmustern des Tanzes waren die Kostüme genau festgelegt. Die Tänzerinnen trugen mehrere Lagen weißer Spitzenröcke, in denen bis zu zwölf Meter Stoff verarbeitet waren, unter der weißen Spitze oft schwarze Strümpfe und Strumpfhalter, um die Form und Länge des Beins zu betonen. Die Tradition verlangte es, daß ein paar Zentimeter Haut unterhalb der Spitze und oberhalb des Strumpfes gezeigt wurden. Dieser schmale Streifen ließ den Tanz zu einer erotischen Zeremonie werden, die vom berühmten Finale des Spagats, »le grand écart«, gekrönt wurde. Nicht Schönheit war gefragt, sondern akrobatisches Talent; es galt, die Beine hoch in die Luft zu werfen, sie weit zu spreizen und ein Stück Oberschenkel zu entblößen. In der Zurschaustellung lag die eigentliche Kunst der Quadrille, und die einzelnen Tanzschritte machten dies deutlich. »Die Gitarre« verlangte, daß die Tänzerin ihr Bein so weit hob, daß es einen rechten Winkel zur Schulter bildete, und während sie ihre Wade mit der einen Hand festhielt, sollte sie mit der anderen auf dem Oberschenkel »herumklimpern«; der »militärische Gruß« erforderte, daß die Tänzerin ihr Bein mit dem Handrücken senkrecht nach oben hielt – wie zu einem militärischen Gruß; »ein Bein hinter dem Kopf« bedeutete, daß die Tänzerin ihr durchgestrecktes Bein mit einem einzigen Finger auf dem Spann des Schuhs abstützte und es hinter den Kopf hielt.

Photo de Walery

DANS
LA MÊME COLLECTION QUE

L'ALBUM DE LA REVUE DES FOLIES BERGÈRE:

L'ALBUM DE LUXE

DU

BAL

DU

MOULIN ROUGE

JUST OUT !

More than 70 illustrations, photographs and drawings in colour.

An absolutely unique collection of historic souvenirs, giving a vivid impression of the MOULIN ROUGE as it was and as it is.

This Album is sent post free, WITH ENGLISH TRANSLATION, on receipt of 3/6 postal order by

VIENT DE PARAITRE :

Plus de 70 photographies et dessins en couleurs évoquant pour la première fois d'une façon complète l'histoire du premier Bal du MOULIN ROUGE et donnant une exacte impression du Bal actuel et de ses jolies danseuses.

Envoi franco de cette belle édition, sous emballage soigné, contre la somme de 8 francs adressée à

M. de BRUNOFF, 32, Rue Louis-Le-Grand — PARIS

Subscription forms will be found on the back of this page.

Voir au verso le Bulletin de commande.

Cancan im *Moulin Rouge*: Die nackte Haut zwischen Strumpfband und Schlüpfer war eine erotische Sensation.

Die Entstehungsgeschichte des Cancan wurde von zahlreichen Malern, Dichtern und Musikern dokumentiert, die während der letzten beiden Jahrzehnte des 19. Jahrhunderts in Montmartre wohnten. Ihre visuellen und schriftlichen Dokumente geben einen Einblick in ein Leben, das sich zwischen Bordell und Café, Tanzlokal und Atelier, zwischen Dichterlesungen und den Liedern der Wäscherinnen und Straßenjungen abspielte. Montmartre wurde erst 1860 von Paris eingemeindet. 1880 war es noch ein ländlicher Stadtteil, weit vom Zentrum entfernt, mit Weinbergen, Gemüsegärten und Windmühlen. Ein Chronist über das Montmartre von 1888:

»... eine Oase des freizügigen Hedonismus in einer viktorianischen Welt, eine lebenslustige Gemeinde, ein Hort der Leichtlebigkeit und der unbeschwerten Romanzen, ein halb ländlicher Stadtteil, wo Kirschbäume blühten, Liebespaare sich in Torwegen küßten und alle Welt die Quadrille tanzte.«[18]

Eigentlich gab es zwei Montmartres, »le haut« und »le bas« – das obere und das untere. In »le haut Montmartre« befand sich das Intellektuellen-Café *le lapin agile*, das eine ehemalige Quadrille-Tänzerin eröffnet hatte. In »le bas Montmartre« mit seinen Tanzlokalen und elenden Gassen verkehrten Prostituierte, und die Polizei machte regelmäßig ihre Runden.

Die arrivierten Künstler hatten ihre Ateliers südlich des Boulevard Clichy. An den steilen Hügeln oberhalb von *le lapin agile* waren die Mieten billig. Georges Seurat, Edgar Degas, Pierre Auguste Renoir, Henri de Toulouse-Lautrec, Camille Pissarro, Paul Gauguin und Henri Rousseau, sie alle wohnten in Montmartre. Die mittellosen Impressionisten machten diese gewundenen, gepflasterten Gassen zu ihrem Zuhause, und Generationen von Kunststudenten folgten ihnen. 20 Jahre nachdem die Impressionisten ihre erste gemeinsame Ausstellung organisiert hatten, tauchte eine zweite Generation von Künstlern auf und ließ sich weiter nördlich, an den steileren Hängen nieder und lebte hier, in der Nachbarschaft von Bordellen und öffentlichen Wäschereien, zur Untermiete. Toulouse-Lautrecs Studio beispielsweise lag in der Rue Coulaincourt, einer Straße, die vom Wäschereigewerbe dominiert wurde.

Die Heimwäscherei war der Hauptgewerbezweig von Montmartre. Als Prostituierte konnte man sein Geld zwar leichter verdienen, aber diese Möglichkeit schied für Frauen mittleren Alters aus. Viele Frauen in Montmartre wurden in das Wäschereigewerbe hineingeboren, einige betrieben es ihr Leben lang. Schon die Mädchen, noch im Kindesalter, wurden zu Kundinnen geschickt, um Wäsche abzuliefern. Im Alter von 14 wechselten sie an die Waschbottiche, wo sie zehn Stunden täglich für ganze zwei Francs arbeiteten.

Junge Frauen, die dem entkommen wollten, konnten als Modell schnelles Geld verdienen. Auguste Renoir beschäftigte Modelle, die einsprangen, wenn ein Dame der besseren Gesellschaft, die sich porträtieren ließ, zu einer Sitzung nicht erscheinen konnte. Edgar Degas entdeckte seine Modelle unter den Ballettmädchen und den Wäscherinnen, und Toulouse-Lautrec ließ sich in Nachtklubs einen Tisch reservieren, wo er die Tänzerinnen studieren und sich seine Modelle aussuchen konnte. Er hatte auch diverse Räume in Bordellen angemietet, wo er Frauen mit einer Ehrlichkeit und einem Realismus porträtierte, die Paris schockierten. Zahlreiche Frauen fanden Beschäftigung in den amtlich zugelassenen Bordellen, den sogenannten »maison clos«, und viele dieser Etablissements wurden durch Toulouse-Lautrecs Zeichnungen berühmt. Dazu gehörten das Bordell an der Place Pigalle, *Le Perroquet Gris* in der Rue Steinerque und *La Fleur Blanche* in der Rue des Moulins, wo sich Toulouse-Lautrec manchmal wochenlang einquartierte.

Die jungen Frauen und Mädchen von Montmartre fanden in den Tanzlokalen an der Place Blanche Zerstreuung von ihrer täglichen Schinderei. Sie konnten wählen zwischen *Le Moulin de la Garette* oder *La Reine Blanche*. Ersteres war ein Tanzlokal für die Arbeiterschicht, bis es in den siebziger Jahren des letzten Jahrhunderts herausgeputzt und zu einem vornehmen bürgerlichen Etablissement wurde. Letzteres sollte später das *Moulin Rouge* beherbergen. Der Star des *Reine Blanche* war Nini la Belle en Cuisses, die diesen Spitznamen einem stadtbekannten Ereignis aus dem Jahr 1885 verdankte. Nini war als akrobatische Quadrille-Tänzerin bekannt. Eines Abends, als sie auf den Händen lief, sah man deutlich, daß sie keinen Schlüpfer trug. Der diensthabende Polizist soll so verblüfft gewesen sein, daß er, weit davon entfernt, sie zu verhaften, ausrief: »Cre Dieu! Les belles cuisses!« (»Herr im Himmel! Was für schöne Schenkel!«). Seitdem hieß sie nur noch: Nini mit den schönen Schenkeln.

L'Elysée Montmartre war das populärste unter den Tanzlokalen. Toulouse-Lautrec war begeistert von den Farben, der Lasterhaftigkeit und der ungezügelten Erotik des *L'Ely*. *L'Ely* war ein altes, schäbiges, billiges und lautes Tanzlokal, wo die Gäste »vin chaud« – eine Art Glühwein – aus angeschlagenen Tassen tranken. Die Startänzerinnen waren Nini-Patte-en-l'air (Nini mit den Pfoten in der Luft), Grille-d'Égout (Kanalgitter), Boute en Train (Energiebündel) und die junge Goulue (die Unersättliche).

So derb die Namen der Tänzerinnen waren, so anstößig waren ihre Bewegungen. Ein Polizeiinspektor, »Sénateur Béranger« oder auch »Père la Pudeur« – Vater Anstand – genannt,

ein schüchterner alter Mann mit rosa Glatze, dem die undankbare Aufgabe zufiel, einen An-
schein von Schicklichkeit zu wahren, sollte die Maße und Weite der Unterwäsche der Tänzerinnen überprüfen und die Exaktheit ihres Tanzes. *L'Ely* war »kein Ort für Damen«. In
einem Artikel schreibt Manuel de Bare über die goldenen Jahre der Tanzlokale:

»Der Eingang hatte etwas Schmuddeliges, die Kartenkontrolleure sahen aus wie die
schmierigen Gehilfen eines Gerichtsvollziehers, und im Tanzsaal selber wirbelten die Tänzerinnen dicke, schwarze Staubwolken auf, und die Mädchen in der Wandelhalle waren
häßlich und schmutzig und setzten sich auf eine Art und Weise neben die Gecken, daß es
bezüglich ihres Gewerbes kein Mißverständnis geben konnte.«[19]

Jane Avril, Solotänzerin des *Moulin Rouge*, erinnert sich:

»Die Frauen wirkten schamlos, und sie tanzten in den Armen von Buchmachern oder Männern einer noch niederen Klasse auf eine Art, die ich vulgär und geschmacklos fand. Mir
gefiel das *Moulin Rouge* besser.«

Der Zustrom von Künstlern und Studenten nach Montmartre zu jener Zeit führte dazu,
daß die Zahl der Cafés sprunghaft anstieg. Nahezu jedes Haus in Montmartre beherbergte einen Dichter, Maler, Schriftsteller oder Sänger, die neuen Schwung in die Kultur
der »cafés concerts« brachten. Dies waren Cafés, in denen eine Kultur der spontanen Ge-
sangs- und Tanzdarbietungen gepflegt wurde: Künstler gingen zwischen den Gästen um-
her und sangen, von Klaviermusik begleitet.

»Café-conc«-Künstler waren Sänger, die sich trotz des hohen Lärmpegels in den Cafés
Gehör zu verschaffen wußten. *La Gaîté Rochechouart* war Paris erstes Café concert und
brachte 1887 als erstes ein Kabarett. *La Cigale* wurde 1887 eröffnet und gab zum Ab-
schluß des Abendprogramms jungen Künstlern Gelegenheit, in kleinen Einaktern sowohl
populäre als auch eigene Lieder vorzutragen. Das *Café de la Nouvelle Athenes* war ein
verrauchter Künstlertreffpunkt an der Place Pigalle. Im *Cirque Fernandez* aßen die Gäste Orangen aus Sevilla, während sie den Akrobaten und Clowns, Trapezkünstlern, Rei-
terinnen in Ballettröckchen und Tieren, die Kunststücke vollführten, zusahen.

Das *Mirliton* war ein dunkles, feuchtes Kellercafé, in dem patriotische Lieder gesungen
wurden und wo man den romantischen Weisen von Aristide Bruant lauschen konnte. Seine
große, exzentrische Gestalt erkannte man an dem weiten schwarzen Umhang, dem breit-

krempigen Filzhut, dem lässig über die Schulter geworfenen roten Schal, dem mächtigen, knorrigen Spazierstock und dem beißenden Spott, mit dem er sein bürgerliches Publikum bedachte. Bruant wurde später Conférencier im *Le Chat Noir* und übernahm danach große Rollen in den Revuen der *Folies Bergère*. Er verdiente mit den Liedern der Strichmädchen und Armen von Montmartre ein Vermögen und stieg vom Kaffeehaussänger zum Varietéstar auf.

In den Nachwehen des Volksaufstands der Kommune, der 1871 auf die Belagerung von Paris folgte, begann man sich für die Lebensbedingungen der Armen von Paris zu interessieren. Jene, die versucht hatten, Paris einzunehmen, und gescheitert waren, weckten die Neugier der Mittelschicht, die wissen wollte, wer diese Leute waren, wie sie lebten, was sie dachten und fühlten. Aristide Bruant befriedigte dieses Bedürfnis, und Veranstalter und Theaterregisseure begriffen schnell, daß es für die Art von Unterhaltung, die er bot, ein Publikum gab. Es war ein zahlungskräftiges Publikum: Zwischen 1870 und 1914 verdoppelte sich der Lohn des Durchschnittsparisers, und er war gern bereit, sein Geld für Vergnügungen auszugeben.

Joseph Oller und Charles Zidler, die Ende der achtziger Jahre des 19. Jahrhunderts Partner wurden, erkannten das. Charles Zidler hatte sich aus eigener Kraft hochgearbeitet und das *Hippodrome* eröffnet, ein erfolgreiches Varietétheater in der Avenue d'Alma. Joseph Oller hatte zwei der erfolgreichsten und am längsten aufgeführten französischen Varietéprogramme kreiert: »Montagnes Russes« und »Les Fantasies Oller« – beide liefen noch, als sich die Männer zusammentaten. 1886 ließ Oller »Le Nouveau Cirque« uraufführen, ein Spektakel mit Clowns, Kunstreiterinnen und Wasserdarbietungen. Aber »Le Nouveau Cirque« begeisterte das Pariser Publikum nicht in dem Maß, wie es Oller gehofft hatte. In den späten achtziger Jahren waren Varietéveranstalter gezwungen, sich ständig etwas Neues einfallen zu lassen. Der Hedonismus der Belle Époque verlangte einen Kitzel, den die Zirkusnummern und die Tanz- und Gesangsdarbietungen der Cafés concerts nicht bieten konnten.

Oller und Zidler verdankten ihr Vermögen der Erkenntnis, daß die vulgären, wilden Bewegungen der Tänzerinnen aus der Arbeiterklasse, die in den Nachtklubs von Montmartre auftraten, ausgezeichnete Unterhaltung für die ganze Pariser Gesellschaft bieten würden. 1889 ließen sie ein Tanzlokal in ein Theater umbauen, tauften es *Moulin Rouge*, und die Quadrille der Tanzlokale, die die Frauen bisher zu ihrem eigenen Vergnügen getanzt hatten, wurde nicht nur zum Kunstgenuß für ganz Paris, sondern sollte für die nächsten fünfzig Jahre die Entwicklung des erotischen Tanzes bestimmen.

Mit der Eröffnung des *Moulin Rouge* avancierte Paris zur erotischen Hauptstadt Europas. Die Erotik der Quadrille entfaltete sich in der freizügigen Atmosphäre einer Stadt, die die Kurtisane feierte, in der das Modell eines Künstlers gut bezahlt wurde und in der man sich an der ungenierten Sinnlichkeit der Tänzerinnen in den Tanzlokalen begeisterte.

Oller und Zidlers Pläne waren wohldurchdacht. Sie bauten auf die zahlreichen Besucher, die 1889 zur Weltausstellung in Paris erwartet wurden, und machten das *Moulin Rouge* zur Hauptattraktion des Pariser Nachtlebens. Die Zuschauer strömten nicht nur aus der unmittelbaren Umgebung herbei, sondern sogar aus der Innenstadt. Zidler war überzeugt davon, daß ein vollbesetztes Haus die beste Werbung ist, und verschenkte zahlreiche Freikarten, wie die Gästeliste belegt. Das kleine Theater wurde von den Reichen und Berühmten ebenso wie von den Studenten und verarmten Künstlern des Viertels frequentiert. Getränke waren billig, und selbst Studenten konnten es sich leisten, dort einen Abend zu verbringen, ohne ihr wöchentliches Budget aufzubrauchen.

Oller und Zidler veränderten die traditionelle Architektur des Varietétheaters und machten das *Moulin Rouge* zu einem exzentrischen Blickfang. Sie verwarfen das klassische Design des Varietétheaters mit seinen Säulengängen, Pilastern und Balustraden und engagierten einen Montmartre-Künstler namens Willette, der ihnen ein neues Theater für ein neues Jahrhundert entwerfen sollte. Willette verwandelte den Innenraum des *Moulin Rouge* in eine extravagante Vision aus maurischen Formen und Farben. Georges Montorgueil hat die Wirkung des Theaters auf das Pariser Publikum beschrieben:

»Es ist eine Architektur voller Überraschungen, die durch Bögen belebt wird und durch ihre geheimnisvollen Gewölbe interessant wirkt. Hier ist Granada, Spanien. Und hier erinnert es mich an die Häuser in der Normandie. Und hier eine Windmühle, die mich an Holland denken läßt ... Es ist verblüffend, es ist bezaubernd, es ist verrückt ... Um in den Garten zu gelangen, geht man bis ans Ende einer langen Empore, darunter befindet sich der Tanzsaal mit seinem erlesenen Holzfußboden, und als Pfeiler dienen die weit gespreizten Flügel der Windmühle.«[20]

Der Historiker Jacques Charles, der sich mit der Geschichte des Varietétheaters beschäftigte, beschrieb sein Erstaunen, als er zum erstenmal die große, offene Halle des *Moulin Rouge* sah, die ganz aus Holz war und deren Rückwand aus einem einzigen Spiegel bestand. Oberhalb der Tanzfläche befand sich das Orchester und darüber die Galerie, von der man einen guten Blick auf die Tänzerinnen hatte. Der Tanzsaal ging in einen großen Garten über, wo Frauen auf weißen Eseln ritten und ihre schwarzbestrumpften Beine zeigten. In der Mitte des Gartens stand ein riesiger hölzerner Elefant, der ursprünglich für die Weltausstellung von 1889 gebaut und anschließend als Schmuckstück für das *Moulin Rouge* erworben worden war, wo er 20 Jahre überdauerte. Unter dem hölzernen Koloß standen Sofas, die von jungen Liebespaaren belagert wurden, die unter dem Bauch des Elefanten flirteten und poussierten. Prostituierte boten ihre Reize feil. Durch eines der Elefantenbeine konnte man über eine Wendeltreppe in den Bauch gelangen, wo in privater Atmosphäre Bauchtanz vorgeführt wurde. Im Sommer waren überall im Garten Stühle und Tische aufgestellt und alles war mit kleinen Fähnchen geschmückt. Vor dem Eingang, der auf die Place Blanche ging, erhob sich die berühmte rote Windmühle mit ihren großen Flügeln wie ein riesiges Spielzeug. Sie beherbergte zwei kleine Figuren – den Müller und seine Frau –, die sich aus dem Fenster lehnten und Gesten der Zuneigung tauschten, sobald sich die beleuchteten Flügel zu drehen begannen.

Im Gegensatz zu anderen Theatern hatte das *Moulin Rouge* keine größere Anzahl von Solokünstlern verpflichtet. Ein oder zwei Sänger waren für den frühen Abend engagiert, aber die Hauptattraktion, die »quadrille réaliste«, die allabendlich um zehn begann, wurde von den Berühmtheiten der Tanzlokale aufgeführt. Vier Tänzerinnen waren die Stars der Quadrille: Nini-Patte-en-l'air, La Goulue, Grille-d'Égout und Rayon d'Or. Rayon d'Or hatte dickes rotes Haar, das für jede Vorstellung kunstvoll frisiert wurde und den ganzen Abend über tadellos saß. Nur La Goulue durfte ohne Kopfbedeckung tanzen. Alle anderen Tänzerinnen trugen riesige Hüte; Rayon d'Ors Hut beispielsweise hatte einen Umfang von zwei Metern. Sie war eine große, üppige Frau, deren Oberweite ebenso berühmt war wie ihr Haar.

Nini-Patte-en-l'air leitete eine Schule für Prostituierte, die etwas halbherzig als Tanzschule getarnt war, wo sie die Schritte der Quadrille lehrte. In erster Linie aber wurde jungen Mädchen beigebracht, wie sie den Besuchern des *Moulin Rouge* am aufreizendsten die Stelle zwischen Strumpf und Schlüpfer darbieten konnten.

Der Star der Quadrille und das Sexsymbol von Paris während dieser Jahre war Louise Weber, die den Spitznamen La Goulue, die Unersättliche, trug. Sie war die erste, die sich nackt auf einem Plakat abbilden ließ. Auf Fotos posiert sie mit gespreizten Beinen, ein Glas Champagner in der einen und eine Pfeife in der anderen Hand. La Goulue war stolz auf ihre sexuelle Ausstrahlung, sie wurde immer kühner in ihrem Exhibitionismus und trat schließlich auf Straßenbällen mit entblößten Brüsten auf. Während der Vorführungen fand

ihre ungehemmte Sexualität Ausdruck in der Wildheit ihrer Bewegungen.

Es wurde gemunkelt, daß Louise Webers Spitz-
name daher rührte, daß sie stets sämtliche Gläser
leerte, die auf dem Tisch standen. Es scheint jedoch
plausibler, daß sie als junges Mädchen die Geliebte
eines Adligen namens Goulu-Chilapine war und als
»femme de Goulu« bezeichnet wurde, später nur
noch als La Goulue. Sie war eine hemmungslose,
unkontrollierbare Hedonistin, die keine Grenzen
kannte. Und sie war eine Prostituierte, der es nicht
nur Spaß machte, mit ihrem Körper Aufmerksamkeit zu erregen, sondern die ihn auch freizügig
anbot.

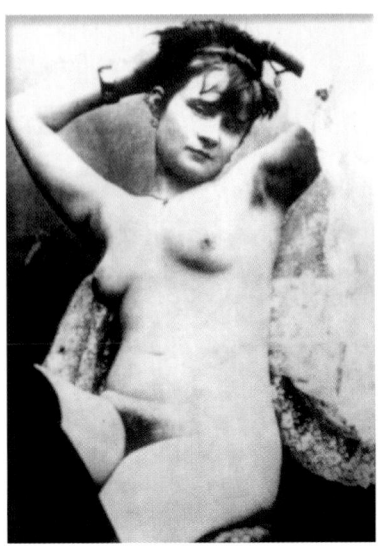

La Goulue, die berühmteste Cancan-
Tänzerin von Paris

La Goulue eignete sich nie die vornehmen Umgangsformen an, die ihr Zugang zur Pariser Gesell-
schaft verschafft hätten. Selbst auf dem Höhepunkt ihres Ruhms blieb sie eine exzentrische Persönlichkeit und eher eine Kuriosität als eine glanzvolle Berühmtheit. Anders als
die Kurtisanen ihrer Zeit war La Goulue ungeschliffen und gewöhnlich und täuschte auch
nie etwas anderes vor. Sie sog die Begierde in sich auf, die sich in den Gesichtern ihrer
Zuschauer spiegelte, die unter ihrem bohrenden Blick blaß wurden. Sie weigerte sich, ihre
Vulgarität hinter gepflegten Umgangsformen und Koketterie zu verbergen. Als der Prinz
von Wales eine Aufführung im *Moulin Rouge* besuchte, rief sie laut und vernehmlich: »Bezahlen Sie für den Champagner, oder geht er auf die Rechnung Ihrer Mutter?« Ihre Di-
rektheit ließ viele glauben, daß sie auch in sexuellen Dingen nicht spröde war.

La Goulue stickte eine kleine Rose auf ihren Schlüpfer, die in der Falte ihres Pos saß
und »erblühte«, wenn sie ihre Röcke hob und sich vorbeugte. Zu Beginn ihrer Karriere soll
sie sich nach diesem außergewöhnlichen Finale zu ihrem Publikum umgewandt und mit
vor Begeisterung gerötetem Gesicht ihrer Schwester im Publikum zugerufen haben: »Was
mir nicht in den Kopf will, ist, daß Papa Zidler 8000 Francs im Monat dafür blecht, daß
ich hier tanze, und im Ely mußte ich sogar noch Eintritt bezahlen!« Viele junge Frauen sahen das genauso und wechselten den Beruf. Wäscherinnen, die zehn Stunden am Tag für
zwei Francs gearbeitet hatten, verdienten als Tänzerinnen zwischen sechs und acht Francs
an einem Abend. Die Startänzerinnen wurden reich, und La Goulue tauschte nicht nur

Armut gegen Reichtum, sondern auch Anonymität gegen Ruhm, selbst wenn er zweifelhafter Natur war. Ganz Paris feierte sie, und 1890, auf dem Höhepunkt ihrer Popularität, fuhr sie in einer Kutsche durch Paris und wurde mit Rufen wie »Vive La Goulue« begrüßt. Studenten starrten sie mit großen Augen an, Mütter hoben ihre Töchter hoch, damit sie einen Blick auf das Mädchen erhaschen konnten, das so gut tanzte.

Die Erinnerungen an La Goulue sind widersprüchlich, und jede neue Veröffentlichung über das *Moulin Rouge* trägt diesen Widersprüchen Rechnung und gibt sie genüßlich wieder. Edmund Heuze 1953 in seinen Memoiren:

»Für manche war La Goulue gleichbedeutend mit Alkoholismus. Aber für mich verkörperte sie Hemmungslosigkeit, Wildheit, Unbekümmertheit. Sie hatte etwas von einer Rebellin. In ihr schlummerte ein wildes Tier, das durch das Lasso des Klangs, des Takts, des Rhythmus' der Instrumente beherrscht wurde und das die Atmosphäre des Moulin Rouge gierig in sich aufsog. Sie war gleichzeitig unbeherrscht, eine Revolutionärin und eine bemerkenswerte Schönheit.«

Gustave Coquiot zufolge hatte sie »ein häßliches Gesicht, das Profil eines Vogels, einen harten Mund und kalte Augen. Sie war dumm, vulgär und ein zänkisches Weib.« La Goulues Kunst war ebenso schwer einzuordnen wie die Tänzerin selbst – angesiedelt zwischen künstlerischer Darbietung und Obszönität, Schönheit und Häßlichkeit, Leidenschaft und Gewöhnlichkeit.

La Goulue beflügelte die öffentliche Vorstellungskraft. Aufgrund ihrer sexuellen Freizügigkeit glich sie eher einer Prostituierten als einer Tänzerin, sie führte ein lockeres Leben und strahlte sexuelle Erfahrung aus. Als die Tanzlokale zunehmend von einem bürgerlichen Publikum frequentiert wurden, vermittelte sie der Mittelschicht einen Eindruck von der Vulgarität und Derbheit, die man gemeinhin mit den unteren Klassen verband. Als schließlich Toulouse-Lautrec sie auf Werbeplakaten für das *Moulin Rouge* karikierte, wurde sie zum Sexsymbol. Ihre Geschichte ist beispielhaft für die Verbindung von sexueller Freizügigkeit und dem Erfolg des erotischen Tanzes und versinnbildlicht eine Epoche, in der man die Kurtisane vergötterte und ihre Talente vermarktete.

Grille-d'Égout, die diesen Namen ihren weit auseinanderstehenden Zähnen verdankte, war La Goulues engste Freundin, Tanzpartnerin und Geliebte. Bevor sie Tänzerin wurde, hatte sie als Näherin gearbeitet. Grille-d'Égout war die ideale Partnerin für La Goulue: Sie war schlank, La Goulue füllig, ihre Bewegungen waren präzise und wohlüberlegt, die

Troupe de Mlle Églantine, Plakat von Henri de Toulouse-Lautrec

ihrer Partnerin wild und rasend, sie hatte ein komisches Talent, La Goulue war anzüglich und aufreizend. Ihre Darbietung hatte eine gewisse Eleganz, und es gelang ihr, die Quadrille in die Nähe des Gesellschaftstanzes zu rücken. Sie war gebildet und suchte die Gesellschaft derer, von denen sie etwas lernen konnte. Grille-d'Égout war nicht die einzige Tänzerin, zu der La Goulue eine Liebesbeziehung unterhielt. Als La Goulue einem neugierigen Journalisten gegenüber eine Affäre mit einer anderen Startänzerin abstritt, drehte sich eben diese, genannt La Môme Fromage (das Käsekind), um und sagte: »Willst du damit sagen, daß du mich nicht liebst? Nachts behauptest du etwas anderes!« Toulouse-Lautrec malte ein Bild von ihnen, wie sie Arm in Arm das *Moulin Rouge* betreten, und La Goulue verlangte von Zidler, daß er es abhängen sollte, weil es in ihren Augen eine Verleumdung war.[21]

Eine ganze Reihe von Tänzerinnen versuchte, in ihre Fußstapfen zu treten. Da gab es La Macarona, die La Goulue ihren Rang streitig machen wollte und Pailletten auf ihre Schlüpfer nähte, um die rote Rose ihrer Rivalin zu übertrumpfen; den »Clown« Cha ua

Kao, La Sauterelle (Grashüpfer) und Demi Siphon, hinzu kamen zahlreiche Abgängerinnen von Nini-Patte-en-l'airs Schule. Die Tänzerin Églantine (wilde Rose) leitete eine eigene Schule und unterhielt ihre eigene Tanztruppe, zu der Epi d'Or (goldener Funke), Cigarette, Étoile Filante (Sternschnuppe) und Follette (die kleine Verrückte) gehörten.

Nur ein Tänzer stand im *Moulin Rouge* unter Vertrag: Valentin Le Désossé (Valentin, der Knochenlose), so genannt wegen seines ungewöhnlich geschmeidigen Körpers. Er stammte aus bürgerlichen Kreisen und wurde enterbt, als seine Familie herausfand, daß er professioneller Tänzer war. Doch trotz des schlechten Rufs der »quadrille réaliste« und seiner Tanzpartnerin La Goulue war Valentin selbst ein Vorbild an Schicklichkeit und Anstand. Er ging ins *Moulin Rouge* wie in ein Büro und wurde nie mit den Skandalen in Verbindung ge-

Plakat von Henri de Toulouse-Lautrec für das *Moulin Rouge: La Goulue et Valentin Le Désossé*

bracht, in die die Gigolos, die die Tanzlokale besuchten, verwickelt waren. Er war ein steifer, melancholischer Mann und wirkte wie in Trance, bis er zu tanzen begann und sich sein Körper in eine Puppe mit Gliedern aus Gummi zu verwandeln schien, die von der elektrisierenden Kraft der Musik angetrieben wurde. Valentin war 20 Jahre älter als La Goulue und schon Partner der berühmtesten Quadrille-Tänzerinnen gewesen, als es das *Moulin Rouge* noch nicht gab. Nachdem er sich von der Bühne zurückgezogen hatte, eröffnete er ein kleines Bistro in der Rue Coquillière.

1891 hatte sich das *Moulin Rouge* zum schicksten Nachtklub der Stadt entwickelt. Toulouse-Lautrec machte ihn zur Attraktion für die gesamte Pariser Gesellschaft: Sein berühmtes Plakat, auf der La Goulue mit ihrem Partner Valentin Le Désossé tanzt, hing an jeder Straßenecke der Stadt. Allein schon die Tatsache, daß sich der Künstler dazu hergab, für einen Nachtklub Reklame zu machen, war schockierend, und die Wahl seines

Sujets, La Goulue, die wie ein Hund ihr Bein hob, verletzte jedes Schamgefühl. Die Pariser, Richter, Politiker, Rechtsanwälte, Schriftsteller und Intellektuelle, waren empört, strömten aber nichtsdestotrotz herbei. Man besuchte den »Palast der Frauen«, um sich schockieren, unterhalten oder auch sexuell anregen zu lassen. Das *Moulin Rouge* wurde zum Wahrzeichen von Paris und war bald ebenso berühmt wie der Louvre oder der gerade errichtete Eiffelturm.

Mit dem Ende des Jahrhunderts endete auch die Glanzzeit der Tanzlokale. Die Varietés produzierten aufwendige Revuen, und Nackttänzerinnen waren in französischen Theatern keine Seltenheit mehr. Das »Exotische« wurde immer populärer, und die Vorstellungen der spanischen Tänzerin La Argentina erfreuten sich großer Beliebtheit. Mit dem Weggang der Goulue aus dem *Moulin Rouge* hatte die »quadrille réaliste« ihre erotische Anziehungskraft eingebüßt.

3

Little Egypt

Sie ist nie durch die Straßen von Kairo gegangen,
Sie ist nie auf dem Midway gewesen,
Sie hat nie den hootchy-cootchy gesehen,
Das arme, junge Mädchen vom Land.

Schlager, um 1893

Entscheidend für den Erfolg der Pariser Weltausstellung von 1889, während der das *Moulin Rouge* berühmt wurde, war der Midway, die Hauptstraße der Ausstellung, die eine originalgetreue Kopie einer Kairoer Straße darstellte. Ein achtzehnjähriger amerikanischer Unternehmer namens Sol Bloom war so beeindruckt von dem, was er in der Kairoer Straße sah, daß er die Rechte erwarb, sie auch in Amerika kommerziell verwerten zu können. Er erkannte das Unterhaltungspotential völkerkundlicher Exponate und war vor allem von der populärsten Attraktion, »La Belle Fatima«, fasziniert, die den »danse du ventre«, den Bauchtanz, vorführte.

Drei Jahre später sollte sich Sol Blooms Investition bezahlt machen. Die Organisatoren der für 1892 geplanten Chicagoer Weltausstellung, die aber erst 1893 stattfand, gaben ihm den Auftrag, die Hauptstraße der Chicagoer Ausstellung zu gestalten. Für ein wöchentliches Honorar von 1000 Dollar – höher als das Gehalt des Präsidenten der USA – war Sol Bloom für die Gestaltung des gesamten Midway zuständig.

Wie La Goulue, die sich von den Bauchtänzerinnen auf der Pariser Ausstellung hatte inspirieren lassen, wurden Burlesque-Tänzerinnen in ganz Amerika von den Tänzerinnen inspiriert, die Sol Bloom 1893 auf den Midway Plaisance holte. Die schlangenartigen Bewegungen eines sinnlichen Körpers, die offen zur Schau gestellte Sexualität einer Frau, die kein Korsett trug, und das exotische Flair und die geheimnisvolle Erotik der nordafrikanischen Küste machten den Bauchtanz zum Katalysator für die Entstehung des Striptease in Amerika. In der Kairoer Straße in Chicago traten sechs Bauchtänzerinnen auf, aber bereits 1905 hatte jede Kleinstadt ihre eigene »Little Egypt«. Aus dem Bauchtanz ging der »cooch« hervor, auf dem wiederum der Striptease basiert.

Tanzhistoriker haben zu ergründen versucht, ob es je eine »Little Egypt« gab, oder ob die Tänzerinnen, die die Orientalinnen der Ausstellung nachahmten, den Mythos von

»Little Egypt«

einer einzigen Pionierin des »cooch« schufen. In den Werbebroschüren oder Programm-heften der Ausstellung wird keine »Little Egypt« erwähnt. In den Kritiken und Schmäh-schriften, die über die Tänzerinnen erschienen, ist immer nur von »diesen Frauen« die Rede, aber keine wird namentlich genannt. Im Theater in der Kairoer Straße traten sechs Bauchtänzerinnen auf, drei Algerierinnen, eine Syrerin, eine Türkin und eine Taschen-tuchtänzerin unbekannter Herkunft. Daß die unterschiedlichen Rassen, aber nicht die Namen der Frauen Erwähnung fanden, zeigt, daß man sie als exotische Attraktion an-sah und weniger als individuelle Tänzerinnen. Erst als vier der sechs nach New York gin-gen, um im *Grand Central Palace* aufzutreten, wo man sie festnahm und wegen Erregung öffentlichen Ärgernisses verurteilte, wurde durch die Gerichtsakten ihre Identität bekannt.

Eine dieser sechs Bauchtänzerinnen wurde in Syrien geboren und lebte in Ägypten, bevor sie nach Amerika kam. Fahreda Mahzur behauptete später, die eigentliche »Little Egypt« zu sein. Die Syrerin, die in der Kairoer Straße in Chicago getanzt hatte, hieß tatsächlich Fahreda. Daß niemand den Titel »Little Egypt« für sich in Anspruch nahm, erklärte Fahreda Mahzur 1929 in einem Interview folgendermaßen: »Ägypten ist ein Land wie die USA, kein Mädchenname.« Die Bezeichnung »Little Egypt« war in ihren Augen eine Beleidigung und rassistische Verunglimpfung, bestenfalls gönnerhaft gemeint. Der Name »Little Egypt« wurde mit der Zeit gleichbedeutend mit der Erotik und Mystik des Orients. Die geheimnisvolle, ungebändigte Erotik der nordafrikanischen Küste wurde lediglich durch das Adjektiv »klein« bezähmt und domestiziert.

Der älteste erotische Tanz der Welt, der Bauchtanz, war ursprünglich ein Fruchtbarkeitstanz, der im alten Ägypten in Tempeln aufgeführt wurde. Er symbolisierte die Kopulation und wurde zu Ehren des ägyptischen Gottes Atum-Re zelebriert. Die alten Ägypter glaubten, daß Atum-Re die Welt durch Masturbation erschaffen habe, auf diese Weise schuf er die Luft (Schu) und die Feuchtigkeit (Tefnut), die wiederum den Erdgott (Geb) und die Himmelsgöttin (Nut) zeugten. Der Sexualakt wurde als heilig angesehen, und die Fruchtbarkeit des Bodens wurde mit der Fruchtbarkeit des Pharaos und seines Reiches in Verbindung gebracht. Das Ritual der Tempeltänzerinnen war heilig und endete oft in der sexuellen Vereinigung. Die Tänzerin tanzte zu Ehren der Gottheit, der sie huldigte, stets mit dem Rücken zum Publikum. Wendy Buonaventura, eine Historikerin, die sich eingehend mit dem Bauchtanz beschäftigt hat, schreibt:

»Tanzen setzte in ihrem Körper eine Energie frei, eine Kraft, die sie befähigte, sich mit dem göttlichen Geist zu vereinigen, und deshalb sahen die Männer, die Liebe mit ihr machten, sie als Vermittlerin zu dieser geheiligten Macht.«[22]

Als sich im alten Ägypten eine patrilineare Gesellschaft etablierte, wurde der Vaterschaft großer Wert beigemessen und somit auch der Ehe, da Land und Vermögen in der Familie verbleiben sollten. Die sexuelle Freiheit der Tempeltänzerinnen wurde drastisch beschnitten. Im zweiten Jahrhundert nach Christi war der Tempel zum heiligen Bordell geworden. Im fünften und sechsten Jahrhundert zwangen die islamischen Eroberungszüge die Tänzerinnen zur Flucht nach Istanbul, wo dem Tanz eine zunehmend weltliche Funktion zukam. Erotischer Tanz und Prostitution waren bald untrennbar miteinander verbunden.

Arabischer Schleiertanz

Aufgrund ihres Nomadenstatus wurden die Tänzerinnen mehr und mehr mit den Zigeunerinnen gleichgesetzt, die durch diesen Teil der Welt zogen, und im 19. Jahrhundert wurden ägyptische Tänzerinnen allgemein als »ghawazi« bezeichnet, dem ägyptischen Begriff für Zigeuner. Die »ghawazi« waren die ägyptische Entsprechung der türkischen »cengi«.

In Algerien wurden Zigeuner »Ouled Nail« genannt. Die jungen Mädchen der »Ouled Nail« wurden von frühester Kindheit an als Tänzerinnen ausgebildet und verließen etwa im Alter von zwölf Jahren ihr Zuhause, um mit Auftritten und sexuellen Gefälligkeiten ihre Aussteuer zu finanzieren. Diese Tradition war tief verwurzelt; die Mädchen wurden von ihren Müttern betreut, die sie begleiteten. Sie reisten von einem Nomadenstamm zum anderen; die Gold- und Silbermünzen, die sie als Entlohnung erhielten, nähten sie auf Stoffstreifen, die sie als Turban auf dem Kopf trugen. Sobald sie genug Reichtümer angesammelt hatten, kehrten sie nach Hause zurück und heirateten. Ihre Tänze waren ungestümer als die der ägyptischen Tänzerinnen, ihre Gesten übertriebener.

Die »ghawazi« waren nicht die einzigen Tänzerinnen Ägyptens. Es gab auch die »awalim«, die zugleich Sängerinnen, Dichterinnen und Musikerinnen waren. Sie genossen

Ägyptische Tänzerin, um 1900   Türkische Cengi, Darstellung aus dem 18. Jahrhundert

ein höheres Ansehen als die »ghawazi« und traten in Harems auf. Die »awalim« waren angesehene Unterhaltungskünstlerinnen, und wenn sie tanzten, dann nur verschleiert. Wie
Wendy Buonaventura[23] dargelegt hat, war selbst der Status dieser Frauen unsicher, da er
von ihren Gönnern abhing. Einige von ihnen tanzten und musizierten für die Reichen und
Mächtigen und brachten es selbst zu Reichtum, während für andere Tanzen und Prostitution untrennbar miteinander verknüpft waren. Diese Frauen lebten außerhalb der Gesellschaft und heirateten nur innerhalb ihres eigenen Klans. Oft gingen sie auch nach ihrer
Heirat weiter ihrem Gewerbe nach, da ihr Ehemann finanziell von ihnen abhängig war.

Die Tänzerinnen, die auf der Chicagoer Weltausstellung auftraten, gehörten der »ghawazi«-Tradition an. Als »awalim« hätten sie es aufgrund ihrer gesellschaftlichen Stellung
und der damit verbundenen Sicherheit nicht nötig gehabt, die Gefahren einer Reise nach
Amerika auf sich zu nehmen. Im Gegensatz zu den »awalim« traten die »ghawazi« nicht in

privaten Harems auf, sondern meist auf öffentlichen Plätzen, in Cafés und vor Hotels. Wenn die Tänzerinnen auch keine Korsetts trugen, so waren ihre Körper doch immer bedeckt, meist mit einem dünnen Hemd, einer knappen Weste und einer bauschigen Hose.

Während die »awalim« insgesamt zurückhaltender waren, drückte sich der niedere gesellschaftliche Status der »ghawazi« in ihrer Bereitwilligkeit aus, unverschleiert aufzutreten. Frederic Courtland zufolge, dem Autor des 1903 veröffentlichten Buchs *Present Day Egypt*, wurden diese Frauen Ende des letzten Jahrhunderts »nicht unbedingt als unmoralisch angesehen, aber sie waren auch nicht geachtet, denn mit der Entblößung ihres Gesichts bewegten sie sich jenseits der Grenzen des Erlaubten«.

Trotz ihres niederen Status und ihrer mangelnden Bildung waren die »ghawazi«-Tänzerinnen nicht nur finanziell unabhängig, sondern bezahlten sogar zehn Prozent aller Steuern, die in der Stadt, in der sie lebten, erhoben wurden.[24] Als sie 1834 nach Oberägypten verbannt wurden, mußten die Einwohner Kairos massive Steuererhöhungen hinnehmen. Ihre finanzielle Unabhängigkeit erlaubte ihnen Freiheiten, die anderen Frauen versagt waren. Auch heute noch sind diese Frauen freier als viele ihrer Geschlechtsgenossinnen:

»... in Marokko nennt man die ›chikhat‹, die in einer Gruppe gemeinsam auftreten und von einem Ort zum anderen reisen, um auf öffentlichen Festen zu spielen: ›Frauen, die sich nicht von Männern vorschreiben lassen, was sie zu tun haben.‹ Als Tänzerinnen ist ihnen die Ehe nicht verwehrt, und es kommt durchaus vor, daß männliche Verwandte auf ihr Einkommen angewiesen sind.«[25]

Europäer, die im 19. Jahrhundert nach Ägypten reisten, waren fasziniert von den Frauen, die sie dort tanzen sahen. Die Orientreisenden schwärmten in ihren Berichten von der fremden Kultur und den prächtigen Kostümen und verbreiteten Legenden über die Exotik und Romantik der Wüste und die Geheimnisse alter Zivilisationen, deren in warmes, sinnliches Sonnenlicht getauchte Ruinen sie bestaunten. Der »Orientalismus« war ein exotisches, erotisches Phantasiegebilde der Europäer, eine romantische Schwärmerei für die fremdartigen Bräuche, Riten und Religionen der arabischen Länder.

Die größte Inspiration für europäische Reisende, Forscher und Maler des 19. Jahrhunderts waren die Frauen des Vorderen Orients. Maler wurden nicht nur von den nicht in Korsetts gezwängten Körpern der Bauchtänzerinnen, sondern auch durch die äußere Erscheinung reicher Ägypterinnen angeregt. Ihre Schleier symbolisierten den Reiz des

Verborgenen und Unbekannten, und der Harem suggerierte eine geheimnisvolle, intime, weibliche Welt, die dem männlichen Europäer verschlossen blieb.

Der englische Maler Augustus John beschrieb die Tänzerinnen, die er an der nordafrikanischen Küste sah, in eindeutig erotischen Worten:

»Plötzlich stimmten die Musiker eine Tanzweise an: die Tür öffnete sich, und zwei arabische Tänzerinnen traten ein. Es waren Mädchen zwischen 16 und 30 Jahren, großgewachsen und wohlproportioniert ... Ihre nicht besonders dunklen Gesichter hatten etwas Damenhaftes an sich, vor allem ihre klar gezeichneten Augenbrauen, die sich über ihren funkelnden Augen wölbten, und ihre fein geschwungenen Lippen waren voller Anmut und Zauber ... Ihre Augen blitzten, ihre Busen hoben und senkten sich, und ihre Körper nahmen die unterschiedlichsten Stellungen ein. Sie wanden sich umeinander wie Schlangen, mit einer Geschmeidigkeit und Grazie, wie ich sie nie zuvor erlebt hatte ...«

Die großen kulturellen und religiösen Unterschiede zwischen Europa und dem Nahen Osten beflügelten die Phantasie der europäischen orientalistischen Künstler. Maler wie Eugène Delacroix und Jean Auguste Dominique Ingres ebenso wie der französische Ägyptologe E. Prisse D'Avennes fühlten sich durch ihre Erfahrungen an der nordafrikanischen Küste wie befreit von der steifen, akademischen Tradition Europas. Ihre Bilder und Berichte trugen maßgeblich zur öffentlichen Reaktion auf die Bauchtänzerinnen bei.

In ihrer Vorstellung von der freizügigen Sexualität der Ägypterinnen stellten männliche Reisende oft unbillige Forderungen an die Tänzerinnen. Sie zeigten keinerlei Respekt für die Lebensweise der ägyptischen Tänzerinnen. Sie weigerten sich, die Unterschiede zwischen den europäischen und arabischen Bräuchen zu akzeptieren, und sahen in den Ägypterinnen nur hemmungslose Frauen, ohne zu erkennen, daß sie durchaus an moralische und religiöse Normen gebunden waren. Beispielsweise verlangten die Europäer oft, daß die Frauen nackt tanzten, was diese als demütigend empfanden; arabische Männer wurden aus dem Raum geschickt, den Musikern die Augen verbunden, damit sie ihre Beschämung nicht sahen. Europäische Fotografen zahlten Tänzerinnen hohe Summen, damit sie ihre Brüste entblößten, und betrieben einen florierenden Handel mit Ansichtskarten, die den Mythos von ungehemmter Sexualität und sexueller Freizügigkeit verbreiteten.

Die Tänzerinnen schienen Symbole sowohl für eine befreite Sexualität als auch für ein unabhängiges Leben zu sein. Es war dieser Mythos, der auch europäische Frauen in den

Die Solistin von Edouard Richter, 19. Jahrhundert

Orient zog. Jane Digby, frustriert von ihrem Leben als Ehefrau und Mutter im England des 19. Jahrhunderts, verliebte sich in einen Diplomaten. Als die skandalöse Affäre entdeckt wurde, verließ sie das Land. Nach unzähligen Affären verliebte sie sich schließlich im Alter von 50 Jahren in Scheich Abdul Medjuel el Mezrab und ließ sich in Damaskus nieder. Ihre Liebe dauerte 20 Jahre, bis zu ihrem Tod. Die Engländerin Isabelle Burton heiratete Sir Richard Burton, der 1869 als Konsul nach Damaskus entsandt wurde. In einem Brief an ihre Mutter erklärt sie: »Ich hasse das künstliche Londoner Dasein … Ich will ein wildes, unstetes Leben.« Im Alter von 38 Jahren begann sie Männerkleidung zu tragen und bewegte sich in Damaskus freier, als sie es in England unter all den eingeschnürten Damen je gekonnt hätte. Isabelle Eberhardt war die Tochter einer wohlhabenden Russin, die den armenischen Lehrer ihrer Kinder heiratete und sich gegen Ende des 19. Jahrhunderts in Algerien niederließ. Isabelle Eberhardt war eine extravagante, rastlose, labile und mutige Frau. Sie trug Männerkleidung, ritt allein durch die Wüste und nahm sich zahlreiche arabische Liebhaber.

Aufgrund ihres abenteuerlichen, ungewöhnlichen Lebens wurden diese Frauen in Europa zu legendären Persönlichkeiten. Geschichten über ihr Leben nährten den Mythos von der freien Sexualität der orientalischen Frauen und der erotischen Faszination der nordafrikanischen Küste. Ihr »undisziplinierter«, »unmoralischer« Lebenswandel jedoch verstärkte noch die Kluft zwischen westlichen und orientalischen Frauen.

Die Faszination, die der Orient auf die Europäer ausübte, machte sich Sol Bloom zunutze, als er anläßlich der Chicagoer Weltausstellung Bauchtänzerinnen engagierte. Damit gelang es ihm nicht nur, das finanzielle Desaster der Ausstellung abzuwenden, sondern sogar noch enorme Gewinne zu erzielen.

Die großen Ausstellungen des 19. Jahrhunderts erfüllten zwei Funktionen: Sie sollten die technischen und industriellen Errungenschaften des Westens demonstrieren und zugleich Einblicke in die kulturelle Vielfalt und anthropologischen Unterschiede der Welt bieten. Die Weltausstellung in Chicago fand auf dem Höhepunkt eines Jahrhunderts des industriellen und technischen Fortschritts in Amerika statt. Aus mehreren Gründen wurde Chicago als Standort ausgewählt: Die Stadt war der Eisenbahnknotenpunkt und das kommerzielle Zentrum des Mittleren Westens, und sie repräsentierte zudem durch die aus den unterschiedlichsten Ländern stammenden Einwanderer die kulturelle Vielfalt der USA.

Die Ausstellung fand an zwei verschiedenen, aber miteinander verbundenen Orten statt. Die »White City« war zwölf »Wissensgebieten« gewidmet. Der Midway Plaisance, eine Allee, die sich über eine Meile erstreckte, verband die »White City« mit dem »Washington

Park«. Letzterer sollte die neue Wissenschaft der Anthropologie der amerikanischen Öffentlichkeit nahebringen. Man hatte eine Reihe von »Dörfern« errichtet, wo die Besucher die persische, indische, japanische, ägyptische, algerische, schwedische, irische und lappländische, javanische, türkische und deutsche Kultur studieren konnten. Für 50 Cents waren ein maurischer Palast, das Zelt des Schahs von Persien, ein japanisches Theater und die populäre Kairoer Straße zu besichtigen.

Das wirtschaftliche Wachstum und die Herausbildung einer Mittelschicht hatten dazu geführt, daß gegen Ende des 19. Jahrhunderts eine Unterhaltungsindustrie entstanden war. Die Wochenarbeitszeit war verkürzt worden, und der Bevölkerung stand mehr Geld und Freizeit zur Verfügung, die sie zum Besuch von Musikveranstaltungen, Theateraufführungen, Jahrmärkten und Zirkusvorstellungen nutzte. Die Chicagoer Weltausstellung war ein Vorläufer der Vergnügungsparks unseres Jahrhunderts. Sol Bloom erkannte, daß der Unterhaltungswert der anthropologischen Exponate mindestens ebenso groß war wie der des Zirkus oder des typisch amerikanischen Groschenmuseums und Monstrositätenkabinetts:

»... ein großer, dünner Araber, der ein Schwert verschlucken konnte, repräsentierte in meinen Augen eine Kultur, die ein höheres Niveau hatte als die einer Gruppe ernster Schweizer Bauern, die ihre Tage damit verbrachten, Käse und Schokolade herzustellen.«

Und Sol Bloom wußte, welches Potential die Unterhaltungskünstler der Kairoer Straße bargen:

»Es werden sich mehr Leute an den Ruf des ›danse du ventre‹ erinnern als an den Tanz selbst ... Als die Öffentlichkeit erfuhr, daß die wörtliche Übersetzung ›Bauchtanz‹ war, schloß sie entzückt daraus, daß er obszön und unmoralisch sein müßte ... Die Menschen strömten herbei. Ich hatte eine Goldgrube.«[26]

Dieser kommerzielle Erfolg wurde dringend benötigt. Wenige Tage, nachdem die Ausstellung eröffnet worden war, kam es zum großen Börsenkrach. Das Jahr 1893 war der Beginn der größten wirtschaftlichen Depression in der amerikanischen Geschichte. Hundert Eisenbahnlinien mußten Bankrott anmelden, und die Arbeitslosenzahlen erreichten eine nie für möglich gehaltene Höhe. Die Ausstellung drohte zu einer finanziellen Katastrophe zu werden.

Quasi über Nacht brachte der Skandal, den die Darbietungen der orientalischen Tänzerinnen auf dem Midway Plaisance ausgelöst hatten, die dringend benötigte Publicity und rettete die Ausstellung vor dem Ruin. Farmer, Bankiers, Politiker und Händler reisten aus allen Teilen des Landes nach Chicago, um sich damit brüsten zu können, den berüchtigten Tanz mit eigenen Augen gesehen zu haben. In den ersten sechs Monaten der Ausstellung kamen 25 bis 30 Millionen Besucher, die direkt zur Kairoer Straße strömten. Die Eintrittskarten für die Vorführung der ägyptischen Tänzerinnen kosteten zwischen 20 und 75 Cents, während Konkurrenzdarbietungen Einheitspreise von 25 Cents verlangten. Trotz der überhöhten Preise waren die Vorstellungen der Bauchtänzerinnen regelmäßig ausverkauft. Andere Exponate zogen weitaus weniger Zuschauer an. Die *New York Herald Tribune* berichtete, daß die Tänzerinnen »mehr Aufmerksamkeit erregten als das 70 Tonnen schwere Teleskop oder das sich über sechs Häuserblocks erstreckende Gebäude für Handwerk und Kunst«.

Es war die Verheißung des Orients, die die Tänzerinnen verkörperten und die die Menschenmassen anlockte. Ihr Tanz stand für verbotene und heimliche Vergnügungen. Ein zeitgenössischer Reporter versuchte, diese »Verheißung« in Worte zu fassen:

»Diese Art der Unterhaltung ist für westliche Männer und Frauen ungewohnt und seltsam … man muß jedoch zugeben, daß eine große Faszination davon ausgeht, wenn man sich erst daran gewöhnt hat, aber es ist eine Faszination, die einen zunächst schockiert und dann verblüfft … Es ist ein Genuß, der ähnlich gewöhnungsbedürftig ist wie der Geschmack von Opium oder Haschisch.«

Die Presse weidete sich an der Sensation, die die Bauchtänzerinnen auslösten, aber die Reaktion von seiten der Kirche und der sittenstrengen Konservativen war erwartungsgemäß feindselig. Dr. David Gregg, der Pastor der presbyterianischen Kirche in Brooklyn, war so angewidert, daß er in einem Interview erklärte:

»Wir könnten die Erinnerung an den Midway Plaisance streichen und die Ausstellung loben … nun, zwei Drittel davon. Ich möchte alle diese Dörfer, wo die Leute halbnackt herumlaufen, aus meiner Erinnerung streichen. Ich würde die Bierhallen und -gärten und die tanzenden Mädchen und Frauen streichen, und wenn das alles gestrichen ist, dann bleibt nicht mehr viel vom Midway übrig.«

Anthony Cromstock, Vorsitzender der New Yorker Gesellschaft zur Bekämpfung des Lasters, reiste eigens nach Chicago, um die Tänzerinnen öffentlich anzuprangern und die Vorführung verbieten zu lassen. Ein gewisser Mark McDonald schilderte am 27. Juli 1893 seine Eindrücke im *San Francisco Chronicle*:

»Ihr Tanz ist das Vulgärste, was ich je gesehen habe ... Ich kam in der Erwartung, eine Theatervorstellung zu sehen. Als dann eine dieser Frauen anfing herumzuwackeln, war ich im ersten Moment überrascht, aber dieses Gefühl verkehrte sich schnell in Abscheu, und ich verließ den Saal. Solche Tänze sollten nicht auf einer so bedeutenden Ausstellung gezeigt werden. Sie tragen nicht zur Erweiterung des Horizonts bei, sondern untergraben die Moral. Sie verderben unsere Jugend und schaden dem Ruf der Ausstellung. Pastoren haben gegen diese Shows im Namen der Moral protestiert; sie sollten unbedingt verboten werden.«

Und in einem Protestschreiben an die Ausstellungsleitung von C. Woodworth Masters heißt es:

»Der Stil der Bewegungen, der von diesen sogenannten algerischen oder auch anderen Frauen praktiziert wird, ist zu anrüchig, als daß ihn ein kultiviertes Publikum gutheißen könnte. Das Ganze ist eine verderbte und unmoralische Zurschaustellung.«

Was man an den Bewegungen der Tänzerinnen kritisierte, war ihre »Primitivität« und »Undamenhaftigkeit«. Befreit vom Korsett waren diese Frauen in der Lage, ihren Bauch auf ganz außergewöhnliche Weise zu bewegen. Auch die Kostüme der arabischen Frauen, die bauschigen Hosen, dünnen Hemden und Westen, erregten Anstoß.

Interessanterweise war die Ausstellung in Chicago die erste Weltausstellung, die dem im Wandel begriffenen Bild der amerikanischen Frau Rechnung trug und den gesellschaftlichen Beitrag der Frauen und die Entstehung einer Frauenbewegung würdigte. Es gab ein sogenanntes Frauengebäude, das Sophia G. Hayden entworfen hatte, und es wurde ein rein weiblicher Ausschuß gebildet, der sich der Angelegenheiten von Frauen annehmen und die Ausstellungen im Frauengebäude bewerten sollte. Anläßlich der feierlichen Eröffnung des Hauses sprach Mrs. Potter Palmer zu den geladenen Gästen:

»... Als Geschlecht sind Frauen inzwischen gleichberechtigt. Sie haben jetzt Zeit und Muße, eine berufliche Karriere in Angriff zu nehmen. Nach Jahrhunderten der Einschränkung, in denen wir den Erfordernissen eines künstlichen Standards zu entsprechen hatten, haben wir uns endlich unserer Ondulierscheren und Korsetts entledigt. Gerade wenn wir uns ansehen, wieviel Schönheit und Lebenskraft frische Luft und Sonne bewirken, erkennen wir, wie künstlich und falsch das Ideal war, dem wir zuvor gehuldigt haben.«[27]

Es hatte ein Wandel in der Mode stattgefunden. Das einschnürende Korsett wich lockerer Kleidung, die mehr Bewegungsfreiheit bot und eher den Bedürfnissen der modernen Frau entsprach. Trotzdem wurden die ägyptischen Tänzerinnen auch von damaligen Feministinnen scharf kritisiert. Der Frauenausschuß organisierte ein Treffen aller weiblichen Beschäftigten, die auf dem Midway Plaisance auftraten, war sich aber unschlüssig, ob es moralisch tragbar wäre, die Tänzerinnen der Kairoer Straße einzuladen. Man beschloß, die Tänzerinnen als »gefallene Frauen« zu betrachten, die es zu »retten« galt. Ein Mitglied des Ausschusses fragte: »Meinen Sie, daß die Frauen so tief gefallen sind, daß der Ausschuß ihnen keine helfende Hand mehr reichen kann?« Auf diese Frage antwortete Mrs. Baker:

»Ich bin in meinem ganzen Leben noch nicht so bekümmert und schockiert gewesen wie bei dieser Aufführung. Ich bin entschieden dagegen, diese Frauen einzuladen, damit sie die Mitglieder dieses Ausschusses kennenlernen können ... Ich betrachte es als unsere Pflicht, gegen diese Leute zu protestieren und zu verlangen, daß die Orte, an denen sie auftreten, geschlossen werden, statt sie auch noch zu unterhalten.«[28]

Doch nicht alle Damen des Ausschusses teilten diese Meinung. Mrs. Potter Palmer begeisterten die Vorstellungen, und sie sah sie mehrere Male. Der Ausschuß besuchte die Darbietungen der Tänzerinnen ebenfalls und war fasziniert und schockiert zugleich. Die Widersprüche in ihren Empfindungen und ihrem Verhalten kommentierte der Direktor des »persischen Palastes« wie folgt:

»Wenn mein Etablissement so anstößig ist, warum kommen dann diese Damen ein, zwei, drei, ja sogar sechs Mal hierher und sitzen manchmal drei Stunden lang da, um sich anzusehen, wie meine Mädchen, meine hübschen Mädchen tanzen? ... Sie stellen sich auf die Zehenspitzen, um jede Bewegung meiner reizenden Tänzerinnen mitzubekommen. Sie klatschen Beifall ... [dann] gehen sie in den Park und behaupten, daß meine Art von Unterhaltung vulgär ist.«

Vielleicht waren die Frauen des Ausschusses fasziniert von der Erotik und Fremdartigkeit der orientalischen Tänzerinnen, in jedem Fall aber waren sie weit davon entfernt, sich mit den Bauchtänzerinnen zu solidarisieren. Nicht zuletzt basierte ihre Ablehnung auf Vorurteilen. Rasse und Klassenzugehörigkeit erwiesen sich als unüberwindbare Barrieren. Als intellektuelle Frauen der Mittelschicht war es ihnen unmöglich, sich mit »Zigeunern« von der nordafrikanischen Küste zu verbünden.

Einzigartig unter den Reaktionen auf die Bauchtänzerinnen ist eine Erinnerung Carl Van Vechtens, des Musikkritikers der *New York Times*, des ersten amerikanischen Tanzkritikers überhaupt:

»Meine nächste lebhafte Erinnerung an eine Tanzdarbietung sind die Vorführungen von ›Little Egypt‹ auf dem Midway der Weltausstellung in Chicago 1893 … Am deutlichsten entsinne ich mich, wie geschickt sie mit einem Apfel umging, der an ihrem Gürtel hing, und auf welch spektakuläre Weise sie ihn mit Hilfe ihrer Bauchmuskeln in Schwingungen versetzte. Im Gegensatz zum ›skirt dance‹, der noch verruchteren Ursprungs ist, wurde der ›danse du ventre‹ als höchst sündhafte Zurschaustellung angesehen, auch deshalb, weil reichlich nackte Haut zu sehen war.«

Carl Van Vechtens persönliche Erinnerung ist der einzig belegte Hinweis auf eine Tänzerin namens »Little Egypt«. Van Vechten war auch der einzige, der ihren Tanz als Kunst betrachtete, und der erkannte, daß dieser kulturelle, rassische und klassenbedingte Unterschiede zu überbrücken vermochte, was dem Großteil der Besucher der Weltausstellung unmöglich war. In ihrer von Rassismus geprägten Phantasie war der Tanz dieser Frauen, die einer »niederen« Rasse angehörten und sich durch ein »primitiveres« Verhalten auszeichneten, Ausdruck einer ungebändigten, »wilden« und undisziplinierten Sexualität.

Eine Sonderausgabe des *Illustrated American* zur Weltausstellung faßt das Entsetzen über die Bauchtänzerinnen in deutliche Worte:

»Schockierend unmalerisch, unromantisch und vulgär … Ihr verfilztes Haar, der schmierig-schmutzige Teint, die unschönen Gesichtszüge, die fleckigen Zähne und ihre Neigung zur Beleibtheit sind schrecklich enttäuschend, und ihre Stimmen haben einen Klang, mit dem in Amerika selbst eine Katze aus jeder ordentlichen Nachbarschaft mit Schimpf und Schande davongejagt würde.«[29]

Tänzerinnen, wie sie in der Kairoer
Straße in Chicago auftraten, um 1888

Rassische Vorurteile waren der eigentliche Grund, warum die unverhohlene Sinnlichkeit der Tänzerinnen eine solche Feindseligkeit hervorrief. Die Haltung des 19. Jahrhunderts zur Rassenfrage wurde entscheidend durch die Evolutionstheorie geprägt, und rassische Unterschiede wurden am jeweiligen evolutionären Entwicklungsstand festgemacht. Wie Robert Clyde Allen[30] ausgeführt hat, konnten sich Besucher der White City von Franz Boas oder Joseph Jastrow untersuchen und messen und ihre Statur mit dem »idealen rassischen Typ‹ vergleichen lassen, für den Studenten von Harvard und Radcliffe Modell gestanden hatten, während auf dem Midway Plaisance

»die ethnologischen Exponate fein säuberlich gemäß ihrer vermuteten evolutionären Entwicklungsstufe angeordnet waren. Am westlichen Ende des Midway, am weitesten von der White City entfernt, befanden sich die Ausstellungsstücke der primitivsten Völker: die Dörfer der Dahome und der Indianer. Näher am Zentrum lagen die Dörfer des Nahen Ostens und Asiens. Am nächsten zur White City und damit an der Spitze der evolutionären Entwicklung waren die teutonische und die keltische Rasse angesiedelt: zwei deutsche und zwei irische Dörfer.«

Die Kairoer Straße lag etwa in der Mitte der evolutionären Skala. Hier präsentierten die ägyptischen Tänzerinnen dem amerikanischen Publikum den Bauchtanz. Der damalige amerikanische Volkstanz beschränkte sich auf die populären Gigues, Reels und »skirt dances«, die dem Cancan sehr ähnlich waren, aber in langen Röcken getanzt wurden. Verglichen mit den Kostümen dieser Tänze war die Aufmachung der Bauchtänzerinnen skandalös. Gemessen an den Kriterien der amerikanischen Tanzkunst war der Bauchtanz obszön und wurde nie als tänzerische oder künstlerische Darbietung angesehen.

Das amerikanische Publikum fühlte sich von der ungehemmten Sexualität der Tänzerinnen angezogen und abgestoßen zugleich. Vom Erfolg der Kairoer Straße inspiriert, kreierten die Amerikaner ihre eigene Version orientalischer Kunst. Ab dem 1. Mai 1893 waren auf dem Titelblatt von *Frank Leslie's Illustrated Weekly* Fotos und Illustrationen der Weltausstellung abgebildet, und viele der Titelgeschichten waren Augenzeugenberichte über den Midway Plaisance. Auch Werbefirmen machten sich die Popularität des Orients zunutze: Firmen wie Palmolive, Pabst, Malt Extract und Deity-Zigaretten nutzten orientalische Themen, um für ihre Erzeugnisse zu werben.

Den nachhaltigsten Einfluß hatten die Bauchtänzerinnen auf die Künstlerinnen der amerikanischen Burlesque. Von 1893 bis Mitte der dreißiger Jahre des 20. Jahrhunderts war der Orientalismus eine wahre Manie, die sich vor allem im »cooch«, der auf Rummelplätzen und bei Volksfesten vorgeführt wurde, niederschlug. Der Jahrmarkt war immer mehr zu einem Anziehungspunkt in der amerikanischen Unterhaltungskultur geworden. Einer der populärsten befand sich in Coney Island, das sich um 1900 als Badeort bei der New Yorker Bevölkerung großer Beliebtheit erfreute. Dort gab es Cakewalk-Wettbewerbe, Vaudeville- und Burlesque-Vorführungen sowie Edison-Bioskope, die Bilder zum Leben erweckten. Vor den Saloons standen in aufreizender Pose Frauen und animierten Männer zum Trinken. Es wurde kein Eintritt erhoben, der Gewinn wurde allein über die Getränke erzielt. Man konnte auch ein Séparée inklusive Frauen mieten, allerdings kosteten die Getränke dann doppelt soviel. In den ruhigeren Straßen von Coney Island befanden sich mehrere Bordelle, die zwar keine musikalische Unterhaltung boten, wo man aber so viel trinken konnte, wie man wollte. Es existierten auch etliche illegale Häuser, die die Mafia betrieb. Die Polizei drückte beide Augen zu.

Um am Erfolg der Chicagoer Weltausstellung teilzuhaben, baute Coney Island seine eigene Kairoer Straße. Dort entwickelte sich aus dem traditionellen Bauchtanz der »cooch«. Der »cooch« stand in der Tradition der amerikanischen Burlesque und fand durch unzählige »Little Egypts« Verbreitung.

Um die Jahrhundertwende, auf der Höhe des »cooch«-Fiebers, übernahm die Burlesque bestimmte Strukturen und Traditionen der Minstrel-Shows. Diese bestanden aus drei Teilen: einem Sketch, dem »olio«, aus Solodarbietungen und einem Finale, dem »walkaround«, das die ganze Truppe einschloß. Der »hootchy cootchy« war der abschließende Tanz, kurz bevor der Vorhang fiel, begleitet von Gejohle und Pfiffen aus dem Publikum. Der »cooch« war nicht nur die Grundlage für das Finale der Aufführung, sondern auch für die Soloauftritte der Tänzerinnen.

Minstrel-Shows waren eine Imitation der afro-amerikanischen Darbietungskunst, und diese wiederum beeinflußte den »cooch« auf zweierlei Weise. Der Bauchtanz gab ihm zwar seine Form, aber aus der französischsprachigen afrikanischen Tradition Louisianas gingen viele Bluessongs hervor, in denen »Hooch ma cooch« besungen wurde. »Hooch ma cooch« war auch ein afrikanischer Tanz, den Schwarze 1900 auf dem Conga-Square in New Orleans vorführten und den Weiße aufgriffen. »Hochequeue« ist das französische Wort für »Bachstelze«, wörtlich übersetzt: ein Vogel, der seinen Sterz ständig auf und ab bewegt; der Begriff setzt sich zusammen aus »hocher«, schütteln, und »la queue«, Schwanz oder Hinterteil. »Mit dem Hintern wackeln« war die amerikanische Variante des Tanzes, den »Little Egypt« erstmals in den USA dargeboten hatte.

Der »cooch«, eine Verschmelzung afrikanischer Tanztraditionen, enthielt bereits sämtliche tänzerischen Elemente des Striptease. Der Shimmy, bei dem der Körper von Kopf bis Fuß mit Hilfe der Bauchmuskeln geschüttelt wird, der »bump«, bei dem der Unterleib abrupt nach vorn gestoßen wird, der »grind«, das Kreisen der Hüften, das Muskelzucken und das Stolzieren; sie alle gingen aus den Tänzen hervor, die die Amerikaner auf der Weltausstellung in Chicago gesehen hatten.

Um die Jahrhundertwende erreichte eine zweite Welle orientalischen Tanzes die USA. Als Maud Allan 1906 in Wien zum ersten Mal ihre »Salome« vorführte, kreierte sie damit eine neue Tanzmode: Tänzerinnen erzählten auf sinnliche, aber nicht pornographische Weise eine Geschichte. Sie sprachen dabei weder direkt das Publikum an, noch ließen sie ihre sexuellen Reize spielen. Salome symbolisierte die neue Frau: Sie war stark, selbstbewußt, aber auch zerstörerisch. Amerika wurde von einer wahren »Salomanie« gepackt. Kritiker sprachen von einer Plage, die den modernen Tanz befallen habe und die Opernhäuser und Theater verseuche.

Die Frauen des Ausschusses der Chicagoer Weltausstellung waren von den Bauchtänzerinnen der Kairoer Straße schockiert gewesen und hatten sich zugleich von ihnen angezogen gefühlt, weil die Tänzerinnen ihre eigene, langsam erwachende Sexualität ansprachen. Sie waren jedoch weit davon entfernt, sich mit »Zigeunerinnen« zu solidarisieren.

In dem Maß, in dem der Kampf für politische Gleichberechtigung zunahm und Frauen ihre Sexualität nicht länger verleugneten, nahm auch die Popularität des orientalischen Tanzes bei der Mittelschicht und den Damen der Gesellschaft zu.

Der Salome-Tanz hob sich deutlich vom »cooch« der Jahrmärkte ab. Der »cooch« war zwar wichtiger Bestandteil der Burleske und des Vaudeville, blieb aber ein vulgärer, anrüchiger Tanz. Typisch für die damalige Kritik ist der Kommentar einer gewissen Mrs. Grannis von den »King's Daughters and the Golden Shield of the National Christian League for the Promotion of Social Purity«, einer Frauenorganisation, die sich für die Sittlichkeit der Gesellschaft einsetzte. Am 2. August 1896 schrieb Mrs. Grannis in *The New York World*:

»Warum sollten unsere bedeutenden amerikanischen Städte liederlichen Elementen erlauben, das hohe moralische Ansehen, das Frauen hier selbst unter den Armen genießen, durch so unanständige, unzüchtige, widerliche Aufführungen zu verunglimpfen?«

Tänzerinnen betrachteten die vulgären »cooch«-Darbieterinnen keineswegs als ihresgleichen und waren bestrebt, sich von der »Gewöhnlichkeit« ihrer Aufführungen zu distanzieren.

Maud Allen dagegen verkörperte den orientalischen Tanz in seiner ganzen Widersprüchlichkeit – einerseits den Bauchtanz, der der bürgerlich-etablierten Tanzkunst eine vulgäre Komponente verlieh, und andererseits den Salome-Tanz, der der klassischen Tradition entstammte und die verführerische Vorstellung von einer starken weiblichen Sexualität in die bürgerliche Tanzkunst einbrachte. 1908 eroberte sie mit ihrer Aufführung der »Vision der Salome« das Publikum der britischen Varietétheater und ging anschließend damit in ganz Europa, Nord- und Südamerika, dem Nahen und dem Fernen Osten auf Tournee.

4

Salome

Salome zog uns in ihren Bann,
trug Perlen, hatte sonst nicht viel an.
Ging ich durch die Straßen im selben Kostüm,
würde mich der Daily Mirror bestimmt interviewn.

»When I take my morning promenade« *Marie Lloyd*, 1910

Der Einfluß der »Orientalisten« schlug sich in Europa vor allem in der klassischen Kunst nieder. Zur Jahrhundertwende eroberte der »orientalische Geist« das Ballett und war Inspiration für neue Bühnenbilder und Kostüme. Michel Fokine beispielsweise choreographierte 1909 für seine Schülerin Ida Rubinstein die »Kleopatra«, vom Bühnenbildner Leon Bakst aufsehenerregend inszeniert. Ida Rubinstein wurde von vier Sklaven in einem Sarg auf die Bühne getragen. Die Sklaven öffneten den Sarg und hoben ihren in zwölf Schleier gehüllten Körper heraus und lüfteten tanzend elf der Schleier, den letzten lüftete die Tänzerin selbst. Ganz in der Tradition des klassischen Balletts war Ida Rubinstein der strahlende Mittelpunkt einer durch Schönheit und Grazie bestechenden Darbietung. Sie tanzte nicht selbst, sondern der Schleiertanz wurde um sie herum inszeniert. Bakst realisierte seine erotischen Phantasien, die Tänzerin verharrte passiv in seiner Kreation.

Russische Ballett-Truppen feierten damals auf ihren Europatourneen sensationelle Erfolge. Es war jedoch nicht in erster Linie die Ausstrahlung der Tänzer und Tänzerinnen, die Aufsehen erregte, sondern die Bühnenbilder und Kostüme, die dem Ballett eine außergewöhnliche und »erotische« Note verliehen. Infolge der zunehmenden Formalisierung des klassischen Tanzes entwickelte sich das Ballett zu einer immer asexuelleren und statischeren Kunstform. Die Beliebtheit des »Orients« als szenischer Hintergrund von Ballettinszenierungen rührte daher, daß man ihn in Europa mit Exotik und Erotik in Verbindung brachte. Damit wurde auch der Ballettänzer oder die Ballettänzerin zum Objekt erotischer Phantasien. Dennoch bestand ein großer Unterschied zwischen dem exotischen Flair des orientalisch angehauchten europäischen Balletts und der selbstbewußten Erotik von Bauchtänzerinnen. Eine Trennung zwischen erotischer und pornographischer Kunst begann sich herauszubilden.

Die spätere französische Schriftstellerin Colette und ihre Geliebte Missy in »Le Rêve d'Egypte«
im *Moulin Rouge*, 1907

1906 konnte das Pariser Publikum in einer Aufführung mit dem Titel »Le Rêve d'Egypte« einem Archäologieprofessor dabei zuschauen, wie er eine leicht bekleidete Mumie entkleidete und ihren nackten Körper küßte. Die Mumie wurde von der späteren Schriftstellerin Colette dargestellt, der Professor war ihre Geliebte Missy. Die Handlung wies eindeutige Parallelen zu der privaten Liebesgeschichte der beiden Akteurinnen auf und wurde vom Publikum als pornographisch empfunden. Es kam zu einem öffentlichen Skandal, in dessen Verlauf das Paar gezwungen war, Paris zu verlassen. Stil und Form des Stücks waren irrelevant, die erotische Darbietung wurde allein wegen ihres Inhalts verdammt, der einem öffentlichen Bekenntnis zu einer privaten lesbischen Liebesbeziehung gleichkam.

Aber auch die Erotikkünstlerinnen selbst trugen zur Unterscheidung zwischen Stil und Inhalt, zwischen Kunst und Pornographie bei. Die Burlesque-Künstlerinnen in Amerika und die Erotiktänzerinnen in den Varietétheatern von Paris und London rückten die sexuelle Komponente des Bauchtanzes mehr und mehr in den Mittelpunkt ihrer Darbie-tungen. So begann man immer stärker zwischen seriöser und unseriöser Kunst, zwischen legaler und illegaler Darstellung von Erotik und Sexualität zu differenzieren.

Im Westen existierte bereits eine eigene Tradition der erotischen Unterhaltung, aber sie war eindeutig durch den männlichen Blick auf Frauen geprägt und beeinflußt von den schönen Künsten, besonders der Aktmalerei, die wiederum die Tradition der Lebenden Bilder oder *tableaux vivants* inspiriert hatte. In den *tableaux vivants* stellten Frauen berühmte klassische Skulpturen oder Gemälde nach. Das »lebende Modell«, das eine Art Bodystocking trug, oft hinter einem Gazevorhang stand und von hinten angeleuchtet wurde, war die erotische Sensation des 19. Jahrhunderts und die Vorläuferin der Erotik-tänzerin des 20. Jahrhunderts. In Großbritannien wurde diese Tradition von Lord Cham-berlain, dem Zensor der britischen Bühne, rigide eingeschränkt. Die Darbietung war nur erlaubt unter der Bedingung, daß sich die Darstellerinnen nicht bewegten. Der reglose weibliche Akt ähnelte einem Kunstwerk und wurde deshalb als Gegenstand ästhetischer Betrachtung akzeptiert. Ein Akt, der sich bewegte, galt als erregend und deshalb als por-nographisch. Diese gesetzliche Auflage bestand in Großbritannien noch bis in die drei-ßiger und vierziger Jahre unseres Jahrhunderts hinein. Während nackte Frauen auf deut-schen, österreichischen und Pariser Bühnen tanzen durften, mußten sie in England stillstehen. Noch während des Zweiten Weltkrieges gehörten Lebende Bilder zum Stan-dardrepertoire des Revuetheaters.

Die Tradition der Lebenden Bilder reicht bis ins 18. Jahrhundert zurück, als die schöne, berühmte Amy Lyon und spätere Lady Hamilton als »Hygienia« für den »Gesundheits-tempel« des Quacksalbers Dr. Graham posierte. Beispielsweise hatte sie sich in einer Szene auf einem »himmlischen Bett«, das bei Unfruchtbarkeit angeblich Wunder wirkte, auszustrecken und ein wenig mehr von ihrem Körper zu zeigen, als schicklich war. Ihr Gönner und Beschützer Mr. Greville stellte sie Lord Hamilton als Miss Harte vor. 1791 heirateten Hamilton und Amy Lyon und lebten in Neapel. In seinem Buch *Italienische Reise* vergleicht Goethe die Schönheit und die Anmut der Posen Lady Hamiltons mit der Kunst der italienischen Renaissance.

Im 19. Jahrhundert wurden Lebende Bilder in England kulturelle Massenware. Da Theaterkonzessionen nur an Theater vergeben wurden, die den Konsum von Alkohol und Zigaretten untersagten, erhielten Varietétheater keine Konzession. Doch die Leiter der Varietébühnen umgingen das Gesetz, das »dramatische Sketche« in ihren Häusern unter-sagte, indem sie Opernlizenzen beantragten und die Lebenden Bilder zur Illustration von

»opernhaften« Liedern einsetzten. Um die Mitte des 19. Jahrhunderts gehörten *tableaux vivants* zum festen Bestandteil des Varietés. 1846 wurde in den Exhibition Rooms in der Great Windmill Street in London eine Aufführung angekündigt, die ausschließlich aus nachgestellten Szenen bestand, die auf den Bildern Raffaels basierten. Die vorführende Theatertruppe mit dem Namen »The Ancient Hall of Rome« bestand aus 26 Darstellern beiderlei Geschlechts.

Anfang des 20. Jahrhunderts machte sich Pansy Montague mit ihren *tableaux vivants* einen Namen. 1906 stellte sie im *London Pavilion* verschiedene verhüllte und unverhüllte Statuen dar, darunter auch die Venus von Milo. Pansy Montague stieg auch in einem öffentlichen Park auf ein Podest, umringt von Frauen in eleganter, modischer Kleidung. Die Theaterzeitschrift *The Era* berichtete: »Die Vorführung ist züchtig, und die Originaltreue der ›Statuen‹ einfach phantastisch.«

Obwohl der Rezensent der Künstlerin eine »züchtige« Darstellung attestierte, zeigte er ein lebhaftes Interesse an ihren körperlichen Attributen. Pansy Montague hatte nußbraunes Haar, vergißmeinnichtblaue Augen, ihre Körpermaße waren »93 – 66 – 106«. Der Kritiker vergaß nicht, ihre Größe und ihr Gewicht zu erwähnen. Mit ihren 1,72 und 73 Kilo gehörte sie »eindeutig zu den fülligeren, aber wohlproportionierten Vertreterinnen ihres Geschlechts«. Wie zu erwarten, war ihre »Vorstellung« aufsehenerregend.

Mit der Entstehung der Filmindustrie setzte um die Jahrhundertwende ein Wandel in der erotischen Unterhaltungskunst ein. Zwischen 1895 und 1905 drehten französische und amerikanische Filmemacher eine Reihe von Kurzfilmen, die Frauen zeigten, die sich in Schlaf- oder Badezimmern hinter einem Wandschirm entkleideten, oder aufsehenerregende Tänze, die das Publikum schockierten. 1896 kam *Fatima's Dance* heraus, ein Film über den Bauchtanz; 1898 drehte Thomas Edison Szenen über türkische und orientalische Tänze; 1902 entstanden Filme über die Tänzerinnen im *Moulin Rouge*, 1903 ein Streifen über japanische Geishas. Angesichts der verlockenden Möglichkeiten der bewegten Bilder mußte sich das Varieté etwas einfallen lassen, wenn es sich die Gunst des Publikums erhalten wollte.

Auch die *tableaux vivants* wirkten mittlerweile altmodisch. Mit ihrer »Vision der Salome«, die sie 1908 in London aufführte, gelang es Maud Allan, das allgemeine Bedürfnis nach einer neuen Art der erotischen Unterhaltung zu befriedigen. In ihren als »Poesie der Bewegung« angekündigten Tänzen verband sich die Dynamik ausdrucksstarker Bewegung mit dem erotischen Kitzel der Nacktheit. Indem sie eine Reihe von »Posen« durch bestimmte Bewegungsmuster miteinander verknüpfte, hauchte sie den *tableaux vivants*

Tänzerin im Ganzkörper-
trikot, um 1900

Leben ein. Maud Allan war mit der Tradition der *tableaux vivants* durchaus vertraut. In
ihren Memoiren berichtet sie von einem Weihnachtsfest, bei dem man sich die Zeit mit
tableaux vivants vertrieb. In ihrer Tagebucheintragung vom 26. Dezember 1896 heißt es:
»Die Zeit verging an diesem Abend wie im Flug. Wir spielten Lebende Bilder. Ernst und
ich stellten ›Lebensmüde‹ dar, und wir waren gut, fanden die anderen ...«

Maud Allans Aufführungen galten offiziell als Tanzdarbietungen; mit ihrer Abfolge von

»Posen« und »Stellungen« umging sie das für Lebende Bilder geltende »Stillhaltegebot«. Der große Erfolg ihres Tanzes beruhte auf der geglückten Gratwanderung zwischen Kunst und Pornographie. Mit ihren Aufführungen in den Varietétheatern brachte Maud Allan es nicht nur zu nationalem Ruhm, sondern war auch in der »besseren Gesellschaft« anerkannt und gab Privatvorstellungen für den britischen Adel. Es gelang ihr, den Reiz des Orients, die erotisierende Wirkung weiblicher Sinnlichkeit und die Tradition der Lebenden Bilder miteinander zu verquicken und damit die erotische Phantasie ihres Publikums anzuregen.

Maud Allan sah sich als Wegbereiterin eines neuen spirituellen Tanzes und sehnte sich nach Anerkennung als klassische Tänzerin. Da sie jedoch keine Ausbildung in diesem Fach besaß, galt sie als Amateurin. Immerhin verfügte sie über eine klassische Klavierausbildung. Hinzu kam, daß sie mit dem Inhalt ihrer »Vision der Salome« immer wieder Anstoß beim Publikum erregte. Die Dramatisierung eines biblischen Mythos wurde von vielen als Blasphemie empfunden, die bedrohlich wirkende Sexualität, die Salome einsetzt, um ihr blutiges Ziel zu erreichen, schien die destruktive Sexualität eines neuen Frauentyps zu verkörpern. Einer Frau, die dem männlichen Blick selbstbewußt begegnet – eine femme fatale. In ihrer gesamten künstlerischen Laufbahn rang Maud Allan um die Anerkennung des erotischen Tanzes als Kunst, doch stieß sie immer wieder auf vehemente moralische Ablehnung und mußte um ihren künstlerischen Ruf und um gesellschaftliche Anerkennung kämpfen.

Salome ist der Inbegriff der femme fatale und wurde mit Beginn des 20. Jahrhunderts zu einer Symbolfigur. 1904 wurde Richard Strauss' Oper *Salome* uraufgeführt, 1906 trat Maud Allan zum ersten Mal mit ihrer Salome-Interpretation auf. Zu dieser Zeit schockierte Oscar Wilde die Öffentlichkeit mit seiner Salome-Tragödie, deren Buchausgabe Aubrey Beardsley illustrierte. In *The Yellow Book* entwarf Beardsley Darstellungen von hünenhaften Frauen mit riesigen Phallen, die kleine, zarte, weibische Männer drangsalierten. Die allgemeine Salome-Begeisterung spiegelte die veränderte Rolle der Frau zu jener Zeit wider. Nach jahrhundertelanger männlicher Vorherrschaft begannen Frauen ihren Einfluß in Politik, Kunst und Kultur geltend zu machen.

Die Uraufführung der »Vision der Salome« im Dezember 1906 in Wien sorgte für einen Skandal. Maud Allans Salome-Kostüm bestand aus feinen Schleiern und raffiniert plaziertem Perlenschmuck. Vereinbart war ein dreiwöchiges Engagement in der Hofoper, was der Direktor umgehend rückgängig machte, als er feststellte, daß Maud Allan »außer ihrem Schmuck praktisch nichts am Leibe trägt«.[31] Sie trat schließlich im *Carltheater* auf, und das

Salome von Franz von Stuck, 1906

Urteil der Kritiker war gespalten. Man lobte ihren »schönen, schlanken, geschmeidigen, femininen Körper und ihre sanft gerundeten Schultern. Brüste, wie in Stein gemeißelt, die erst beim Tanz zu Leben erwachen ...«[32] Die tänzerische Darbietung wurde als zu vulgär für das bürgerliche Theater eingestuft, sie wäre bestenfalls für das Varieté geeignet, hieß es. Den Kopf Johannes des Täufers aus Pappmaché empfand man als geschmacklos.

Von Wien reiste Maud mit ihrer »Vision der Salome« nach Budapest, wo sie im *Kiraly-Theater* auftrat. Ihr durchscheinendes Bühnenkostüm sorgte in der Stadt zwar für Aufsehen, aber nicht für einen Skandal; ihre augenscheinliche »Nacktheit« auf der Bühne

Maud Allan in »Die Visionen der Salome«, um 1908

wurde sehr unterschiedlich aufgenommen. Manche Kritiker waren völlig hingerissen: »Alles Schöne hat auf der Bühne seine Berechtigung. Während des Auftritts dieser Tänzerin war mir ihre Nacktheit überhaupt nicht bewußt«, hieß es, und »Wenn ich so tanzen könnte wie sie, würde ich keinen Moment zögern, es ihr nachzutun«. Andere waren mit ihrem Urteil zurückhaltender: »Als Frau muß ich sagen, daß es unmöglich ist, nackt aufzutreten, aber als Schauspielerin sage ich, daß man alles zeigen darf, was schön ist.« Wieder andere reagierten heuchlerisch: »Ich habe mir diese nackte Dame noch nicht angesehen. Nacktheit gehört nicht auf die Bühne. Wenn eine Schauspielerin Nacktheit darstellen muß, muß sie das mit ihrem Kostüm zum Ausdruck bringen.«

In Budapest erfuhr Maud, daß der »Münchner Männerverein zur Bekämpfung der Unsittlichkeit« durchgesetzt hatte, daß man ihr Gastspiel in der Stadt absagte. Maud Allan, die sich so nach künstlerischer Anerkennung sehnte, ging nun Kompromisse ein, die sie in Wien noch entschieden von sich gewiesen hatte. In München trat sie derart verhüllt auf, daß man kaum noch ihr Gesicht sah, und tanzte nur klassische Tänze. Das Publikum war gelangweilt, die Kritiker spotteten über ihr mangelndes Talent, das ihrer Meinung nach höchstens fürs Varieté reiche. Nach ihrem Auftritt im Pariser *Théatre des Variétés* jedoch würdigten die Rezensenten endlich ihr Können, ihre sinnlichen Bewegungen und ihre erotische Ausstrahlung:

»Mit Hilfe bunter Lichteffekte und eines Kostüms, das so zart ist, daß es nur aus wohlplazierter Spitze zu bestehen scheint, gelingt es Miss Allan, die alten Tänze Judäas und Arabiens wiederauferstehen zu lassen ... Miss Allan weiß ihr Publikum zu verführen und zu faszinieren ...«[33]

In Paris lernte die Künstlerin Lillian Nordica kennen, die einige Wochen später bei König Edward VII. in Marienbad zu Gast sein sollte. Maud überredete Lillian, ihr einen privaten Auftritt beim König zu vermitteln. König Edward VII. war von ihrer »Vision der Salome« angetan und riet ihr, sich an den britischen Theateragenten Alfred Butt zu wenden, der ihr ein Debüt in London ermöglichen würde. Dies war der Wendepunkt ihrer Karriere, der künstlerische Durchbruch, nach dem sie sich gesehnt hatte. Endlich erhielt sie Zutritt zu einem kulturellen Zentrum Europas, und mit Unterstützung des Königs würden sich die Zensurgesetze zweifellos umgehen lassen. Ihr aufsehenerregendes Bühnenkostüm, ihr schöner Körper, ihre präraffaelitische Erscheinung würden ihr die Tür zum Erfolg öffnen.

Maud Allan verdankte ihren zweifelhaften Ruf nicht nur ihrer starken erotischen Ausstrahlung auf der Bühne, sondern auch ihrem skandalträchtigen Leben. Zwar versuchte sie, ihr Privatleben vor der Öffentlichkeit zu verbergen, aber Sexualität nahm in ihrer Kunst und ihrem Leben einen so großen Raum ein, daß man ihr letztlich ihren Platz in der Geschichte des modernen Tanzes verwehrte und sie unter der Rubrik Nackttanz einordnete. Um die Jahrhundertwende galt selbstbewußte Sexualität von Frauen nicht nur als bedrohlich, man brachte sie auch mit Kriminalität in Verbindung. Die Annahme, daß Kriminalität eine erbliche Veranlagung sei, war weit verbreitet. Der Biologe Cesare Lombroso definierte die kriminelle Frau als genetischen Typus und führte diese These in seinem 1915 erschienenen Werk *La Donna Delinquente* (Die kriminelle Frau) näher aus. Lombroso hielt eine verlängerte Klitoris oder überlange Ohrläppchen für Merkmale einer kriminellen Sexualität; Prostituierte und die afrikanischen Hottentotten galten als Musterbeispiele für diesen gefährlichen Frauentypus. Da diese Theorien allgemein anerkannt waren, wurden eine exotische Ausstrahlung und eine selbstbewußte weibliche Sexualität kriminalisiert.

Künstlerinnen wie »Little Egypt« und La Goulue mußten sich öffentliche Kritik und soziale Diskriminierung gefallen lassen, und Maud Allan geriet mit ihrer Dramatisierung der femme fatale ins Kreuzfeuer der Kritik. Zudem war bekannt geworden, daß Allans Bruder, Theo Durrant, wegen Mordes an zwei jungen Frauen in den USA zum Tode verurteilt und hingerichtet worden war; eine Tatsache, die die Tänzerin selbst schwer belastete.

Nicht nur die »Vision der Salome« spiegelte Maud Allans innere Zerrissenheit wider; auch viele ihrer anderen Choreographien kreisen um das Thema Tod. Zu ihren Lieblingsstücken gehörte Chopins *Trauermarsch*, der sie zur tänzerischen Darstellung einer Frau anregte, die auf einem leichenübersäten Schlachtfeld ihren toten Geliebten sucht. Zwei Sätze aus Griegs Suite *Peer Gynt* inspirierten sie zu einer Art Totentanz. Das von Liszt arrangierte Schubert-Lied *Am Meer* weckte in ihr »soviel Schmerz, daß sie auf den Boden niedersank, den dunklen Kopf zwischen die ausgestreckten Arme gebettet, während sich allmählich die Bühne verfinsterte und die Musik immer leiser wurde, bis die Szene in völliger Dunkelheit lag«[34]. Zu Sibelius' *Valse Triste* tanzte sie eine halluzinierende, sterbende Frau, die sich in ihrer letzten Stunde vom Totenbett erhebt, um mit den Geistern einen wilden Reigen zu tanzen, bis sie tot zusammenbricht. Der Tod, die Ermordung der beiden jungen Frauen und die Verurteilung und Hinrichtung ihres Bruders sind das unterschwellige Thema ihres künstlerischen Schaffens.

Es gelang Maud Allan, einen Kompromiß zwischen Anstößigkeit und künstlerischem Anspruch zu finden. Sie wünschte sich Ruhm und fürchtete Verruchtheit. Die Tatsache, daß der König sie »entdeckt« hatte, war zweifellos eine entscheidende Starthilfe, als sie 1908 nach London kam. Da die »Vision der Salome« aus der Perspektive eines jungen Mädchens dargestellt wurde, strahlte Mauds tänzerische Darbietung etwas Unschuldig-Naives aus, was sie nicht nur vor dem Vorwurf der Unschicklichkeit bewahrte, sondern es dem Londoner Publikum auch ermöglichte, die erotische Komponente ihrer Darstellung zu tolerieren. Maud Allan war eine der wenigen Varietéstars, deren Name auch in den besseren Kreisen der britischen Gesellschaft zählte. Juweliere kopierten für ihre Kundinnen ihr Bühnenkostüm; modebewußte Frauen trugen bei Tanzveranstaltungen und Bällen Sandaletten und liefen tagsüber sogar barfuß. In den Schaufenstern vieler eleganter Geschäfte auf der Bond Street tauchten Maud-Allan-Statuetten auf. Maud Allan verdankte es ihrem tadellosen Geschmack, daß sie sowohl privat als auch auf der Bühne zur Trendsetterin wurde.

Sie kostete ihren Ruhm in London aus, verlängerte ihr Engagement am *Palace Theatre* bis zum Oktober 1909 und verschob ihre Gastspielreisen durch Europa und die Vereinigten Staaten. Allerdings sollte sie nie mehr einen solchen Erfolg erleben wie in den eineinhalb Jahren in London. Der Aufschub ihrer USA-Tournee hatte katastrophale Folgen für ihre weitere Laufbahn. »Little Egypt« hatte 1893 mit ihrem Auftritt auf der Weltausstellung in Chicago einen landesweiten Boom des orientalischen Tanzes ausgelöst. Zugleich war Maud Allans legendärer Ruf bis in die USA gedrungen, in Amerika war ein regelrechtes »Salome-Fieber« ausgebrochen. Im Zuge dieser Entwicklung versuchten sich etliche Tänzerinnen als Allan-Nachahmerinnen, darunter auch Gertrude Hoffman, die sogar nach London gereist war, um Allans Bühnenkostüm und Tanzstil zu kopieren. Im Sommer 1908 schickte eine gewisse Mademoiselle Daisy aus Detroit »jeden Monat etwa 150 Salomes auf die Vaudeville-Wanderbühnen im ganzen Land, die alle dieselbe unzusammenhängende Abfolge von Gesten und Schlangenbewegungen vor einem Kopf aus Papp-maché vollführten«. Weitere Nachahmerinnen waren Eva Tanguay, eine bekannte Vaudevillekünstlerin, die im *Alhambra* in New York einen Salome-Tanz in ihr Repertoire aufnahm, und La Sylphe, eine Tänzerin, die drei Wochen lang im *Keith & Procter Theater* in der Hundertfünfundzwanzigsten Straße auftrat, ehe sie mit einem neuen Programm

Zwei der zahllosen (und heute namenlosen) Salomes

– »Salomes Reue« – ans *Fifth Avenue Theater* wechselte. Es wurde sogar ein »Salome-Club« gegründet, dessen Vorsitzende Gertrude Hoffman war. La Sylphe war ihre Stellvertreterin, Eva Tanguay Schriftführerin und Julian Eltinge, der berühmteste Frauendarsteller seiner Zeit, wurde aufgrund seiner eindrucksvollen Interpretation des »Salome-Tanzes« zum Ehrenmitglied ernannt.

Als Maud Allan 1909 in die Vereinigten Staaten kam, traf sie auf ein von Salome-Nummern übersättigtes Publikum. Nur in San Francisco war ihr Gastspiel ein Erfolg. Als Schwester des Mörders Theo Durrant hatte sie große Angst vor einem Auftritt in ihrer Heimatstadt, wurde jedoch vom Publikum mit offenen Armen aufgenommen. Nach ihrer Amerikatournee unternahm sie mit dem Cherniavsky-Trio eine Gastspielreise durch Indien und den Fernen Osten. Sie hatte mit dem mindestens 20 Jahre jüngeren Leo Cherniavsky eine leidenschaftliche Liebesbeziehung, und sie litt sehr darunter, daß er sich nicht zu ihrem Verhältnis bekannte.

Als Leos älterer Bruder Mischel bereits ein betagter Mann war, berichtete er mit leiser Ironie von ihren Welttourneen und Maud Allans Ruhm. »Das war die Zeit, als Maud Allan die Königin des Striptease war – einer sehr kultivierten Art des Striptease«[35], sagte er und bekannte in vertraulichem Ton, daß sie seiner Meinung nach ihren Erfolg »nur ihrem Glück und ihrer spärlichen Bekleidung«[36] zu verdanken gehabt hätte. Ihr Leben war eine Gratwanderung zwischen der neuen »seriösen« Kunst des modernen Tanzes und der »unseriösen« Kunst des Varietés und bewegte sich zwischen den Polen des Skandalösen und des Schicklichen.

1910 kehrte Maud Allan nach London zurück, um an ihre alten Erfolge anzuknüpfen, und wurde von der Londoner Gesellschaft herzlich aufgenommen. Eine innige Beziehung verband sie mit Margot Asquith und sorgte bald für Klatsch und Gerüchte. Ob sie ein Liebesverhältnis hatten, ist ungewiß. Maud Allan war bisexuell; der Briefwechsel, den sie Jahre später mit ihrer viele Jahre jüngeren Sekretärin und Begleiterin Verna Aldrich führte, läßt keine Zweifel an einer Liebesbeziehung zwischen den beiden. Margot Asquith mietete für Maud Allan den Westflügel von Holford House, der auf den Regent's Park ging, und kam bis zum Tode ihres Mannes 1928 für die Mietkosten auf; sie bezahlte auch die Installation riesiger Wandspiegel im Salon, der Mauds Studio wurde. Die beiden Frauen wurden abends so oft miteinander gesehen, daß es Anstoß erregte und schließlich sogar zu einem Politikum wurde.

1918 deutete der erzkonservative Parlamentsabgeordnete Noel Pemberton Billing in einer Zeitschrift an, daß Maud Allan lesbisch sei, woraufhin sie ihn verklagte. Er hatte sich

Die Tänzerin Mata Hari wurde
1917 als vermeintliche Spionin
für Deutschland in Frankreich hingerichtet.

zu der ungeheuerlichen Behauptung verstiegen, daß die Briten den Ersten Weltkrieg verloren hätten, weil die deutsche Armee die britische Regierung mit einer »schwarzen Liste« erpreßt habe:

»…die Liste basiert auf Berichten deutscher Geheimagenten, die in den letzten zwanzig
Jahren unser Land infiltrierten und mit einer Sittenlosigkeit und Lasterhaftigkeit verseuch-
ten, wie sie nur in deutschen Hirnen nisten können … Auf über 1000 Seiten werden die
Namen von 47000 Engländern und Engländerinnen genannt …«

Billing behauptete, daß unter den aufgelisteten Personen Geheime Staatsräte, Ehefrauen von Kabinettsmitgliedern, Tänzerinnen, ja sogar Kabinettsmitglieder selbst seien, außerdem auch Diplomaten, Dichter, Bankiers, Redakteure, Zeitungsverleger und Mitglieder des königlichen Hofes. Besonders die britische Marine sei den verderblichen Einflüssen der deutschen Agenten ausgesetzt gewesen.

Billing gründete eine Gesellschaft, die sich der Förderung der »öffentlichen Moral« verschrieb, und taufte seine Wochenzeitung *The Imperialist* in *The Vigilante* (Sittliche Volkswacht) um. Bei seiner Suche nach einem geeigneten Opfer erwies sich Maud Allan als ideale Zielscheibe.

Maud Allan verklagte ihn wegen übler Nachrede und hätte sicher damit Erfolg gehabt, wenn Pemberton Billing nicht während des Prozesses enthüllt hätte, daß sie die Schwester des Mörders Theo Durrant war. Da man um die Jahrhundertwende Kriminalität für erblich hielt, galt Maud Allans kriminelle Veranlagung praktisch als erwiesen. Obwohl es in dem Prozeß um nichts anderes als Verleumdungen und unerwiesene Behauptungen ging, waren diese dank übereifriger Klatschkolumnisten bald in aller Munde. Maud Allan verlor den Prozeß. Damit zerbrachen nicht nur wichtige soziale Bindungen, sondern auch ihr Ansehen in der Londoner Gesellschaft litt großen Schaden. Kurz darauf reiste sie zu ihrer Mutter nach Kalifornien und unternahm anschließend eine Tournee durch Südamerika. Anfang der zwanziger Jahre kehrte sie nach London zurück, konnte aber nicht mehr an ihre alten Erfolge anknüpfen. Sie wollte nicht akzeptieren, daß ihre Karriere zu Ende war, und brach 1923 zu einer Gastspielreise nach Ägypten auf. Zweimal noch kehrte sie nach London zurück, stieß mit ihrer Kunst jedoch auf völliges Desinteresse des Publikums. Ihre letzten Lebensjahre verbrachte Maud Allan völlig verarmt in Amerika. Sie starb im Mission Convalescent Home, einem Genesungsheim in Los Angeles.

5

Die Tänze des Lasters, des Grauens und der Ekstase

*»Die einzigen, die den Nackttanz verabscheuen, sind die Heuchler, und die
hätten es sowieso am liebsten, wenn ihre Kinder vollkommen bekleidet, einschließlich Stiefelchen und Fäustlingen, zur Welt kämen.«[37]*

L. W. Rochowanski, 1923

Anfang des 20. Jahrhunderts hatte sich das Burlesque-Theater in Amerika grundlegend
verändert. Burlesque-Shows wurden jetzt zunehmend von einem rein männlichen Publikum
besucht und hauptsächlich in den ärmeren Stadtvierteln aufgeführt. In New York war dies
die Bowery, eine arme, heruntergekommene Gegend. Der Einakter war schon lange ver-
schwunden, die Burlesque bot jetzt Tanznummern schöner Mädchen und eine Reihe von
Solo-Cooch-Darbietungen, die sich mit Sketchen abwechselten. Der Cooch enthielt nicht
nur Elemente des Bauchtanzes, sondern auch aufreizende Tanzbewegungen wie das Kreisen der Hüften, bekannt als »Hula-Tanz« aus Hawaii. Insgesamt wurde die Tanzdarbietung
zweideutiger und provokanter. »90 Prozent des Burlesque-Publikums kommen nur wegen
der Mädchen«[38], hieß es in *Billboard*, der Zeitschrift der Zunft.

Produzenten von Varietés und Vaudeville trennten klar zwischen Kunst und Burlesque.
Sie verlegten ihre Shows aus der Bowery und den Arbeitervierteln New Yorks in die besseren Gegenden der Stadt. Nicht salonfähige Nummern wurden aus dem Programm
genommen, Alkohol und Rauchen verboten. Das Varieté bot »saubere« Unterhaltung für
Familien, für vornehme Herren mit ihren Frauen und Kindern. Vor diesem Mittel-
schichtspublikum traten die Salome-Tänzerinnen auf. Da sie ihre Sinnlichkeit hinter einem
biblischen Mythos verbargen, fühlte sich das Publikum weder durch die Vorstellung noch
durch die Tänzerinnen selbst bedroht.

Die Burlesque-Künstlerinnen dagegen ermunterten ihr männliches Publikum dazu, auf
ihre sexuellen Reize zu reagieren. 1913 erklärte George Kneeland, der eine Untersuchung
über die Nachtklubs von New York durchführte: »Man kann guten Gewissens behaupten,
daß praktisch alle Frauen, die in Burlesque-Shows auftreten, professionelle Prostituierte
sind.«[39] Die Burlesque wurde zur Unterhaltung für den weißen Mann aus der Arbeiterschicht – und diese Klassenzugehörigkeit wurde zu einem entscheidenden Kriterium für
die Vergabe einer Theaterkonzession.

Eine ähnliche Entwicklung fand in England statt, wo 1923 ein Gesetz erlassen wurde, das den Verkauf von Alkohol in Varietétheatern verbot, während Theater und Nachtklubs, die Varieté und Vaudeville boten, weiterhin Alkohol ausschenken durften. Dahinter stand die Absicht, einem Teil der Bevölkerung Zügel anzulegen. Der Staat schien davon auszugehen, daß die Mittelschicht sich verantwortungsbewußter zu verhalten wußte als die Arbeiterklasse und bei diesem Publikum weniger mit unbeherrschten Reaktionen zu rechnen war. Der Varietékritiker Archibald Haddon entrüstete sich 1923 in einem Artikel der *Daily Mail*:

»Es kann nicht sein, daß der arme Mann in gewöhnlichen Varietétheatern benachteiligt wird, während der reiche Mann in den vornehmen Nachtklubs besondere Vorzüge genießt ... Es ist ein Unding, daß in der heutigen Zeit öffentliche Organe ohne parlamentarische Befugnis Klassenjustiz üben.«

Ähnlich kritisch äußerten sich *The Daily Graphic, The Evening News* und *The Evening Standard*. In den *Evening News* vom 17. Januar 1924 heißt es:

»Warum verstößt es gegen die öffentliche Moral, wenn man einen Whisky-Soda trinkt, während man sich abends zwischen sieben und elf eine Varietédarbietung ansieht, wenn es dagegen zulässig ist, an einem Tisch in einem Nachtklub zu sitzen und sich zwischen halb zwölf und halb eins nachts ein Kabarett anzusehen und dabei Champagner und Liköre zu trinken?«

Zu den gesetzlichen Restriktionen im Hinblick auf das Publikum kamen strenge Zensurbestimmungen für die Künstlerinnen. Der erotische Tanz blieb in England bis nach dem Zweiten Weltkrieg auf das Akttableau beschränkt. Allerdings wurden für die großen, extravaganten Revuen, die die berühmten Tanztruppen in Europa und Amerika auf die Bühne brachten, hauptsächlich englische Tänzerinnen verpflichtet. Die Tiller Girls, die Jackson Girls und die Bluebell Girls, sie alle traten oben ohne auf und boten ihre exakt ausgearbeiteten Nummern mit militärischer Präzision dar. Die Tiller Girls beispielsweise traten 1922 zum erstenmal in den USA auf, und zwar bei den Ziegfeld Follies in New York; 1924 tanzten 44 Tiller Girls in den *Folies Bergère* in Paris in der Revue »Coeurs en Folie«.

In den zwanziger Jahren erfreuten sich aufwendige Revuen in Europa und Amerika

Die deutsche Antwort auf die Tiller-Girls: die Hiller-Girls

großer Beliebtheit. Eine Revue zeichnete sich durch eine Reihe von Szenen aus, in denen sich schöne Frauen, umrahmt von einer prächtigen Bühnenausstattung, zur Schau stellten. Für jeden Auftritt wurden eine neue Bühnendekoration und neue Kostüme entworfen. Zwischen den einzelnen Szenen traten Sängerinnen oder Komiker auf oder auch eine Gasttruppe, die einen Synchrontanz vorführte – gewöhnlich oben ohne getanzt, die Tänzerinnen trugen lediglich kurze Hosen oder Röckchen und hochhackige Schuhe.

In den Jahren nach dem Ersten Weltkrieg fand der Nackttanz überall in Europa und Amerika Verbreitung. Die erste Nackttänzerin Frankreichs trat 1919 im *Casino de Paris* auf. Kurz darauf zogen die *Folies Bergère* nach. Paul Derval, der Produzent der *Folies*, beschrieb die erste Nackttänzerin als eine Blondine: »die makellos gebaut war und so lockig wie ein Lamm« und erinnerte sich noch an den Tag, als sie zum erstenmal auf die Bühne kam und »sich eine verzauberte Stille über das Publikum legte, auf die ein Raunen der Bewunderung folgte«[40].

Auf die Nackttänzerinnen folgten die Revuegirls. Umrahmt von den Tänzerinnen der

Palace aux Femmes, Paris, Programm 1926/27

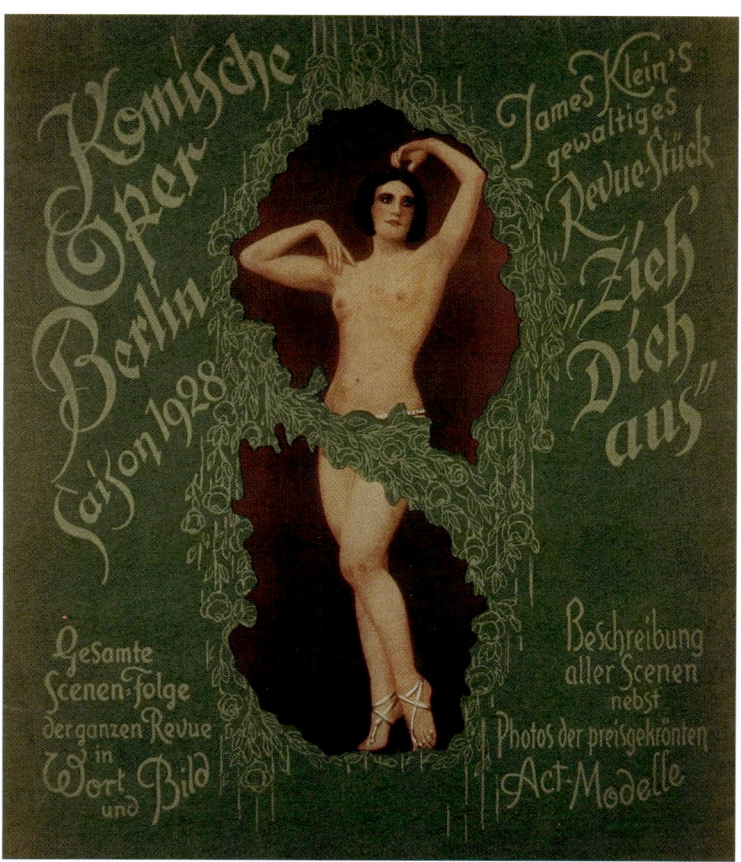

Programmheft der Revue
»Zieh' Dich aus«, 1928

Revue waren sie ästhetische Objekte, die man bewundern konnte. Vor allem in Frankreich arbeiteten die künstlerischen Direktoren der Varietétheater mit nackten Revuegirls, die der Mittelpunkt extravaganter szenischer Ausstattungen ihrer Inszenierungen waren. Die Revuegirls machten die hochbezahlten Stars der Varietétheater überflüssig; das eingesparte Geld verwendete man für die künstlerische Ausstattung der Bühne. Das nackte Revuegirl wandte sich selten direkt an sein Publikum, es war malerischer Teil der Dekoration, die die Schönheit des Mädchens noch unterstrich. Sie ignorierte Rufe aus dem Publikum. Anders als die Burlesque-Tänzerin ermunterte sie ihr Publikum nicht dazu, auf das Aufsehen, das sie erregte, zu reagieren; sie legte im Gegensatz zu den Tänzerinnen des *Moulin Rouge* auch keinen Wert darauf, ihre Beine besonders hoch in die Luft zu werfen, damit man ein Stück ihres Strumpfes sehen konnte. Das Revuegirl distanzierte sich von der anrüchigen Kunst der Tanzlokale; sie war eine asexuelle Schönheit, die gelassen eine breite Treppe zur Bühne hinabschritt. Das Revuegirl hatte nichts von der unbefangenen Erotik

Josephine Baker, Star der *Folies Bergère*, in einer Karikatur von Vald'Es in *La Vie Parisienne*

der Burlesque-Künstlerinnen, der Bauchtänzerinnen und der Tänzerinnen der Quadrille; sie war dekoratives Element, ganz in der Tradition der *tableaux vivants*, und wurde mit ausgebreiteten Armen, fedrigem Kopfschmuck und hohen Absätzen präsentiert. Erotiktänzerinnen hingegen stellten sich selbst zur Schau. Zwischen Erotik, Kunst und Pornographie wurden klare Trennlinien gezogen.

Das Revuegirl erfand die Kunst, eine Treppe zum Mittelpunkt der Bühne hinabzuschreiten, und lenkte damit den Blick des Publikums ausschließlich auf seine Schönheit. Mitte der zwanziger Jahre begannen die Grenzen zwischen den Tänzerinnen der Truppe und den Revuegirls zu verwischen, und ein neuer Typ von Darstellerin kam auf: das Revuegirl, das sang und tanzte. Die Revuen waren so raffiniert inszeniert und die Erwartungen des Publikums so spezifisch, daß auch das sprechende, tanzende Revuegirl keine Bedrohung für die Vorherrschaft der Bühnenausstatter darstellte. Selbst das sprechende Revuegirl vermochte nicht aus dem Rahmen einer opulenten Bühnendekoration auszubrechen. Der Weg war geebnet für Josephine Baker, die 1925 nach Paris kam und im *Théatre des Champs Elysées* Triumphe feierte. In der Theatersaison 1926/27 trat sie zum erstenmal in den *Folies Bergère* auf, 1928 in Berlin.

Die amerikanische Revue wurde von Flo Ziegfeld perfektioniert. Er holte die *Folies*-Revue von Paris nach New York und brachte von 1907 bis 1927 jährlich die Ziegfeld Follies auf die Bühne. Ziegfeld führte eine Form des Theaters ein, das die Schönheit des amerikanischen Girls feierte. Ein Rezensent bemerkte: »Die Follies basieren auf einer gefeierten Institution, dem natürlichen jungen Mädchen, und deshalb ist ihr Erfolg bereits vorprogrammiert.« Ein Theaterkritiker brachte die Wirkung der Ziegfeld Follies in seiner Rezension einer Aufführung von 1914 in *The New Amsterdam Theatre* auf den Punkt:

»Man nehme erstens eine Blondine, die um die 50 Kilo wiegt, Alter 19 Jahre, 1,60 Meter groß, geistig und körperlich gesund. Des weiteren eine Blondine um die 56 Kilo, Alter 20, 1,65 Meter groß, ebenfalls geistig und körperlich gesund.

Man nehme zweitens mehrere Blondinen, Größe, Gewicht und Alter beliebig, für jeden Geschmack etwas. Man nehme drittens eine echte Rothaarige, Alter 21, Größe und Gewicht spielen keine Rolle, da eine Rothaarige immer die richtigen Maße hat. Man nehme viertens mehrere dralle Brünette. Man nehme fünftens mehrere schlanke Brünette. Man nehme sechstens Gertrude Vanderbilt, die nicht viel tut, aber das überaus reizend ... Eine vollständige Auflistung der Gründe, warum die Follies 1914 eine so ausgezeichnete Unterhaltung bieten, würde mehr Platz in Anspruch nehmen, als mir zur Verfügung steht. Die

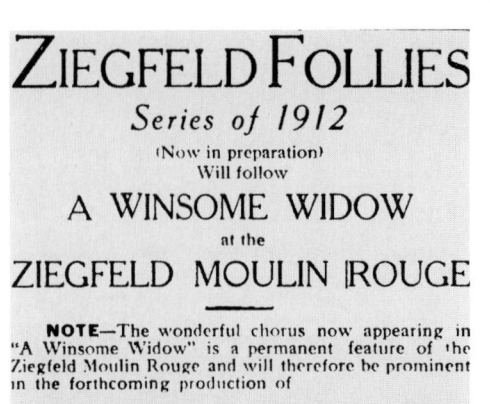

Anzeige der Ziegfeld Follies von 1912

sechs genannten Gründe ... sind die wichtigsten. Ich verrate sicher kein Geheimnis, wenn ich behaupte, daß dies die Hauptgründe sind, warum man diese Vergnügungen sucht ...«

Flo Ziegfeld ersetzte den erotischen Tanz der Burlesque durch die Kunst der Zurschaustellung. Der Blick der Zuschauer auf die Künstlerin war jetzt nicht nur zulässig, sondern erwünscht. Ziegfeld trat entschieden für eine Trennung zwischen Kunst und Pornographie ein und distanzierte sich von dem negativen Image, das der Burlesque anhaftete; mit seinen Revuen, die Unterhaltung für die ganze Familie boten, grenzte er sich von der Vulgarität der Burlesque ab. Bis 1937, als es zum Verbot der Burlesque kam, wurde in den Theatern von New York heftig über die Kriterien von seriöser und unseriöser Unterhaltung debattiert.

Flo Ziegfeld war der erste, der das schöpferische Potential eines Impresarios erkannte. Er machte sich die Tatsache zunutze, daß Frauen es genossen, auf der Bühne bewundert zu werden, und erhob sie zu Kunstobjekten. Sein kostbarster Besitz war sein berühmtes schwarzes Adreßbuch: »Ziegfeld's Book of Girls«, die weltweit längste Namenliste von Schönheiten, einschließlich ihrer Adressen, Telefonnummern und einer Beschreibung ihrer körperlichen Attribute. Er wählte die Mädchen hauptsächlich nach ihren Fotos aus, da er so eher abschätzen konnte, wie sie auf der Bühne wirken würden. Er entwarf nicht nur die Kostüme seiner Darstellerinnen, sondern schrieb ihnen auch vor, wie sie sich in ihrem Privatleben zu kleiden hatten. Handschuhe, Hüte und hohe Absätze waren ein absolutes Muß.

Die erste nackte Frau tauchte 1918 auf der Bühne des *Ziegfeld-Theaters* auf in einem Tableau des ungarischen Bühnendekorateurs Ben Ali Haggin. Bei ihrem Debüt als »Septembermorgen« posierte Kay Laurell hüllenlos auf einem riesigen Globus, während gedämpftes Licht ihren Körper umspielte. Nackte Frauen waren bei den Ziegfeld Follies keine Seltenheit; sie gehörten ebenso zur Bühnendekoration wie Spitzen, Rosenknospen und Flitter. Allerdings durften sie sich nicht bewegen. Das Geheimnis ihres Erfolgs war die Kunst der Andeutung. Entblößte Beine waren weniger reizvoll als in Seide oder Chiffon gehüllte.

Ziegfelds Revuegirls waren die Vorläuferinnen der heutigen Supermodels. Gemeinsam mit dem Bühnenausstatter Joseph Urban und der Modeschöpferin Lady Duff Gordon kreierte Ziegfeld Phantasiewelten aus Farbe, Stoff und amerikanischen Girls. 1909 brachte er zunächst Lillian Lorraine groß heraus, ein Mannequin und Protegée von Lady Duff Gordon. Flo Ziegfeld war von ihrer Schönheit so begeistert, daß er sie als das »schönste Mädchen Amerikas« bezeichnete.

Die zwanziger Jahre feierten Frauen, die sich ihrer sexuellen Ausstrahlung bewußt waren und sich in der Bewunderung des Publikums sonnten, und im Zuge dieses neuen Selbstbewußtseins entstand ein neues Frauenbild. Die Kleider wurden knielang getragen, die Haare gestutzt, Zigarettenrauchen kam in Mode – »frau« pfiff auf die traditionellen Vorstellungen von Weiblichkeit.

Es entstanden neue Formen des Theaters, die die Bedürfnisse dieses modernen Frauentyps artikulierten. Auf der Suche nach neuen Ausdrucksformen begannen Tänzerinnen mit verschiedenen Stilen zu experimentieren, unter anderem mit dem Nackttanz. Im Gegensatz zu den Revuegirls führten diese Tänzerinnen keine prächtigen Kostüme vor, sondern zogen sich als Solokünstlerinnen auf einer leeren Bühne aus. Nacktänzerinnen waren auf der Bühne schutzlos ihrem Publikum ausgeliefert. Sie waren nicht Teil eines dekorativen Tableaus oder einer Bühnenphantasie; sie mußten diese Phantasiewelt allein mit ihrem Kostüm und ihrem Körper kreieren. Anders als die Glamourgirls, die auf gesellschaftlichen Status, kostbare Kleider und ein ehrbares Publikum bauen konnten, waren diese Künstlerinnen allein auf die Ausdruckskraft ihrer Persönlichkeit angewiesen. Sie traten nicht nur die in den Burlesque-Theatern in der Bowery auf, sondern auch in den hehren Stätten der Kunst auf beiden Seiten des Atlantiks sowie in den Cafés und Nachtklubs in Zürich, Berlin und Wien.

Auch in der etablierten Kunst fanden Frauen neue Ausdrucksmöglichkeiten. Die Pionierinnen des modernen Tanzes – der schon bald großen Anklang fand – waren Frauen, die nach einer neuen Freiheit suchten. Zu Beginn des Jahrhunderts verband Isadora Duncan ihr aufsehenerregendes Privatleben mit öffentlichen Auftritten, die dem »freien Tanz« mit bloßen Füßen und lockerer Kleidung verschrieben waren. Sie schuf einen »modernen« Tanz, der ganz dem Ausdruck der eigenen Persönlichkeit gewidmet war. In Amerika waren die Wegbereiterinnen Martha Graham, Doris Humphrey und Ruth St Denis. In Ascona versuchte Rudolf von Laban während des Ersten Weltkriegs mit nackten Körpern die Anatomie der Tänzerinnen hervorzuheben und die Gesetze der Schwerkraft in der Choreographie zu erforschen. Mit den Darbietungen seiner Schülerin Mary Wigman fand der deutsche Expressionismus Eingang in Choreographie und Tanz.

Tänzerische Avantgarde:
Olga Desmonds Schwertertanz, um 1910

Die deutsche Expressionistenbewegung ermöglichte es Künstlern, die Verzweiflung einer Nation durch die innere Zerrissenheit des Individuums auszudrücken. Der norwegische Künstler Edvard Munch und sein Werk *Der Schrei* wurden zum Vorbild für viele junge deutsche Maler. Die Angst des einzelnen spiegelte die Paranoia einer ganzen Nation wider, entstellte Landschaften und verzerrte Perspektiven drückten die Orientierungslosigkeit eines jeden aus. Der deutsche Expressionist Otto Dix fand sein Motiv in der expressionistischen Nacktänzerin Anita Berber. Er malte sie in einem enganliegenden scharlachroten Kleid, das die Form ihres Körpers deutlich hervorhob, während ihr Gesicht unter starkem Make-up verborgen blieb. Sie war ein teures Modell und trank Dix' Frau zufolge in der einen Stunde, die sie für ihr Porträt Modell saß, eine halbe Flasche Cognac. Anita Berber war die Königin der Berliner Boheme. Dank ihrer einzigartigen erotischen Ausstrahlung gelang es ihr, die »seriöse« mit der »unseriösen« Kunst zu verschmelzen. 1918, unmittelbar nach dem Krieg, trat sie zum erstenmal auf.

Nirgendwo in Europa war die Wirtschaftskrise, die auf den Ersten Weltkrieg folgte,

Die Ausdruckstänzerin Claire Bauroff,
zwanziger Jahre

deutlicher zu spüren als in Berlin. Im Jahr 1919 kam es zum Generalstreik, zu Inflation und
Massenarbeitslosigkeit. Auf dem Höhepunkt der Krise war ein Dollar 500 Millionen
Reichsmark wert. 1923 waren zweieinhalb Millionen Menschen in Deutschland ohne
Arbeit.

Zwischen 1919 und 1923 zerbrach das moralische Gefüge Deutschlands. Arbeitslosigkeit, Unterernährung und Krankheiten verwandelten das Nachkriegsberlin in eine Stadt
der Armen, der Bettler und der Kriegsversehrten und in eine Hochburg sexueller Vergnügungen, in der Prostitution der einzig gesunde Wirtschaftszweig war. Die Hauptachse
Berlins, der Kurfürstendamm, war von Prostituierten gesäumt. Kinder boten ihre Mütter
an, Ehemänner ihre Frauen und Mütter ihre Töchter. Kokainsüchtige und Morphiumab-
hängige mit stecknadelgroßen Pupillen versuchten, mit sexuellen Dienstleistungen ihre
Sucht zu finanzieren. Die einheimische Bevölkerung gewöhnte sich so sehr an diesen Anblick, daß die Prostituierten gezwungen waren, nach Fremden Ausschau zu halten, die
mehr Interesse an käuflichen Frauen und mehr Geld hatten.

Armut war jedoch kein allgemeines Los. Die Inflation bedeutete ein Ende der Reparationszahlungen an die Alliierten. Der deutschen Wirtschaft gelang es, Absatzmärkte im Ausland zu erschließen; Geld wechselte rasch den Besitzer, und manch einer erzielte hohe Gewinne. Schneller Reichtum, Armut und Verzweiflung verwandelten Berlin in ein Tollhaus. Der Alkohol floß in Strömen; die Reichen begossen ihren Erfolg, während die Armen ihre Verzweiflung betäubten. In Berlin dauerten die Nächte 24 Stunden. Alkohol, Drogen und Sex waren die »Nahrung« einer Stadt, die versuchte, vor sich selbst zu fliehen.

Eine sexuelle Revolution fand statt, und Berlin wurde zur Hochburg der homosexuellen Kultur. Stefan Zweig beschrieb diese Erschütterungen der Moral mit einem Erstaunen, das seine Erinnerung nicht zu trüben vermochte:

»Ich glaube Geschichte ziemlich gründlich zu kennen, aber meines Wissens hat sie nie eine ähnliche Tollhauszeit in solchen riesigen Proportionen produziert. Alle Werte waren verändert und nicht nur im Materiellen; die Verordnungen des Staates wurden verlacht, keine Sitte, keine Moral respektiert, Berlin verwandelte sich in das Babel der Welt ... Den Kurfürstendamm entlang promenierten geschminkte Jungen mit künstlichen Taillen und nicht nur Professionelle; jeder Gymnasiast wollte sich etwas verdienen, und in den verdunkelten Bars sah man Staatssekretäre und hohe Finanzleute ohne Scham betrunkene Matrosen zärtlich hofieren. Selbst das Rom des Sueton hat keine solche Orgien gekannt wie die Berliner Transvestitenbälle, wo Hunderte von Männern in Frauenkleidern und Frauen in Männerkleidung unter den wohlwollenden Blicken der Polizei tanzten.«[41]

In diesem sozialen Klima konnten die Nackttänzerinnen niemals die künstlerische Anerkennung finden, die ein bürgerliches Publikum Anfang der zwanziger Jahre in Frankreich und den USA den Revuegirls entgegengebracht hatte. Der Nackttanz hielt in den deutschen Theatern Einzug in einer Zeit des Umbruchs und wurde als Akt der Auflehnung verstanden, der das Publikum schockieren sollte. »Erotiktänzerinnen« erfreuten sich in den Nachtklubs großer Beliebtheit. Sie bestachen durch ihre Schönheit und ihr Repertoire, das zunächst aus dem Bauchtanz, der Hula, dem indischen Tempeltanz und dem fernöstlichen Tanz bestand.

Auf den kleinen Bühnen der deutschen Kabaretts wurde der Nackttanz durch Ballettgruppen bekannt, die sich die fehlenden Zensurbestimmungen zunutze machten und die Tableaus der Lebenden Bilder in Tanzsequenzen umsetzten. Celly de Rheidt gründete eins der ersten Nacktanzensembles, mit dem sie in sämtlichen Berliner Kabaretts auftrat.

Anita Berber stand in Berlin zum erstenmal im Januar 1919 im *Apollo-Theater* mit einem »koreanischen« Tanz auf der Bühne. Ihre besondere Stärke war ihre emotionale Integrität. Sie glaubte an ihre Kunst und lebte ihre Überzeugung auch im Alltag – Tanz und Leben waren für sie zwei untrennbar miteinander verbundene Sphären. Ihre Einzigartigkeit lag in der Schönheit ihres Körpers, den sie herausfordernd zur Schau stellte. Sie beschimpfte Zuschauer, die ihr nicht so gebannt zusahen, wie sie es erwartete. Sie lehnte Tanztechniken und festgelegte Choreographien ab und verließ sich statt dessen auf die Wirkung ihres nackten Körpers und seiner emotionalen Ausdruckskraft. Für ihre Ideale kämpfte sie nicht nur auf der Bühne, sondern auch im Privatleben.

Zu Beginn der zwanziger Jahre wurde Anita Berber gefeiert, bewundert und idealisiert. Sie war Berlins Madonna und Hure, Revuegirl und Stripperin. In den Jahren des schnellen Reichtums wurden zahlreiche kleine Wohnungen in Spielhöllen umgewandelt, wo sich 20, 30 Leute um kleine runde Tische drängten. Hier spielte Anita, in kostbare Pelze gehüllt, bis in die frühen Morgenstunden. Ihr stark geschminktes Gesicht ließ sie wie eine Marionette aussehen, die von ihrer Maske dominiert wurde.

Ihr Auftreten war legendär: Sie war die Frau, die zu einem Treffen mit ihrem Anwalt erschien, ihren Mantel ablegte und dann bemerkte, daß sie darunter nichts anhatte. Statt sich zu entschuldigen, fragte sie ihren Anwalt: »Haben Sie vielleicht eine Zigarette? Ich muß mein Zigarettenetui zu Hause gelassen haben.« Sie ging in Cafés, hängte ihren Pelzmantel auf und war darunter splitternackt. Die Gäste starrten sie angewidert an, die Kellner legten ihr den Mantel um die Schultern und geleiteten sie hinaus.

Anita Berber war Tänzerin, Fotomodell und Filmschauspielerin. Sie spielte unter der Regie von Fritz Lang und war die Partnerin von Conrad Veidt. Für den experimentellen Filmemacher Richard Oswald war sie die ideale Besetzung und spielte ab 1918 in zahlreichen seiner Filme die Hauptrolle, unter anderem in *Das Tagebuch einer Verlorenen* (1918) und *Prostitution* (1919). In *Dr. Mabuse, der Spieler* von Fritz Lang übernahm sie 1922 eine Nebenrolle. Mitarbeiter der Produktion holten sie des öfteren spärlich bekleidet und in halb bewußtlosem Zustand zu Hause ab und brachten sie zum Drehort. Man verabreichte ihr eine Injektion Morphium, damit sie den Drehtag überstand. In *Dr. Mabuse* spielte sie eine Tänzerin, eine Rolle, die ihr auf den Leib geschrieben war. Anita Berber war die erste, die sich offen zu nackten Soloauftritten bekannte. Ihre Kostüme waren bald ebenso berühmt wie ihr Körper. In einem Land, in dem bittere Armut herrschte, trat sie in Kostümen auf, die aus kostbaren Stoffen genäht und reich verziert waren.

In einer Zeit, in der üppige weibliche Formen noch als begehrenswert galten und die

Mode Frauen vorschrieb, ihren Körper züchtig zu verbergen, propagierte Anita Berber mit ihrem nackten, schlanken Körper ein neues Schönheitsideal. Ihre gertenschlanke Figur, ihr kurzer Haarschnitt und ihre offen zur Schau getragene Bisexualität schienen eine neue Zeit einzuläuten. Anfang der zwanziger Jahre war sie berühmter als Marlene Dietrich und spazierte in den teuersten Pelzen durch die Straßen, ganz offensichtlich blind für die Armut, die sie umgab.

Anita Berber versuchte, das Erlaubte mit dem Verbotenen zu verbinden und eine erotische Kunst zu kreieren, die in Europa neu war. Sie zog sich auf der Bühne aus und wollte ihr Publikum zwingen, ihren Tanz als Kunst anzuerkennen. Im Berlin der Nachkriegszeit gingen Kunst und Pornographie Hand in Hand, während man zur gleichen Zeit in Amerika und England klarer denn je zwischen beiden unterschied. In Berlin machte man keinen Unterschied zwischen Striptease- und Ausdruckstänzerinnen. In Deutschland und Österreich gab es seit 1918 keine Zensur mehr, und Opernhäuser mit ihrem distinguierten Publikum, Kabaretts in dunklen Kellern und Schwulenkneipen engagierten Erotiktänzerinnen. Tanzhistoriker mühten sich um Definitionen von moralischer und unmoralischer Nacktheit. Werner Suhr beispielsweise, ein Tanzkritiker aus Leipzig, bestritt, daß der »Striptease« eine Kunstform war, und verstrickte sich 1922 in aberwitzige Argumentationen, weil er nicht anerkennen wollte, daß neue Formen des Ausdrucks im Entstehen begriffen waren. Er unterschied zwischen einer Tänzerin, die ihren Körper künstlerisch einsetzte und sich im Zuge ihrer Darbietung entkleidete, und einer Stripteasetänzerin. Er argumentierte, daß die ekstatischen Tänze der Erotiktänzerin sie in die Lage versetzten, die Entkörperlichung des Sexuellen zu erfahren, und daß sie das Publikum auf eine Entdeckungsreise mitnehme. Den Striptease dagegen betrachtete er als ungeschlacht, vulgär und künstlerisch wertlos.[42]

Anita Berbers Erfolg zeigt, wie erotische Kunst in einem kulturellen Klima gedeihen kann, in dem die Trennung zwischen Kunst und Pornographie, zwischen Seriosität und Vulgarität aufgehoben ist. Da es ihre Zuschauer jedoch nach Pornographie verlangte, wurde ihre Darbietung selten als Kunst angesehen. Immer stand die außergewöhnliche Schönheit ihres Körpers im Vordergrund. Wo und vor welchem Publikum sie auch auftrat, ob in traditionellen Theatern oder in Nachtklubs, ihre Darbietung wurde immer als Sex gewertet.

Anita Berber wählte als Themen Ekstase und Verzweiflung, Syphilis und Drogensucht. Der Inhalt ihres Schaffens schockierte das Publikum. Als klassische Tänzerin ausgebildet, versuchte sie, die Grenzen des klassischen Tanzes zu überwinden, und ihr unzweifelhaftes

Talent verschaffte ihr Zugang zu den großen Bühnen in Berlin und Wien. Aber obwohl Tanzkritiker durchaus ihr tänzerisches Talent würdigten, konnten sie nicht umhin, in ihrem Werk das Element der Verführung hervorzuheben. Im November 1922 beschrieben Wiener Tanzkritiker ihren Tanz in einer seltsamen Mischung aus künstlerischem Respekt und satirischer Schärfe, die ihr eigenes Unbehagen gegenüber Anita Berbers Erotik verdeutlichten:

»Den Höhepunkt des Abends bildete die tänzerische Leistung von Anita Berber und Sebastian Droste. Anita Berber entspricht dem modernen Trend sowohl mit ihrem Tanz als auch mit ihrem Kostüm, vor allem, wenn sie keins trägt. Es ist zu hoffen, daß nicht allzu viele Tänzerinnen ihrem Beispiel folgen und nackt auftreten, denn es gibt nicht viele, die einen schönen Anblick bieten. Nur wahre Schönheit ist unbekleidet ästhetisch ...«

Ein anderer erklärte:

»... Anita Berber hat auf das elegante und vornehme Publikum, vor dem sie auftritt, Eindruck gemacht. Ihr Tanz ist nicht nur Bewegung, sondern eine stumme erotische Botschaft, die zwischen Lebenslust und Todessehnsucht schwankt. Dies drückt sie mit der vollkommenen Ehrlichkeit ihres nackten Körpers aus; sie ist eine wundersame Erscheinung, ein Geschöpf des Mondes ...«

Das Publikum nahm nur die Schönheit des Körpers wahr. Es betrachtete den Körper der Tänzerin mit demselben Interesse wie Nacktfotos oder nackte Frauen, die in Bioskopen auf den Weltausstellungen und in Kurzfilmen, die man in den Vaudeville- und Varieté-theatern zeigte, präsentiert wurden. Wie die Zuschauer in einer Revue ergötzte es sich am Anblick einer schönen nackten Frau. Im Gegensatz zu den Revuegirls war Anita Berber jedoch weder von einem aufwendigen Tableau umgeben, noch trat sie immer in etablierten Theatern auf, wo man Künstlern Respekt zollte. Sie war eine Solotänzerin, die mit einem Minimum an Requisiten in Cafés und Nachtklubs auf der Bühne stand. Oftmals hatte sie an einem Abend Engagements in vier verschiedenen Klubs.

In der intimen Umgebung der Kabaretts würdigte Anitas Publikum zwar ihre Schönheit, aber nicht ihre Kunst. Die Zuschauer schielten lüstern auf ihren Körper und forderten sie auf, sich auszuziehen. Anita verlangte, daß man ihre künstlerische Botschaft wahrnahm, sie wollte, daß man ihre ausdrucksvolle Sexualität als Kunst anerkannte und sie als erotische Künstlerin akzeptierte. Ihre Wut darüber, daß man sie nicht ernst nahm, führte oft zu Handgreiflichkeiten. Sie war dafür bekannt, daß sie auf Zuschauer einschlug und Sektflaschen über ihren Köpfen zertrümmerte. Wenngleich sie sich auch der Macht ihres Körpers bewußt war, hatte sie dennoch keinen Einfluß darauf, wie er wahrgenommen wurde.

Sebastian Droste, Anita Berbers zweiter Ehemann, wurde in den zwanziger Jahren ihr Partner. Er war ein ehemaliges Mitglied des Celly de Rheidt-Nacktballetts; er stammte aus begüterten Verhältnissen, war ein talentierter Theaterregisseur und Produzent, aber ihm fehlte die emotionale Ausdrucksfähigkeit, die Anita Berber berühmt gemacht hatte. Droste wurde als arrogant und ehrgeizig geschildert; er hatte jedoch eine praktische Ader, die es ihm ermöglichte, Anitas Stärken – ihre Schönheit, ihre emotionale Ausdruckskraft und ihr Pathos auf der Bühne – zu einer Sensation zu machen, die die bürgerliche Gesellschaft in Deutschland zugleich empörte und erstaunte. Gemeinsam kreierten sie »Die Tänze des Lasters, des Grauens und der Ekstase«, die ihre beiden berühmtesten Stücke »Morphium« und »Cocain« beinhalteten, die sie erstmals 1922 vorführten. 1923 veröffentlichte das Paar in einem gleichnamigen Buch seine Gedichte und eine Abhandlung über seine Kunst. Die Gedichte sind eine euphorische Darstellung ihrer körperlichen Liebe und eine Beschreibung ihrer Drogenvisionen. Sebastian Droste verfaßte die Abhandlung über ihre künstlerische Arbeit in apokalyptischem Stil und erklärte den Tanz zu einer heiligen Kunst, da er die einzige Ausdrucksform sei, die der Menschheit geblieben sei:

> »Form ist der Ausdruck einer inneren Erfahrung;
> Einer unbewußten Erfahrung
> Einer mächtigen Erfahrung
> Anita Berber stellt dieses Laster nicht dar
> … Anita ist das Laster
> Ebenso wie sie das Grauen ist
> Das Grauen und die Ekstase.«[43]

»Die Tänze des Lasters, des Grauens und der Ekstase« brachten Anita Berber den künstlerischen Durchbruch. Sebastian Droste organisierte eine Europatournee, die in Wien begann und sie anschließend nach Paris und Budapest führte. Am 21. November stellten Berber und Droste ihre »Tänze des Lasters, des Grauens und der Ekstase« im Wiener Konzerthaus vor. Sie erhielten begeisterte Kritiken, aber die Tournee war von Skandalen begleitet. Während Maud Allan mit der Erotik ihres Tanzes Aufsehen erregen

Anita Berber und Sebastian Droste
in »Tänze des Lasters«

wollte, versuchte sie andererseits, ein sittsames, unauffälliges Privatleben zu führen. In Anita Berbers Privatleben hingegen jagte ein Skandal den anderen, und aufgrund dieses Lebenswandels nahm ihr Publikum auch an ihrem Tanz Anstoß. Sie lebte die Dekadenz, die sie zum Thema ihrer Kunst machte. Da nach dem Ende des Ersten Weltkriegs in Mitteleuropa sämtliche Zensurbestimmungen außer Kraft gesetzt waren, vermochte sie sowohl in ihrem Leben als auch in ihrer Kunst in Bereiche vorzustoßen, die zuvor undenkbar gewesen wären.

Anita Berbers und Sebastian Drostes Schuldenberg wuchs an; am 6. Januar 1923 wurde Droste schließlich aus Wien ausgewiesen. Er reiste nach Budapest, Anita folgte ihm zehn Tage später. Es war ihnen unmöglich, dort

KONZERTDIREKTION HUGO HELLER
TELEPHON 63015   WIEN I, BAUERNMARKT 3   TELEPHON 63015

Großer Konzerthaus-Saal
Donnerstag, den 30. November 1922, 10 Uhr abends

II. TANZ-ABEND

Anita Berber – Sebastian Droste

Ein Kammerorchester — Am Klavier: Otto Schulhof

PROGRAMM:

1. Pritzelpuppen . . . . Jaap Kool. Anita Berber–Sebastian Droste.
2. Byzanthinischer Peitschentanz . Volkmann. Sebastian Droste.
3. Cocain . . . . Saint-Saëns. Anita Berber.
4. Märtyrer . . . . Rachmaninoff. Sebastian Droste.
5. Selbstmord . . . . Beethoven. Anita Berber–Sebastian Droste.

6. Vision . . . . Beethoven. Anita Berber.
7. Ägyptischer Königssohn (nach alten Motiven). Sebastian Droste.
8. Morphium . . . . Spoliansky. Anita Berber.
9. Haus der Irren . . . . Rachmaninoff. Sebastian Droste.
10. Astarte . . . . Tschaikowsky. Anita Berber.
11. Die Nacht der Borgia . . . . Rachmaninoff. Anita Berber–Sebastian Droste.

Die Dekorationen nach Entwürfen von Architekt HARRY TÄUBER.
Die Kostüme aus dem Atelier K. KARASEK, Wien I, Rotenturmstraße 1.
Die antiken Kunstgegenstände aus der Galerie SATORI, Künstlerhaus.
Kopfputz von der Firma S. PESSL, Wien I, Kärntnerstraße.

Verlag der Konzerthausgesellschaft, Wien III, Lothringerstraße 20.

Nach Schluß der Veranstaltung stehen vor dem Konzerthaus Straßenbahnzüge in der Richtung nach Hietzing, Grinzing und Gersthof bereit.

Großer Konzerthaus-Saal, Montag, den 11. Dezember 1922, 10 Uhr abends
III. (letzter) Tanzabend ANITA BERBER–SEBASTIAN DROSTE
Karten bei Heller, I., Bauernmarkt 3.

Preis K 3000 (inkl. Steuer).

Ankündigung eines Tanzabends von Anita Berber und Sebastian Droste

Arbeit zu finden. Sebastian setzte sich nach Amerika ab, wo er als Korrespondent der deutschen Zeitung *BZ am Mittag* arbeitete. Anita kehrte nach Berlin zurück.

Kurz danach ließ sie sich von Sebastian scheiden und heiratete ein drittes Mal. Ihr dritter Mann war ein talentierter junger Tänzer aus Baltimore namens Henri. Beide traten gemeinsam in den Kabaretts von Berlin, Wien, Breslau, Leipzig, Dresden und Köln auf. In Berlin jedoch begann sich das Blatt zu wenden.

Stefan Zweig war der Ansicht, daß die Deutschen die Exzesse des Berliner Nachkriegslebens nie wirklich gutgeheißen hatten:

»Im Grunde war die deutsche Orgiastik, die mit der Inflation ausbrach, nur fiebriges Nachäffertum; man sah diesen jungen Mädchen aus den guten bürgerlichen Familien an, daß sie lieber einen einfachen Scheitel getragen hätten als den glattgestrichenen Männerkopf, lieber Apfelkuchen mit Schlagsahne gelöffelt, als die scharfen Schnäpse getrunken; überall war unverkennbar, daß dem ganzen Volke diese Überhitztheit unerträglich war, dieses tägliche nervenzerreißende Ausgerecktwerden auf dem Streckseile der Inflation, und daß die ganze kriegsmüde Nation sich eigentlich nur nach Ordnung, Ruhe, nach ein bißchen Sicherheit und Bürgerlichkeit sehnte. Und im geheimen haßte sie die Republik, nicht deshalb, weil sie diese wilde Freiheit etwa unterdrückt hätte, sondern im Gegenteil, weil sie die Zügel zu locker in Händen hielt.«[44]

Dies war auch der Grund, weshalb eine Nation, die in Anita Berbers Kunst ihre eigene Verzweiflung wiedererkannt hatte, sie nun verdammte. Der Nackttanz war jetzt verpönt. Der Solotanz wurde durch die epischen Massenszenen verdrängt, die Rudolf von Laban für Wagner in Bayreuth inszenierte. 1925 veröffentlichte Hitler *Mein Kampf* und gründete die NSDAP. Das deutsche Volk stürzte sich in einen Gesundheits- und Fitneßwahn und rebellierte damit gegen die Exzesse der Nachkriegsjahre. Die Deutschen bevorzugten jetzt Militärmusik, die bei den von Hitler organisierten Umzügen und den pompösen Olympischen Spielen im Jahr 1936 eine entscheidende Rolle spielen sollte.

Anita Berber versuchte als Exotiktänzerin Arbeit zu finden und war gezwungen, im Exil auf Tournee zu gehen. Während einer Tournee durch den Nahen Osten brach sie in Damaskus auf der Bühne zusammen. Die Anstrengungen der Reise und die erzwungene Alkohol- und Drogenabstinenz in Arabien hatten sie überfordert. Gemeinsam mit ihrem dritten Mann reiste sie nach Berlin zurück, wo sie drei Monate später, im November 1928, an Tuberkulose starb.

In einem Nachruf erinnert sich ihr Freund, der Theaterproduzent Siegfried Geyer:

»Eine Zeitlang wurde sie täglich in den Nachtstunden verhaftet. In der Früh mußte ich dann immer für sie intervenieren. Die Polizei ist stets bös auf sie gewesen. Sie hat in ihr ein Geschöpf gesehen, das gegen jede Ordnung ist. Sie nahm nämlich auch bei der Polizei oder bei der Behörde überhaupt nie ein Blatt vor den Mund. Sie randalierte dort genauso wie in der Garderobe oder im Nachtlokal. Sie machte Lärm, weil sie sich nur in Skandalluft wohlfühlte.«[45]

Anita Berbers Geschichte ist die Tragödie einer Frau, die versuchte, ihre Sexualität frei auszuleben, und die in ihrem Leben die Grenzen zwischen sexueller Phantasie und Realität erstmalig sprengen wollte. Ihr Streben nach einer Kunst der Ekstase war angesichts eines Publikums, das nach Pornographie gierte, zum Scheitern verurteilt. Ihre Suche nach

Die »Schönheitstänzerin« Lylott, der die Nationalsozialisten den ausländischen Künstlernamen »Rotéro«
verboten

einem hedonistischen Lebensstil scheiterte, weil sie ihrem Körper zuviel zumutete. Sie genoß körperliche und seelische Gefahr, prügelte sich mit Männern und unterlag unweigerlich. Ihr Verhalten brachte ihr schließlich die Ächtung der Berliner Gesellschaft ein. Eine
Begebenheit verdeutlicht diese Situation: Anita Berber tauchte bei einem Ball auf, zu dem
nur ihr dritter Mann Henri eingeladen war. Der Gastgeber bat sie, wieder zu gehen, sie
weigerte sich, und als er seine Aufforderung wiederholte, schlug sie ihn. Er schlug zurück,
und sie fiel zu Boden. In einer Zeit, in der kein Herr es gewagt hätte, die Hand gegen
eine Dame zu erheben, war so etwas nur möglich, weil Anita Berber keine Dame war. Sie
galt nicht als Priesterin einer neuen Kunstform, sondern als Prostituierte, die wie eine Kriminelle behandelt wurde.

6
Pick a Banana Tutti Frutti

»Eine Frau mit rotbraunem Haar und silbernem Kleid tritt auf und
singt ›And then He Holds My Hand‹ ... sie wird von einer Männerstimme als ›Margie Hart‹ vorgestellt und fängt sofort an, sich zu entkleiden; zuerst streift sie den linken Träger ab, dann den rechten, und
im nächsten Moment ist sie bis zur Hüfte nackt ... Sie läßt den Rock
fallen und enthüllt ein winziges, mit Pailletten besetztes Etwas, das auf
die Farbe ihres Schamhaars abgestimmt ist – ihre einzige Bekleidung,
als sie abtritt ... offensichtlich ist sie der Star der Stripteaseshow.«

Anlage D, Konzessionsabteilung, Stadt New York,
August 1935

Als 1929 an der Wall Street die Börse zusammenbrach und im Zuge der Depression Tau-
sende von Männern arbeitslos wurden, blühte die Burlesque auf, während die Revuen am
Broadway einen rapiden Niedergang erlebten. Ein wichtiger Grund für den Erfolg der Burlesque waren die Eintrittspreise: Während die Varietétheater durchschnittlich 1,50 Dollar
für einen Sitzplatz verlangten, bezahlte man am Broadway 6,60 Dollar. Für eine Premiere
bei den Ziegfeld Follies wurden bis zu dreistellige Beträge gefordert, Karten für den dritten Rang eines Varietétheaters waren bereits für 50 Cents zu haben.

Im Laufe der Zeit jedoch sahen sich die erfolgreichen Burlesque-Produzenten einem immer stärkeren Druck seitens der Produzenten von Broadway-Musicals und -Revuen ausgesetzt. Der Aufstieg und Niedergang der Minskys – vier Brüder, die die Burlesque von
der Lower East Side ins Zentrum von Manhattan brachten – ist ein Beispiel für die Ent-
schlossenheit der Burlesque-Produzenten, sich am Broadway zu etablieren. Sie mußten
sich gegen den Widerstand der Grundbesitzer am Broadway behaupten, die sich mit Kirche, Polizei und Justiz verbündeten, um die New Yorker Konzessionsabteilung zu mobili-
sieren und zu erreichen, daß diese dem Erfolg der Sexkomödien und Stripteaseshows der
Minskys Einhalt gebot. Die Konzessionsabteilung vergab Genehmigungen zum Betreiben
von Theatern und überwachte die Einhaltung der entsprechenden Auflagen. Als die Burlesque in den Depressionsjahren immer populärer wurde, versuchten die Produzenten
traditioneller, »seriöser« Broadway-Shows mehr und mehr, Einfluß auf die Konzessionsabteilung zu nehmen, um die Burlesque-Theater zu verdrängen.

»Cake Walk intime«

Das New Yorker Zentrum der Burlesque war die Bowery im Süden Manhattans. In den neunziger Jahren des letzten Jahrhunderts war dieser Stadtteil ein gefährliches Pflaster, wo Bandenkriege, Drogenhandel, Kriminalität und Prostitution an der Tagesordnung waren. Mehrere aufeinanderfolgende Einwanderungswellen sorgten dafür, daß sich in der Bowery zu Beginn des Jahrhunderts eine wahre Goldgräberstimmung breitmachte, doch bereits in den dreißiger Jahren verkam die Gegend zu einem verwahrlosten Viertel, in dem hauptsächlich arbeitslose Männer lebten. Der englische Anthropologe Geoffrey Gorer war von der Bowery mit ihren Burlesque-Theatern so fasziniert, daß er sie zum Gegenstand seiner Untersuchungen machte.

Gorer stieß in dem Viertel auf zahlreiche Billighotels und Pensionen, die nur an Männer vermieteten. Durch die verlassen wirkenden Straßen streiften Männer auf der Suche nach käuflichem Sex; die Frauen, die man dort antraf, waren Prostituierte oder die Künstlerinnen der Burlesque-Theater. In der Bowery wohnten viele Osteuropäer und Italiener, von denen eine große Zahl nach dem Börsenkrach von 1929 ihre Arbeit verloren hatte. Gorer führte die Tatsache, daß in der Bowery weit mehr Männer als Frauen lebten, auf die schwierigen Lebensbedingungen der Einwanderer zurück. Seiner Ansicht nach führte das starke Interesse der alleinstehenden Männer der Arbeiterschicht an der Burlesque zum Entstehen einer neuen Unterhaltungsform, nämlich des Striptease.[46] Er untermauerte seine These mit dem Argument, daß die meisten Immigrantinnen unabhängige Frauen gewesen seien, die die Ehe und die Einschränkungen der Mutterschaft abgelehnt und nach materieller Selbständigkeit gestrebt hätten. Darüber hinaus waren viele männliche Einwanderer aufgrund ihrer Armut nicht in der Lage, eine Frau, geschweige denn eine Familie zu ernähren.

Bei seinen Streifzügen durch die Straßen der Lower East Side 1936 entdeckte Gorer eine soziale Grauzone, die sich zwischen den ethnisch voneinander abgegrenzten Stadtbezirken entwickelt hatte. Zwischen dem italienischen, osteuropäischen und jüdischen Viertel war ein »Neues Amerika« entstanden: »… kleine, schmale Gebäude, die sich in Höhe, Stil und Farbe unterscheiden … jedes mit einer eisernen Feuerleiter versehen, dicht an dicht, doch klar voneinander abgegrenzt.« Er interpretierte dies als »wild wuchernden Individualismus«, der seiner Ansicht nach nicht nur das mangelnde soziale oder kulturelle Zusammengehörigkeitsgefühl in der Bowery erklärte, sondern auch den Aufschwung der Burlesque – das Vergnügen des »einsamen, desillusionierten Mannes auf der Suche nach einem sexuellen Abenteuer, dessen Interesse an Frauen allein auf sein Verlangen beschränkt ist«. Doch Gorers Beschreibungen spiegeln auch die Leidenschaft des Voyeurs und die Schuldgefühle des englischen Puritaners wider. Vor allem aber spricht aus ihnen die Erfahrung eines einsamen, isolierten Ausländers, der sich in New York nicht heimisch fühlt – einer Stadt, die sich in einem schwierigen Übergangsstadium befindet und um wirtschaftlichen und sozialen Aufstieg ringt.

Ähnlich wie in den dreißiger Jahren in Berlin führte die wirtschaftliche Depression in New York zu einer rasanten Ausbreitung der Prostitution. Heterosexuelle und homosexuelle Prostitution überwand Klassen- und Rassenschranken. Viele Homosexuelle aus dem Norden New Yorks durchstreiften regelmäßig die Bowery auf der Suche nach käuflichem Sex. Mit dem Anstieg der Prostitution, den wirtschaftlichen Folgen der Depression, der wachsenden Zahl berufstätiger, unabhängiger Frauen und dem steigenden Potential an alleinstehenden Männern entwickelte sich in der Bowery eine Sozialstruktur, die die Entstehung des Striptease ermöglichte.

Der Striptease wurde in New York geboren und konnte sich dank der Brüder Minsky schließlich sogar am Broadway etablieren. Gerüchten zufolge fand der erste Striptease Amerikas in einem Restaurant in Missouri statt, andere behaupten, daß eine Tänzerin namens Hinda Wassau den ersten Nackttanz aufführte. Auch in Europa vermeldete man Stripteasedebüts, unter anderem im Sommer 1893 beim *Bal des Quatz' Arts* in Paris, wo sich Aktmodelle vor Kunststudenten auszogen und damit einen öffentlichen Aufruhr heraufbeschworen, der schließlich zur Abschaffung der Zensur in Paris führte. Anita Berber war die erste nackte Solotänzerin, die auf klassischen Bühnen auftrat. Auch Maud Allan wurde als Pionierin des Striptease bezeichnet. Wer immer ihn begründete, die Minskys waren in jedem Fall die ersten, die den Begriff »Striptease« einführten. Sie machten den Striptease als eine Unterhaltungsform populär, die die Kunst der Verführung mit den Elementen der Komik, des Tanzes und der Enthüllung verband. Im April 1931, vier Monate, nachdem die Minskys das *Republic Theatre* am Broadway eröffnet hatten, engagierte Billy Minsky George Alabama Florida und Mike Goldreyer als Public-Relations-Manager. Dieses Team prägte den Begriff »strip tease« (abstreifen, ausziehen – necken, reizen), um den Darbietungen auf ihren Bühnen einen eigenen Namen zu geben.

Billy Minsky brauchte 15 Jahre, bis ihm der Wechsel von der Bowery an den Broadway gelang. Seine Erfolgsgeschichte begann 1916, als er und sein Bruder Abe das *National Winter Garden* eröffneten, ein Theater im obersten Stock des *National Theater* auf der Lower East Side.

Sämtliche Vorstellungen im Winter Garden waren ausverkauft. Billy Minsky engagierte am Ende der Theatersaison des Jahres 1916/17 Mae Dix, eine schöne rothaarige Künstlerin mit einer phantastischen Figur, die – ganz in der Tradition früherer großer Varietékünstlerinnen – eine starke erotische Ausstrahlung hatte, die ihrer Interpretation komischer Lieder einen besonderen Reiz verlieh.

Sie trug ein kurzes schwarzes Kleid mit weißem Kragen und Rüschen. Da die Wäschereikosten hoch waren, nahm sie beides sofort nach ihrem Auftritt ab, damit sie sie zur nächsten Show noch einmal tragen konnte. Man erzählte sich, daß Mae Dix eines Abends Kragen und Rüschen abstreifte, noch ehe sie die Seitenkulisse erreichte. Als das Publikum vor Begeisterung tobte, kehrte sie ohne Rüschen auf die Bühne zurück. Bei der zweiten Zugabe knöpfte sie ihr Mieder auf. Die Zensur verlangte zehn Dollar Strafe von ihr. Billy erstattete ihr die zehn Dollar und erhöhte ihre Gage. Dieser Auftritt ging als erster Striptease auf den Bühnen der Minskys in die Theatergeschichte ein.

Mae Dix' »Sparmaßnahme« wurde zum festen Bestandteil der Show. Zwei Wochen nach dem denkwürdigen Abend wurde im Theater eine Razzia durchgeführt. Herbert K. Minsky, der vierte der Brüder, auch kurz HK genannt, wurde verhaftet, aber kurz darauf wieder freigelassen. Um sich vor weiteren Polizeirazzien zu schützen, installierten die Minskys rote, weiße und blaue Rampenlichter im Theater, die an den Kartenschalter angeschlossen waren. Wenn ein Polizist oder ein Beamter des Sittendezernats hereinkam, leuchteten die roten Lämpchen auf, und die Tänzerinnen wußten, daß sie ihre Nummer abwandeln und auf eine harmlose Version – »John Law« oder »Boston Version« genannt – umschalten mußten.

Als 1919 die Prohibition begann, verstanden es die Brüder, diese Entwicklung zu nutzen, indem sie die feine Gesellschaft an die Lower East Side lockten, wo man unbehelligt trinken konnte, und wo auf die Glücklichen, die nach der Show in die Garderobe eingeladen wurden, immer ein Glas Whisky wartete. Das *National Winter Garden* war und blieb ein Erfolg. Abe Minsky reiste nach Paris, um sich über die neuesten Entwicklungen in der Unterhaltungsbranche zu informieren, und kehrte mit der Idee für den ersten Laufsteg in einem Burlesque-Theater zurück. Morton Minsky, der jüngste der vier Brüder, erinnerte sich an die Wirkung auf das Publikum: »Wir hatten sechs Mädchen, alle unter 30. Bei der Saalbeleuchtung sah ihr Make-up gräßlich aus, aber ihre Beine waren dafür um so besser zu sehen.«[47]

In den zwanziger Jahren stand Billy Minsky finanziell so gut da, daß er ein zweites Theater pachtete, das *Park Theater* am Columbus Circle. Die Show war weniger freizügig als im *National Winter Garden* und wurde mit einer begeisterten Rezension im *New York Telegraph* belohnt: »Die neue Burlesque … ist eine gelungene Mischung aus den besten Nummern, die eine Musikshow je geboten hat oder bieten wird …« Aber die züchtigeren Shows kamen beim Publikum nicht so gut an, und schon nach sechs Monaten gab Billy das *Park Theater* auf und erwarb eine Theaterkonzession für das *Little Apollo* in der Hundertfünfundzwanzigsten Straße. Gemeinsam mit Mae Dix kreierte er eine aufsehenerregende Nummer: Sie spielten das Erkennungslied von Flo Ziegfelds Muse Anna Held »Take a look at this …«, kopierten Josephine Bakers Bananen-Nummer und setzten die Phantasien um, die Baker geweckt hatte. Diesmal sollte sich das Publikum nicht nur an

Josephine Baker in ihrem
Bananenröckchen, 1926

Mae Dix' Schönheit weiden, sondern ihr dabei zusehen, wie sie sich Bananen von Brust
und Hüften pflückte, bis nur noch eine übrigblieb, die ihr im Schritt baumelte und erst her-
unterfiel, als sie abtrat. Mit der ersten Aufführung ihres berühmten »Pick a Banana Tutti
Frutti« machte sie Varietégeschichte.

Auch in dieser Show führte die Sittenpolizei eine Razzia durch. Die Burlesque-Künstlerinnen waren empört. Sie entrüsteten sich über die Scheinheiligkeit eines Publikums, das

das bürgerliche Theater bejubelte und die Burlesque verdammte. Während sich Mae Dix in der Hundertfünfundzwanzigsten Straße Bananen von Brust und Hüften schälte, konnte man am Broadway Revuegirls dabei zuschauen, wie sie sich Blumen von ihren Kostümen zupften.

Die Burlesque unterschied sich insofern vom bürgerlichen Theater, als sie eine selbstbewußte weibliche Sexualität betonte und die gängige Sexualmoral parodierte. Sie ermöglichte den Künstlerinnen einen freizügigen Lebensstil und wirtschaftliche Unabhängigkeit. Es war leicht, diese selbstbewußte Sexualität als unmoralisch anzuprangern, aber es war schwierig, dies bei Gericht nachzuweisen. Immer wieder wurden in den Varietétheatern Razzien durchgeführt, was ihnen mehr nützte als schadete, da so für Publicity gesorgt war.

In den zwanziger Jahren ließ sich Billy Minsky durch die ungehemmte Erotik der Tänzerin Mademoiselle Fifi inspirieren und brachte eine gewagtere Show auf die Bühne. Mademoiselle Fifi hieß eigentlich Mary Dawson und stammte aus Pennsylvania; Billy Minsky hatte ihr den französischen Künstlernamen gegeben. Im *National Winter Garden* führte Mademoiselle Fifi ihren berühmten Shimmy auf, was im April 1925 eine große Razzia zur Folge hatte. Der Vorfall inspirierte Roland Barber zu seinem Roman *The Night they Raided Minskys*; er schrieb auch das Drehbuch für den gleichnamigen Film, in dem Britt Ekland die unerfahrene, naive Möchtegern-Stripperin spielte. Die berühmtberüchtigte Razzia wurde von John Sumner, dem selbsternannten Sittenwächter und Schriftführer der »Gesellschaft zur Bekämpfung des Lasters«, durchgeführt. Es kam zu einem Prozeß, in dem Sumner erklärte, daß seiner Ansicht nach Sketche wie »Anatomy and Cleopatra« und »Desire under the El«[48] schamlos und obszön seien, sittenwidriges Verhalten förderten und damit einen »groben Verstoß gegen § 140a des Strafrechts« darstellten. Der Richter war ein Freund und Verbündeter Billy Minskys, und der Prozeß, der sich über drei Wochen hinzog, wurde in der ganzen Stadt begeistert verfolgt. Der Richter bat die Komiker, die anstößigen Szenen mit Hilfe von Requisiten aus dem Gerichtssaal vorzuspielen, er forderte John Sumner auf, die lasziven Beckenschwünge von Mademoiselle Fifi vorzuführen. Sumners ungelenke Hüftbewegungen überzeugten die Geschworenen davon, daß Fifis Tanz unmöglich als obszön empfunden werden könne, und sie sprachen die Minskys frei. Eine bessere Publicity als die Razzia und den Prozeß konnten sich die Minskys nicht wünschen, und ihre Shows entwickelten sich zum großen Publikumserfolg.

Obwohl Billy Minsky ein kleiner Mann von einem Meter fünfzig war, hatte er eine ungemein kraftvolle Ausstrahlung. Er fuhr die schnellsten Wagen und wohnte in einem der größten Häuser Brooklyns. Die Burlesque war sein Leben, und er verdiente mit ihr ein Vermögen. Wenn es ihm an neuem Material fehlte, kopierte er die Musicals am Broadway. Ein Gag, der am Broadway ankam, würde auch auf der Lower East Side für Lacher sorgen.[49]

Mit der Depression und der Prohibition stieg die Zahl der desillusionierten, arbeitslosen Männer, was der Burlesque und der entstehenden Berufsgruppe der Stripteasetänzerinnen zu einem ungeahnten Aufschwung verhalf. Für die Komiker, die in den Burlesquen auftraten, hatte diese Entwicklung allerdings in zweifacher Hinsicht fatale Folgen: Komiker, die bisher in Vaudeville- und Varietétheatern aufgetreten waren, mußten an die weniger angesehenen Burlesque-Bühnen wechseln, wo sie zudem noch schlechter bezahlt wurden. Darüber hinaus traten sie nur im Rahmenprogramm der Stripteaseshows auf. Den Burlesque-Produzenten wiederum kam das mehr als gelegen, denn sie konnten sich nun die besten Komiker aussuchen. Künstler wie Abbott und Costello, Rags Ragland und Phil Silvers haben an Burlesque-Theatern ihre Auftritte perfektioniert.

Der Humor der Burlesque war derb und vulgär, und das gewöhnliche Publikum bestand aus »den schrecklichen Leuten aus der Bowery«. Das wichtigste Element einer erfolgreichen Burlesque-Show war die ritualisierte Wiederholung bewährter Schemata. Dazu gehörte der Auftritt eines Komikerduos, das aus einem »straight man« (Stichwortgeber) und einem »comedian« (Schlitzohr) bestand. Der »straight man« ist ein drauflosplapperndes Schlitzohr oder auch ein Ganove, der in der Regel vom »comedian« übertölpelt wird. Oft traten in diesen Sketchen auch Komikerinnen auf, die die Rolle der »Quasselstrippe« spielten. In der Burlesque wurden weder neue Themen noch neue Sketche verwendet, sondern alte Stoffe neu interpretiert. Der Erfolg des Komikers beruhte auf seiner Körpersprache, auf der Fähigkeit, nur durch eine Geste eine sexuelle Anspielung zu machen oder eine an sich harmlose Aussage in etwas Zweideutiges zu verwandeln. Phil Silvers schrieb dazu:

»Die Burlesque war weit weniger derb und vulgär als heutige Broadway- oder Off-Broadway-Produktionen. Sie arbeitete mit dem erotischen Kitzel angedeuteter Nacktheit, mit Anspielungen und Zweideutigkeiten. Aus heutiger Sicht mag das heuchlerisch wirken, aber in den dreißiger Jahren glaubte das Publikum – und die Menschen, die über den geltenden Moralkodex wachten – tatsächlich an diese Fassade der Schicklichkeit.«

Der Direktor einer Burlesque-Bühne wußte, daß seine Vorstellungen in der Öffentlichkeit in erster Linie mit einer Sexshow gleichgesetzt wurden. In seinem Buch *The Night they Raided Minskys* schrieb Roland Barber, daß die ritualisierte Komik der Burlesque

»auf Konvention und nicht auf Innovation beruhte. Der Dickwanst bückte sich nicht, um seine Schuhe zuzubinden, sondern um dem straight man Gelegenheit zu geben, sich über ihn lustig zu machen. Ein hübsches Mädchen ging nicht mit wackelndem Hintern über die Bühne, um sie zu überqueren, sondern damit der Schlagzeuger ihr anzüglich hinterherpfiff und auf seine Baßtrommel schlug und damit der Komiker ihr nachstierte … Hotels waren lasterhafte Orte, ein Bett war dazu da, daß ein Ehemann darin schlief und sich der Geliebte darunter versteckte … Eimer dienten dazu, daß man mit dem Fuß hineinstieg; Hosen, die von übergroßen Hosenträgern gehalten wurden, rutschten unweigerlich irgendwann herunter; Sodawasser wurde grundsätzlich nur als Waffe eingesetzt; Richter, Ärzte und Zahnärzte waren inkompetente Trunkenbolde; Polizisten, Hotelportiers und Zahnärzte waren durchtriebene, zwielichtige Gestalten …«

Die Komik der Burlesque basierte auf drei Grundelementen: Männer befanden sich im Zustand permanenten sexuellen Verlangens, Frauen führten sie ständig in Versuchung, und der Geschlechtsakt wurde entweder unterbrochen oder fand nie statt. Die Komiker setzten dabei auch auf Obszönitäten, Fäkalsprache und die Verballhornung körperlicher Gebrechen. Szenen über Wahnsinn und Geisteskrankheit gehörten zum beliebten Standardrepertoire der Komiker.

Die Burlesque bot einem fast ausschließlich männlichen Publikum die Möglichkeit, ihren sexuellen Begierden Ausdruck zu verleihen, was ihnen außerhalb des Theaters nicht möglich war. Die Darstellerinnen auf der Bühne setzten alles daran, um ihr Publikum aufzureizen und die aufgeheizte Stimmung noch zu steigern. Die Männer konnten nach Herzenslust »Ausziehn!« rufen, wenn ihnen nichts anderes einfiel, konnten sie pfeifen, schreien und johlen. Viele der Zuschauer waren Stammgäste und trafen bereits früh im Theater ein, um sich gute Plätze zu sichern. Sie brachten sich Zeitungen mit, Kissen, Pantoffeln und Proviant: Essiggurken, Brötchen und Knoblauchsalami.[50] Die Zuschauer kauften sich eine Karte und blieben den Abend über da. Als die Burlesque immer populärer wurde, mußten die Minskys nach jeder Show den Saal räumen lassen, damit das Publikum der nächsten Aufführung Platz finden konnte. Die Minskys stellten Bauchladenverkäufer ein, die zwischen den einzelnen Shows außer Süßigkeiten und kleinen Snacks billige

Gypsy Rose Lee, Star der
amerikanischen Burlesque

pornographische Postkarten und Fotografien verkauften und ihre Waren auf so penetrante
Weise feilboten, daß das Publikum freiwillig nach Hause ging.

Der größte Star der Burlesque zu jener Zeit war auch der Star des Striptease: Gypsy
Rose Lee. Sie stammte aus Seattle und hieß Rose Louise Hovick, ehe Billy Minsky sie
in Philadelphia entdeckte und sie sich einen Künstlernamen zulegte. In seinen Lebens-
erinnerungen beschreibt Morton Minsky sie als »dünn und flachbrüstig, aber ...«. Und auf
dieses »aber« kam es an. Damals waren die Körpermaße einer Künstlerin wichtiger als ihre
Tanz- oder Gesangsdarbietungen, aber Gypsy hatte das nötige Selbstbewußtsein, um ihr
Publikum mit einer Kombination aus improvisierter Rede, spröder Sittsamkeit und naiver
Koketterie gefangenzunehmen. Die meisten Stripperinnen schreckten davor zurück, die
Zuschauer direkt anzusprechen, aber die besten unter ihnen wußten diese Möglichkeit her-

vorragend einzusetzen. Gypsy war die erste Stripteasekünstlerin, die erkannte, welche Verführungskraft im direkten Kontakt mit dem Publikum lag.

Gypsy war 1,77 Meter groß und wog 59 Kilo. Auf der Bühne trug sie züchtige lange Kleider mit kindlich-verspieltem Muster, schwarze Seidenstrümpfe, Kleinmädchen-Unterwäsche und rote Strumpfhalter. Sie verquickte kindliche Schamhaftigkeit mit raffinierter Erotik, und wo immer sie auch auftrat, zog sie das Publikum in ihren Bann. Gypsy war ungemein beliebt. Schuhe, Büstenhalter, ja ganze Kaufhäuser wurden nach ihr benannt. Ein Kaufhaus in Kansas entwarf für ihre »Junior Miss«-Kollektion ein »Gypsy Lee Strip-Kleid«. Viele Künstler und Künstlerinnen versuchten sie nachzuahmen. Die Young Communist League kündigte eine ihrer Unterhaltungskünstlerinnen als »Unsere Gypsy Rose Lee« an, und ein Frauendarsteller bezeichnete sich als »Die brasilianische Gypsy Rose Lee«.

Billy Minsky machte viel Werbung für seinen neuen Star und widerstand der Versuchung, Gypsys Show als gewöhnliches Musical anzukündigen. Die Premiere fand am 12. Februar 1931 vor gehobenem Publikum statt. Gypsy nahm sich an Billys professionellem Umgang mit der Presse ein Beispiel; sie war die erste Stripperin, die sich einen eigenen Presseagenten zulegte. Ihre Schlagfertigkeit kam bei Journalisten ungemein an. Als man sie nach ihrer Meinung zu Opium und Marihuana befragte, antwortete sie:

»Von dem Zeug würde ich nur brav und lammfromm werden … ein ergebenes Weibchen. Da hätte ich genausogut Hausfrau werden können. Nein danke, damit würde ich nur meinen Stil kaputtmachen, und ich würde mich kaum noch von den andern unterscheiden – das ist das Schlimmste, was einem passieren kann. Aber bei einem Schluck Brandy laufe ich zur Höchstform auf. Ich möchte mein Hirn weder aufputschen noch benebeln. Ich möchte lediglich innerlich und äußerlich beweglich bleiben.«

Mit der zunehmenden Popularität der Burlesque stieg auch der Bedarf an neuen Stripperinnen, neuen erotischen Darbietungsformen und neuen Stripteasenummern. Billy Minsky verbrachte viel Zeit im Mittleren Westen, um nach neuen Talenten zu suchen. Er entdeckte Margery Hart in Chicago und Georgia Sothern in Philadelphia. Georgia, geboren 1913 in Georgia, fing mit 13 Jahren an zu strippen. Ihr furioser Strip zeugte von einer solchen sexuellen Reife und körperlichen Energie, daß Billy ihr glaubte, als sie ihm ihr wahres Alter verschwieg, und beschloß, sie bei der nächsten Gelegenheit zu engagieren. Die ließ nicht lange auf sich warten: Als man das Theater, in dem Georgia auftrat, wegen ihrer

Mae West als Burlesque-
Star in dem Hollywood-Film
I'm no Angel, 1933

anrüchigen Show schloß und sie innerhalb von 24 Stunden Philadelphia verlassen mußte, packte Billy die Gelegenheit beim Schopf und nahm sie unter Vertrag. Die Razzia in Georgias Show hatte in Philadelphia für Schlagzeilen gesorgt. Die Geschichte sprach sich bis nach New York herum, und als Georgia dort eintraf, erwartete sie dort bereits ein neugieriges Publikum. Es dauerte nicht lange, bis sie eine Spitzengage verlangen konnte und eine ebenso gefragte Künstlerin wie Gypsy Rose Lee war. In den vierziger Jahren trat sie als »feurige Georgia Sothern« auf und arbeitete noch viele Jahre als Stripperin. 1967 zog sie sich endgültig von der Bühne zurück.

1932 gehörten Margery Hart, Georgia Sothern, Gypsy Rose Lee und Ann Corio zu den Stars unter den Stripperinnen. Bis auf Ann Corio, die von Reit und Kaminsky entdeckt und unter Vertrag genommen wurde, arbeiteten alle bei den Brüdern Minsky.

110

Margery Hart, Starstripperin der Minsky-Burlesque,
1931

Unter den Burlesque-Produzenten, die Billy Minsky an den Broadway und nach Midtown Manhattan folgten, stellten Reit und Kaminsky, die das *Eltinge* am Broadway eröffneten, die größte Konkurrenz für die Minskys dar. Ann Corio war ihre beste Stripperin und machte dem *Republic* bald das Publikum abspenstig. Sie war die kokette, freche und schamlose Königin der Burlesque und strippte bis in die sechziger Jahre hinein. Sie war es auch, die in den Sechzigern mit ihrer Broadway-Show »That was Burlesque« zur Renaissance dieser Theaterform beitrug. Es war eine Zeit, in der das Publikum seine nostalgische Leidenschaft für Burlesque-Künstlerinnen in Abendkleidern, komische Sketche und traditionelle zwölfköpfige Blaskapellen wiederentdeckte.

In den zwanziger und dreißiger Jahren bot das Strippen vielen jungen Mädchen einen Ausweg aus der Armut. Wenn sie Erfolg hatten, verdienten sie Spitzengagen. Die jungen

Frauen, die in den Burlesquen auftraten, stammten in der Regel aus mittellosen Familien und verfügten über eine mangelhafte Schulbildung; viele kamen aus den Bergarbeiterstädten um Pittsburgh. Es gab eine strenge Hierarchie unter den Tänzerinnen, die von den blutigen Anfängerinnen bis zu den ausgebildeten Revuetänzerinnen, den Gruppenstripperinnen und den Starstripperinnen reichte. Eine Revuetänzerin verdiente zwischen acht und zwölf Dollar pro Woche, und jedes Mädchen träumte davon, es zur Starstripperin zu bringen, die zwischen 250 und 1000 Dollar pro Woche verlangen konnte. Jeden Tag um 16 Uhr 30 waren Vorspieltermine angesetzt, und die jungen Mädchen wurden nach Länge und Schönheit ihrer Beine ausgewählt. Ein kurzes Lüpfen des Rocks genügte, um über Engagement oder Ablehnung zu entscheiden.

Je mehr Stripteasetänzerinnen in einer Show auftraten, desto höher die Produktionskosten. Die Burlesque-Produzenten, die ihre Kosten niedrig halten wollten, füllten ihre Shows mit vielen Tanznummern. Ein Arbeitstag war lang: Die Besetzung einer Burlesque arbeitete 14 Stunden täglich; es fanden vier bis fünf Vorstellungen statt mit bis zu sechs Kostümwechseln pro Auftritt. Außer den zwei Nachmittagsvorstellungen um zwei und um vier und den beiden Abendvorstellungen um acht und um zehn gab es von elf bis ein Uhr nachts noch Proben, und das jeden Abend in der Woche. Donnerstags dauerten die Proben oft bis vier Uhr morgens, da am Samstag ein neues Programm anlief.

Die Tänzerinnen in den Burlesquen arbeiteten weitaus härter als die Revuegirls in den großen Broadway-Shows. Die Minskys konnten sich keine kostspieligen Revuen mit langer Spielzeit leisten und wechselten deshalb jede Woche ihr Programm. Sie sparten an der Bühnenausstattung und brachten statt dessen viele neue Nummern heraus, was für die Tänzerinnen lange Arbeitszeiten und wenig Freizeit bedeutete. Die jungen Mädchen wohnten gewöhnlich in Hotels in der Nähe des Theaters, damit sie die wenigen Stunden, über die sie frei verfügten, zum Schlafen nutzen konnten.

Angepriesen wurden die Shows oft mit dem vagen Versprechen auf sexuelle Gefälligkeiten seitens der Tänzerinnen. Ein beliebter Werbegag der Minskys war die Versendung von Einladungen, die angeblich von bestimmten Tänzerinnen oder Stripperinnen stammten und Schlüssel zu ihren Garderoben enthielten. Solche Werbeaktionen sorgten zwar für Publicity, entbehrten jedoch jeder realistischen Grundlage. Die meisten Burlesque-Tänzerinnen waren verheiratet, manche mit einem Komiker, so daß sich das Eheleben mit den langen Arbeitszeiten und auswärtigen Engagements gut vereinbaren ließ.

Viele Stripperinnen waren der Meinung, daß die Arbeit in einem Burlesque-Theater weit sicherer war als bei den Follies oder in einem der großen Revuetheater am Broadway. Innerhalb der Theaterhierarchie rangierten die Revuegirls vom Broadway deutlich über den Burlesque-Künstlerinnen, wobei die Stars der Ziegfeld Follies das größte Prestige genossen. Trotzdem investierten die Broadway-Produzenten viel Geld in die Bühnenausstattung und Kostüme ihrer schillernden, extravaganten Revuen und zahlten den Revuegirls weniger als den Topstripperinnen. Topstripperinnen waren dünn gesät, deshalb versuchten die Produzenten, sie mit hohen Gagen an ihr Theater zu binden. Der Broadway-Produzent Billy Rose wollte den Minskys für seine Show »Casino de Paris« Georgia Sothern abwerben, aber sie lehnte ab, weil er ihr nur ein Zehntel der Gage bot, die sie bei den Minskys bekam. Die bildschönen Darstellerinnen der Revuetheater erhielten zwar weniger Gage als die Stripperinnen, dafür wurden ihnen jedoch die Kostüme und oft auch ihr Schmuck gestellt. Im Burlesque-Theater hingegen mußten die Künstlerinnen für ihre Ausstattung selbst aufkommen. Von den Revuegirls wurde erwartet, daß sie ihrem glamourösen Image auch außerhalb des Theaters entsprachen, was nicht nur angenehme Seiten hatte. Aufgrund ihres Status waren sie im New Yorker Gangstermilieu gefragt. Viele Broadway-Revuen wurden mit Mafia-Geldern finanziert, und die Gangster erwarteten, daß man ihnen im Gegenzug eine schöne, elegante Begleiterin verschaffte. Die Tänzerinnen der Follies wurden häufiger von aufdringlichen Verehrern, die sie am Bühneneingang erwarteten, belästigt als die Burlesque-Künstlerinnen.

Während der Weltwirtschaftskrise war Billy Minskys Unterhaltungsmix aus Sex und Komödie genau das, wonach sich das Publikum sehnte. Er erwarb Konzessionen für das *Werba* in Brooklyn, das *Park Theater* am Columbus Circle und das *Little Apollo* (später das *New Gotham*) in der Hundertfünfundzwanzigsten Straße. 1930 erreichte Billy Minsky schließlich, was noch zehn Jahre zuvor undenkbar gewesen wäre: Er überredete seinen Finanzier Weinstock dazu, das *Central Theater* und das *Republic Theater*, beide am Broadway, zu kaufen. Damit verwirklichte Billy endlich seinen Traum: Die Burlesque kam an den Broadway. Im November 1931 schloß Billy Minsky das *National Winter Garden* auf der Lower East Side, das seit 1912 im Besitz der Familie gewesen war.

In den dreißiger Jahren eroberte die Burlesque den Broadway von der Zweiundvierzigsten bis hinauf zur Zweiundfünfzigsten Straße. 1932 taufte der *New Yorker* die Gegend »Minskyville«:

»Minskyville ist äußerst günstig gelegen. Es befindet sich nicht weit vom Hotelviertel und den Bahnhöfen und ist problemlos zu erreichen. Es erstreckt sich ungefähr von der Zweiundfünfzigsten bis zur Zweiundvierzigsten Straße am Broadway und zwischen Sixth

Avenue und Eighth Avenue auf der Zweiundvierzigsten Straße und schließt noch einige Seitenstraßen mit ein.

Das Viertel verdankt seinen Namen Billy Minsky, der mit weiteren Mitgliedern seines Familienklans ... das Minsky-Imperium aufbaute.«

Zu Minskyville gehörten auch ein medizinisches Horrorkabinett, »Huberts Flohzirkus« und Guckkästen, in denen sich stereoskopische Ansichtskarten befanden, die man mit Hilfe einer Kurbel drehen konnte. In einem »Salon des Arts« konnte man sich ausschließlich Aktgemälde ansehen. Das Geschäft dort begann jedoch erst zu florieren, als die Besitzer merkten, daß es billiger war, die Akte selber zu malen, als sie zu kaufen, und bald verfügte die »Galerie« über mehr als 30 Bilder.

Zwar war es Billy Minsky gelungen, an den Broadway zu wechseln, es erwies sich jedoch als schwierig, sich dort zu behaupten. Zwischen 1929 und 1932 waren die Minskys mit ihren Stripperinnen so erfolgreich, daß ihre Vormachtstellung unangreifbar zu sein schien, aber die alteingesessenen Broadway-Produzenten waren nicht bereit, diesen Erfolg einfach hinzunehmen. Mitglieder des Grundbesitzervereins 42nd Street Property Owners Association, Ladeninhaber und einflußreiche Kirchenvertreter drängten John Sumner dazu, in den Burlesque-Theatern, vor allem in denen der Minskys, eine Reihe von Razzien durchzuführen. Doch die meisten dieser Aktionen brachten nicht den erhofften Erfolg; im Gegenteil, sie verhalfen den Burlesque-Theatern zu zusätzlicher Publicity und lösten eine öffentliche Debatte über künstlerische Freiheit und die Konzessionspolitik der Stadt aus.

Als Billy Minsky 1931 das *Republic* erwarb, war Jimmy Walker, ein guter Freund der Minskys, Bürgermeister von New York. Als die Verbrechensquote bedrohlich anstieg, geriet die Verwaltung so unter Druck, daß sie energisch gegen die Kriminalität in der Stadt vorging. Gegen Jimmy Walker wurde ein Ermittlungsverfahren wegen Korruption und Bestechung eingeleitet. Auch seine stadtbekannte Affäre mit einem Revuegirl fügte seinem öffentlichen Ansehen erheblichen Schaden zu.

Die Broadway-Produzenten fanden mit ihrem Anliegen, die Burlesque zurückzudrängen, einen starken Verbündeten in der Kirche, und gemeinsam machten sie sich für eine Verschärfung der Theaterzensur stark. Die New Yorker Stadtregierung bestand mehrheitlich aus katholischen Iren, aber der wachsende Einfluß der jüdischen Lobby bedrohte ihre Machtposition. Für die katholisch dominierte Regierung im Rathaus, der man Korruption und Laxheit im Umgang mit Sittenlosigkeit und Verbrechen vorwarf, bot sich die Gelegenheit, ihren angeschlagenen Ruf wiederherzustellen, indem sie energisch gegen die Burlesque-Theater vorging.

Im April 1932 gab der Leiter der Konzessionsabteilung James Geraghty, auch ein Busenfreund Billy Minskys, dem Druck der 42nd Street Property Owners Association nach und hob die Konzessionen für das *Republic*, das *Eltinge*, das *Central Theater* und das *Apollo* auf. Die Anklage gegen die Betreiber jedoch wurde nach einer kurzen gerichtlichen Anhörung fallengelassen. Im Sommer desselben Jahres stand die Verlängerung der Theaterkonzessionen an. Die Theater wurden geschlossen, die Verlängerungsanträge abgelehnt und schließlich einer erneuten Prüfung unterzogen. Während der verschiedenen Gerichtsverhandlungen im Jahre 1932 wurden hauptsächlich religiöse Argumente ins Feld geführt; so trug ein Brief der katholischen Schauspielervereinigung Catholic Actors Guild entscheidend zur Kriminalisierung der Burlesque bei. Auch ein Brief von Kardinal Hayes hatte starken Einfluß auf die Geschworenen:

»Ich schäme mich, es zu sagen, aber die Stadt New York hat in unserem Land einen üblen Ruf, denn es heißt, daß man auf New Yorker Bühnen das Schmutzigste und Unflätigste nicht nur toleriert, sondern sogar offiziell genehmigt.

Im Namen von zehn Millionen Bürgern ersuche ich Sie dringend, diesen Sittenstrolchen die Theaterkonzession zu verweigern.

Hochachtungsvoll
Patrick Kardinal Hayes«[51]

Ein Pfarrer namens Igantius Cox erklärte öffentlich:

»Man kann die Zweiundvierzigste Straße nicht entlanggehen, ohne auf Reklame für anstößige Burlesquen und billige Tanzlokale zu stoßen; und dies in einer Stadt, die zu einem großen Teil von Katholiken regiert wird. Wir wissen, daß es Leute in der Provinz gibt, die angesichts dieser Verhältnisse sagen werden: ›Wenn das eine katholische Stadt sein soll, dann wollen wir nicht von Katholiken regiert werden.‹«[52]

Auch die jüdische Lobby forderte die Schließung der Burlesque-Theater. Rabbi Jerome Lawn erklärte: »Ich hatte den Mut, meine Frau in ein Burlesque-Theater mitzunehmen. Ich habe in meinem ganzen Leben noch keine so schmutzige Darbietung gesehen. Gott bewahre unsere heranwachsenden Söhne und Töchter vor diesen Lasterhöhlen.« Rabbi Sidney Goldstein, der Vorsitzende der Kommission für Sozialethik des New York Board of

Jewish Ministers, pflichtete seinem Kollegen bei: »Eine Unterbindung solcher Darbietungen wäre kein Akt staatlicher Zensur, sondern eine Maßnahme zum Schutz der öffentlichen Moral.«

Rabbi Goldstein führte einen hartnäckigen Feldzug gegen die Burlesque. 1934 bezeichnete er diese Form des Theaters als »Jauchegrube des Lasterhaften und Obszönen« und erklärte, daß, wenn es nach dem Willen der Kommission für Sozialethik ginge, sämtliche Burlesque-Theater aus New York verbannt würden.

Sidney Levine, der inzwischen den Leiter der Konzessionsabteilung Geraghty abgelöst hatte, verteidigte nicht nur religiöse Werte, sondern auch die wirtschaftlichen Interessen des Mittelstands. Er argumentierte:

»Die Art, in der das Theater geführt wurde, beeinträchtigte nicht nur das soziale Klima in der Nachbarschaft und minderte den Wert des umliegenden Grundbesitzes, sondern führte auch dazu, daß sich Personen zweifelhaften Rufes auf der Straße vor dem Theater versammelten.«

Die katholische Mehrheit in der Regierung des Staates New York reagierte schließlich auf den Druck der Priesterschaft. Das Bündnis, das Theaterproduzenten und Zeitungskritiker im Kampf um die Erhaltung der Burlesque-Theater eingingen, wurde auf eine harte Probe gestellt. Zeugen sagten aus, daß sich das soziale Klima seit Eröffnung der Theater nicht verschlechtert habe. Der Theaterproduzent A. H. Woods beispielsweise widersprach den Behauptungen der Anklage, indem er erklärte, daß die Kriminalität im Theaterviertel keineswegs gestiegen sei. Auch einige Polizisten bezeugten, daß sich die Verhältnisse seit der Eröffnung der Burlesque-Theater nicht verändert hätten. Der Maler Reginald Marsh, der das Leben in der Bowery in seinen Bildern festhielt, setzte sich für die Burlesque ein, indem er erklärte, sie sei »Teil des amerikanischen Lebens«.

Mütter von Revuetänzerinnen, die auf das Einkommen ihrer Töchter angewiesen waren, traten in den Zeugenstand, um gegen die drohende Schließung der Theater zu protestieren. Eine gewisse Mrs. Winifried Alsten erklärte: »Ich halte den Brief von Kardinal Hayes für eine Beleidigung der Mädchen, die auf ehrliche Weise ihren Lebensunterhalt verdienen … Sie tragen nicht weniger am Leib als Frauen an öffentlichen Badestränden.«

Auch die Presse, entsetzt über die neue Ära staatlicher Zensur und Bedrohung der künstlerischen Freiheit, trat vehement für die Burlesque ein. Minskys Fürsprecher beim *New Yorker* schrieben:

»Es ist eine große Kunst, ein Mieder aufzuhaken, einen Reißverschluß zu öffnen oder ein Kleidungsstück abzulegen; manche Stripperin müht sich redlich und verläßt die Bühne bei Totenstille, während eine andere mehr Vorhänge bekommt als der größte Opernstar.«

1932 starb Billy Minsky, der Motor des Familienunternehmens. Er war 41 Jahre alt. Die Minskys hatten ihren Erfolg seinem Elan und seiner Durchsetzungskraft zu verdanken, seiner persönlichen Ausstrahlung, die ihm die Sympathie und Loyalität vieler Künstler eingebracht hatte, und seinen weitreichenden Beziehungen. Das Minsky-Imperium begann, langsam in sich zusammenzufallen. Im Juli 1932, zwei Monate nach Billys Tod, pachteten der Finanzier Weinstock, Morton und HK Minsky das *Werba Theater* in Brooklyn und brachten dort im August ihre erste Burlesque-Show heraus. Das Unternehmen scheiterte. Morton und HK zerstritten sich mit Weinstock und trennten sich von ihm.

Im selben Jahr stieg Billy Minskys älterer Bruder Abe aus dem Unternehmen aus. Er behielt den Pachtvertrag für das *New Gotham* in der Hundertfünfundzwanzigsten Straße in Harlem und produzierte seine eigenen Shows. Dieser Schritt, der nach außen hin wie ein ausgeklügelter, unternehmerischer Schachzug wirkte, mit dem das Familienunternehmen auf eine breitere Basis gestellt werden sollte, hatte wohl eher private Gründe. Abe Minksy war schockiert darüber, daß sein jüngerer Bruder HK die Stripperin Juanita heiratete. Selbst für einen Minsky hatte die Burlesque noch immer den Ruch einer zweitklassigen Unterhaltungsform.

Abe Minsky brachte im *New Gotham* Billigproduktionen heraus; die Stripperinnen verdienten einen Minimallohn und die Revuetänzerinnen nur 20 Dollar die Woche. Seine Shows waren vulgärer als die seiner Brüder, und die Stripnummern verdrängten immer mehr die Sketche. Nicht nur die Shows waren derber als in den Theatern seiner Brüder im Zentrum Manhattans, sondern auch das Publikum war rauhbeiniger und ungehobelter. Abes Theater wurde ständig von der Konzessionsabteilung kontrolliert.

Im Sommer 1932 mußte Bürgermeister Jimmy Walker von seinem Amt zurücktreten, sein Nachfolger wurde Joseph McKee. Im September des Jahres waren das *Republic* und das *Eltinge* immer noch geschlossen. McKee sorgte dafür, daß die Minskys ihren Antrag auf Verlängerung ihrer Theaterkonzessionen vor Gericht begründen mußten. McKee hatte der Burlesque den Krieg erklärt.

Am 13. Oktober schließlich genehmigte man den beiden Theatern unter zwei Bedingungen die Verlängerung ihrer Konzessionen: Die Shows durften nicht mehr Burlesquen heißen, sondern mußten in Zukunft als »Revuen« bezeichnet werden; außerdem waren Ausrufer, große Reklameplakate und Werbeaktionen verboten. Angeblich sollten diese Maßnahmen die öffentliche Moral wiederherstellen, doch die Tatsache, daß diese Auflagen vor allem darauf abzielten, die Werbung für die Burlesquen drastisch einzuschränken, legt den Verdacht nahe, daß man den betroffenen Produzenten finanziell schaden wollte. Die Minskys schlugen am 24. September 1932 die folgende Bekanntmachung am Eingang des geschlossenen *Republic* an:

»Gewisse, sogenannte Broadway-Produzenten von Musikshows und Revuen – vor allem Archie Selwyn und die Besitzer des Erlanger – sind der eigentliche Grund für die Schließung dieses Theaters, denn sie verlangten 5,50 Dollar Eintritt für ihre Shows, während wir nur einen Dollar und weniger nahmen. Da sie mit uns nicht konkurrieren konnten, gerieten sie immer mehr ins Hintertreffen.«

Der Burgfriede währte nicht lange. Die Minskys sahen sich nicht nur einer geschlossenen Front aus Kirche und Sittendezernat gegenüber, sondern auch einem mächtigen Bündnis verschiedener bürgerlicher Interessengruppen. Dazu gehörten nicht nur Mediziner und Juristen sowie die in der Merchants Association organisierten Händler und die in der Broadway Association of Theater Producers zusammengeschlossenen Theaterproduzenten, sondern auch die unter dem Dach der 42nd Street Property Owners Association versammelten Immobilienfirmen, die fürchteten, daß mit dem Boom der Burlesque die Grundstückspreise um den Broadway fallen könnten.

Das Burlesque-Theater sorgte weiter für Schlagzeilen. So auch im Februar 1933, als *The New York Telegram* verkündete: »Die Burlesque ist wiederauferstanden und präsentiert sich frecher und schamloser denn je.« Dennoch führte der Feldzug gegen die Burlesque-Bühnen zu massiven Einbrüchen in der New Yorker Theaterlandschaft. 1933 waren nur noch knapp 30 der 60 Burlesque-Theater in Betrieb. Abe Minsky mußte das *New Gotham* schließen; Bürgermeister McKee verlangte, daß das *Republic* und das *Irving Place* sämtliche anstößigen Darbietungen aus ihrem Programm nahmen, da sie sonst ebenfalls geschlossen würden. Die Minskys hatten Sally Rand unter Vertrag, eine Tänzerin, die Anna Pawlowa so bewunderte, daß sie den »Sterbenden Schwan« als besonderen Clou in ihre Stripnummer einbaute. Mit zwei riesigen Flügeln aus Federn tanzte sie einen Fächertanz. Die New Yorker Konzessionsabteilung forderte Sally Rand auf, ihren Auftritt züchtiger zu gestalten und sich größere Fächer zuzulegen, aber sie wehrte sich gegen diese Auflagen mit dem Argument, daß dadurch die künstlerische Aussage ihrer Darbietung verfälscht würde. Daraufhin wurden die Minskys wieder ständig kontrolliert.

»Sally Rand und ihr Fächertanz« wurde auf der Chicagoer Weltausstellung 1933 ein unerwarteter kommerzieller Erfolg. Doch Sallys Show brachte ihr nicht nur ebensoviel Geld ein wie der Bauchtänzerin »Little Egypt« auf der Weltausstellung 1893, sondern auch ebenso viele Schmähungen. Man verklagte sie wegen Unzüchtigkeit. Die Staatsanwältin Mary Belle Spencer bezeichnete ihre Tänze als »liederlich und lasziv«. Der Richter Joseph B. David wies jedoch die Klage mit unverhohlener Verachtung für die Tänzerin und ihre Kolleginnen im Zuschauerraum ab:

»Wenn Sie mich fragen, sind [Leute], die sich ansehen wollen, wie eine Frau – ob mit oder ohne Feigenblatt – mit einem Fächer herumwedelt, einfach nur Tölpel. Aber es gibt nun einmal diese Tölpel, und eine Tänzerin hat das Recht, ihnen diese Form der Unterhaltung zu bieten. Klage abgewiesen.«

Der neue Leiter der New Yorker Konzessionsabteilung, Sidney Levine, war weder so tolerant noch so humorvoll wie der Chicagoer Richter. Levine, ein aus der Bronx stammender Anwalt, war vom neuen Bürgermeister John O'Brien eingesetzt worden und begründete seine Rolle als Theaterzensor mit dem Argument, daß er nicht bereit sei, »die anstößige und aufreizende Zurschaustellung der weiblichen Anatomie zu dulden«. Er unterstellte seinem Amtsvorgänger James Geraghty, einem Freund und Bundesgenossen Billy Minskys, die Burlesquen nur genehmigt zu haben, um O'Brien in eine peinliche Lage zu bringen. Geraghty hatte einen folgenschweren politischen Fehler begangen, indem er sich nicht für die Wahl O'Briens, sondern für die Wiederwahl von Bürgermeister Joseph McKee eingesetzt hatte, der ebenfalls aus der Bronx stammte. Als McKee die Wahlen verlor, büßte auch Geraghty seinen Posten ein. Im Oktober 1933 drohte Levine, alle Burlesque-Theater zu schließen, die nicht sämtliche Stripnummern aus ihren Programmen nahmen. Der den Minskys wohlgesinnte *New Yorker* schrieb dazu: »Heute findet in Minskyville eine Premiere der besonderen Art statt. Die Gegner der Minskys haben ein Komplott geschmiedet, um in Minskyville aufzuräumen. Zu diesem Zweck haben sie dem fast vergessenen Leiter der Konzessionsabteilung Dampf gemacht ...«

Levine erließ eine neue Theaterverordnung, um den Einfluß und die Ausbreitung der Burlesque-Bühnen einzudämmen:

»1. Es ist weiblichen Darstellern in einer Aufführung, Vorführung oder Darbietung untersagt, vor Publikum auf unzüchtige oder aufreizende Weise irgendeinen Teil ihrer Kleidung abzulegen.

2. Weibliche Darstellerinnen dürfen bei einer Aufführung, Vorführung oder Darbietung die Bühne nur in vollständiger, undurchsichtiger Bekleidung betreten.

3. Unbewegliche Lebende Bilder und Skulpturen mit eindeutig künstlerischem Charakter sind von Punkt 2 dieser Verordnung ausgenommen, vorausgesetzt, es werden keine Teile des Körpers auf unzüchtige Weise zur Schau gestellt.

Jeder Verstoß gegen die vorerwähnten Bestimmungen führt zur sofortigen Aufhebung oder Aussetzung der Konzession.«

Diese Verordnung machte den Produzenten von Burlesquen ihre Arbeit praktisch unmöglich. Ihnen blieb nichts anderes übrig, als das neue Gesetz zu ignorieren und zu hoffen, daß sie ihr Überleben durch die Publicity, die ihnen die Razzien einbrachten, und durch Schmiergeldzahlungen an die maßgeblichen Leute im Rathaus sichern konnten. Trotz der Verordnungen und Razzien wurden zwischen 1932 und 1933 weiterhin Burlesquen aufgeführt. Zum vernichtenden Schlag holte schließlich Fiorello La Guardia (»das Blümchen«) aus, der 1933 als Kandidat einer Koalition aus Liberalen und Republikanern in das Bürgermeisteramt gewählt wurde. Im Oktober 1934 ernannte er Paul Moss, einen ehemaligen Broadway-Produzenten, dem die Burlesque-Theater schon immer ein Dorn im Auge gewesen waren, zum neuen Leiter der Konzessionsabteilung. La Guardia erwartete, daß die Stadtregierung ihren angeschlagenen Ruf wiederherstellte, indem sie entschlossen gegen die Burlesque-Theater vorging. Innerhalb weniger Monate hatte die Konzessionsabteilung ein Bündel neuer Bestimmungen erlassen:

»1. Es ist Frauen untersagt, in einer Szene, einem Sketch oder einer Nummer mit entblößten Brüsten oder entblößtem Unterkörper aufzutreten, auch dürfen diese Körperteile nicht so spärlich verhüllt sein, daß sie unverhüllt wirken.

2. Für Szenen, Sketche oder Nummern, in denen eine ganz oder teilweise bekleidete Frau auftritt, die sich nach und nach entkleidet, gelten obige Vorschriften.

3. Es ist allen Darstellern untersagt, sich in einer Szene, einem Sketch, einer Nummer oder einem Stück einer vulgären, obszönen oder anstößigen Sprache zu bedienen.

4. Theaterkonzessionen werden nur unter der Bedingung vergeben, daß die obengenannten Vorschriften genauestens eingehalten werden. Jede vorsätzliche, fortgesetzte

Laufstege, die einen direkteren Kontakt mit dem Publikum ermöglichten – hier im Berliner Nachtklub
Folies Bergère, 1957

oder gewohnheitsmäßige Mißachtung dieser Vorschriften kann zur Aussetzung oder Aufhebung der Konzession führen.

5. Die Theaterkonzessionen müssen im Garderobenbereich des Theaters deutlich sichtbar ausgehängt werden, so daß Künstler, Schauspieler und andere Beschäftigte sie jederzeit einsehen können, außerdem eine gut lesbare Abschrift dieser Bestimmungen, damit sich Künstler, Schauspieler und andere Beschäftigte im Falle eines Vertragsbruchs oder ausstehender Gagen jederzeit an die Konzessionsabteilung wenden können.«

Darüber hinaus untersagte Paul Moss die Laufstege, die in den Zuschauerraum der Burlesque-Theater hineinreichten. Damit unterband er den direkten Kontakt zwischen den

Stripteasetänzerinnen und ihrem Publikum und brachte die Shows um ihr reizvollstes Element. Moss erklärte die Laufstege aus brandschutztechnischen Gründen für unzulässig und verwahrte sich gegen den Vorwurf, er wolle die künstlerische Freiheit durch eine rigide Zensurpolitik einschränken. Er weitete seine Funktion als Zensor immer mehr aus und erwirkte im Februar 1934 die Schließung des *Irving Palace* und des *Apollo Theater*.

1935 hatte sich die Gesetzeslage so verschärft, daß sich jeder Theaterdirektor, der eine Konzession beantragte, durch einen schriftlichen Eid verpflichten mußte, nicht gegen Sitte und Anstand zu verstoßen. Weinstock, der die Shows der Minskys im *Republic* finanzierte, leistete einen Meineid, wohl wissend, daß man einen solchen Eid weder würde halten noch überprüfen können. Anfang der dreißiger Jahre hatten die Burlesque-Produzenten noch darauf bauen können, daß ihnen die Gesetzeslage genug Spielraum ließ, um nicht in ernste Bedrängnis zu geraten, und daß Razzien die beste Werbung waren. Ab 1935 jedoch waren die Razzien keine kostenlosen Werbegags mehr, sondern stellten eine ernsthafte Gefährdung ihrer Existenz dar. Eine Zwangsschließung bedeutete den finanziellen Ruin.

Im Verlauf der dreißiger Jahre waren sämtliche Burlesque-Theater gezwungen, dem Beispiel der Brüder Minsky zu folgen und mit ihrer Stammbesetzung immer wieder neue Shows zu produzieren. Altes Material wurde zu neuem umgemodelt, dieselben Gags mehrmals verwendet, und der Striptease nahm immer größeren Raum auf Werbeplakaten und auf der Bühne ein. Die großen traditionellen Burlesque-Wanderbühnen *Columbia Wheel* und *Mutual Wheel* mußten schließen. Musicals wurden immer populärer und machten den Burlesque-Theatern ihre besten Komiker abspenstig. Die humoristische Tradition der Burlesque, die auf sexuellen Anspielungen und Vulgarität beruhte, verlagerte sich in den Musicalbereich, wo Komiker mehr verdienten und ein höheres Ansehen genossen. Dort bekamen sie endlich wieder ihre eigenen Shows und traten nicht nur im Rahmenprogramm auf.

In den dreißiger Jahren kletterte die Rocklänge bis hinauf zum Knie. Der Anblick eines Knöchels und einer Wade war nichts Aufregendes mehr, und Shows, in denen man »viel Bein« zeigte, wirkten überholt. Während es sich die anerkannten Revuetheater nun leisten konnten, Frauen völlig nackt zu zeigen, zwang die Zensur die Burlesque-Theater, sich mit fleischfarbenen Trikots zu behelfen.

Als es für Morton und HK Minsky immer schwieriger wurde, in New York Theaterkonzessionen zu bekommen, verlagerten sie ihre Aktivitäten zunehmend in andere Bundesstaaten. Sie übernahmen das *Park Theater* in Boston, das *Schubert* in Philadelphia, das *Palace* in Baltimore, das *Capitol* in Albany, das *Erie* in Pittsburgh, aber auch einige

weitere Theater in Brooklyn und der Bronx. Außerdem gründeten sie eine neue Wander-
bühne, das *Eastern Wheel*, und 1937 eröffneten sie in Miami Beach ein Restaurant-Theater, in dem Burlesquen aufgeführt wurden. Am 2. Januar, dem Eröffnungsabend, traten im
Garden Pier's Abbott und Costello, Rags Ragland und Phil Silvers auf und die beiden
Starstripperinnen Georgia Sothern und Maxine de Schon.

Trotz ihrer hartnäckigen Versuche, die Tradition der Burlesque auf seriösen Bühnen
fortzusetzen, mußten sich die Minskys 1937 schließlich geschlagen geben. Die Gerichte
verbannten nicht nur die Burlesque aus New York, sondern sie verboten auch, daß der
Name »Minsky« – der mittlerweile gleichbedeutend mit der New Yorker Burlesque war –
je wieder im Titel irgendeiner Show auftauchte oder im Zusammenhang mit einer Thea-
terproduktion an einer New Yorker Bühne genannt wurde.

Diese Entscheidung war unanfechtbar. Als Thomas J. Phillips versuchte, eine Konzession für das *Orpheum Theatre* in Brooklyn zu bekommen, verpflichtete er sich, keine Burlesquen aufzuführen, in denen die Darstellerinnen aufreizend mit den Hüften kreisten oder
gar strippten. Darüber hinaus sicherte er in seinem Antrag zu, keine weiblichen Stars der
traditionellen Burlesque zu engagieren und zu gewährleisten, daß »zu keinem Zeitpunkt
eine weibliche Brust oder irgendein ein anderer Körperteil entblößt« würde. Im Oktober
1936 wurde sein Antrag abgelehnt. Er legte gegen die Entscheidung Widerspruch ein und
mußte 1937 zu einem Gerichtstermin erscheinen. Doch ohne Erfolg.

Die Burlesque wurde in die Illegalität gedrängt, was die Arbeitsbedingungen der Stripperinnen erheblich verschlechterte. Sie waren weder gewerkschaftlich organisiert noch
konnten sie den Schutz des Gesetzes beanspruchen und mußten so noch längere Arbeitszeiten für noch weniger Lohn in Kauf nehmen. Die Glanzzeit von Stripteasekünstlerinnen
wie Gypsy Rose Lee, Ann Corio, Georgia Sothern und Margery Hart war endgültig
vorüber.

7
Ein Zwinkern und ein Hüftschwung

»Mit dem Crazy Horse Saloon schuf Alain Bernardin
den ›letzten literarischen Salon von Paris‹.«

Publicity

1951 war Rose la Rose die »Königin der Burlesque« und bekam 2000 Dollar pro Woche für ihren Auftritt als erste Tänzerin in einer Stripteaseshow, die im Sommer im New Yorker *Palisades Park* aufgeführt wurde. Zu Beginn des Jahrhunderts hatten Mutoskope[53] Frauen gezeigt, die sich in einem Boudoir an- und auszogen. Rose la Rose verwandelte diese Abfolge bewegter Bilder in eine »lebende«, dreidimensionale Phantasie.

»Rose la Rose, herausragende Stripperin, beginnt ihre Show, indem sie sich in einem Boudoir anzieht. Sie liebkost und streichelt sich, stellt sich vor, von einem Liebhaber geküßt zu werden, legt sich auf ein Sofa. Zweites Bild: Sie liegt nackt auf dem Sofa, hält eine Zeitung vor sich, erhebt sich und zieht sich langsam an. Sie beendet ihre Show mit einem schnellen Strip. Und sie singt: ›Song of the Woodpecker‹.«[54]

In den Jahren nach dem Zweiten Weltkrieg prosperierte Amerika, während Europa wirtschaftlich am Boden lag. Zwischen 1947 und 1960 stieg das Pro-Kopf-Einkommen in Amerika um 17 Prozent, so daß dem Normalbürger mehr Geld denn je für Vergnügungen zur Verfügung stand. Die Wirtschaft florierte, und die USA erlebten einen noch nie dagewesenen Konsumboom. Henry Luce, der Herausgeber von *Time*, *Fortune* und *Life*, bezeichnete diese Zeit als den Beginn des »amerikanischen Jahrhunderts«.

Die Burlesque war eine uramerikanische Unterhaltungsform. Alles Amerikanische stand nun hoch im Kurs, und auch der Striptease wurde als Kunstform anerkannt. Stripperinnen bezeichneten sich als »ecdysiasts« (»Enthäuterinnen«), und es gab spezielle Schulen, die die Kunst des Gehens, Posierens und »Entblätterns« lehrten. Hatten die Schülerinnen diese Grundfertigkeiten gemeistert, besaßen sie genügend Selbstvertrauen, ihre eigene Persönlichkeit einzubringen. Kostüme spielten dabei eine wichtige Rolle, aber noch wichtiger war ein »Gimmick«, eine Art Aushängeschild, das die Darstellerin und ihre Nummer charakterisierte. Ausschlaggebend für den Erfolg einer Stripperin war eine starke Persönlichkeit.

Die Stripperinnen lieferten der Presse immer wieder gute Stories, und die Kolumnisten revanchierten sich, indem sie ihnen Publicity verschafften. Rose la Rose zum Beispiel trat in der CBS-Sendung »This is Show Business« auf, um über ihr »Problem« zu sprechen: Sollte sie auf ihr Honorar von 5000 Dollar pro Woche verzichten und statt dessen eine Laufbahn in einem seriösen Theater anstreben? Für eine Topstripperin wie Rose la Rose konnte ein Vertrag mit einem bürgerlichen Theater jedoch kaum attraktiv genug sein, um sie in Versuchung zu führen.

Eine Stripperin, berühmt wegen ihres »enormen« Muts, nannte sich »Dwight Daring« (die Mutige). Diese brasilianische Tänzerin kam stets an einer Feuerwehrstange auf die Bühne gerutscht. Eine andere badete angeblich jeden Abend in Wein und erzählte der Presse, daß sie 160 Liter brauchte, um ihre Wanne zu füllen. Phantasie wurde zum entscheidenden Element einer Stripteasevorstellung.

Nach wie vor kam der Rasse und Hautfarbe einer Tänzerin große Bedeutung zu, da sie die männliche Phantasie beflügelte – oder aber, wie im Fall von »Little Egypt«, moralische Entrüstung hervorrief. Im *Fabian* in Brooklyn traten eine Reihe von »internationalen Burlesque-Künstlerinnen« auf: »Deenah aus Haiti, Inez aus Südamerika, Michele aus Paris, Gemini aus Kairo, June aus Kuba und Pam aus Istanbul«. Die Hauptattraktion war die »Bride of Samoa«. »Erotisch« und »exotisch« wurden synonym gebraucht. 1950 wurde im *Club 845*, einem Burlesque-Theater in der Bronx, eine »All New Coloured Revue« aufgeführt. Tänzerinnen aus anderen Kulturen wurden als Inspiration für den erotischen Tanz begrüßt, Stripperinnen trugen Kostüme aus Leopardenhaut, wählten »Dschungelthemen« und warben auf Plakaten mit tropischen Motiven, um ihrer Nummer Authentizität zu verleihen. Stripperinnen wurden jetzt als »Exotiktänzerinnen« bezeichnet, was es den Theaterproduzenten und Veranstaltern ermöglichte, die Stripteasezensur im Staat New York zu umgehen.

Obwohl man in New York in den dreißiger Jahren den Striptease wegen seiner angeblichen Verbindung zur Unterwelt verboten hatte, ließ sich das »Übel« offensichtlich nicht ausrotten, und so wurde das Verbot allmählich gelockert. Aber erst 1955 war der Striptease in New York wieder offiziell erlaubt. 20 Jahre lang waren die Burlesque-Theater der Stadt als Kinos genutzt worden.

In New York verboten, war die Burlesque doch in den meisten anderen Staaten zugelassen. Chicago löste New York als »Stripteasemetropole der Welt« ab. Zwischen 1950

Striptease in den
Fünfzigern: die deutsche
Nachtklubtänzerin Poupée
la Rose

und 1951 gab es in Amerika 30 Burlesque-Theater: drei in Pennsylvania, vier in Ohio, fünf in Kalifornien und jeweils zwei in Illinois, Massachusetts, Minnesota, Maryland und New Jersey. Die Staaten Michigan, Oregon, Wisconsin, Washington und Indianapolis hatten je ein Burlesque-Theater, Kanada verfügte über eins in Montreal und ein weiteres in Vancouver. Im Staat New York existierte ein einziges Theater, und das illegal.

Da die gesetzlichen Bestimmungen mit der Renaissance des Striptease nicht Schritt halten konnten, kam es zu einigen Kuriositäten. Während der Nackttanz in den seriösen Broadway-Theatern erlaubt war, mußten Stripperinnen in New York und in New Jersey hautfarbene Trikots tragen. Die Bestimmungen variierten von Staat zu Staat. Auf einer Tournee mußten sich Stripperinnen demnach nicht nur auf ein unterschiedliches Publikum,

127

sondern auch auf unterschiedliche Zensurvorschriften einstellen. In manchen Staaten waren G-String-Tangas und Netz-BHs vorgeschrieben, in anderen durften sie glitzernde Höschen tragen. In den meisten Staaten mußten die Brustwarzen mit sogenannten »pasties«, kleinen, ovalen Kappen, bedeckt werden. Diese Vorschrift führte zur Kunst des »tassel twirling«, bei der an den Kappen befestigte Troddeln herumgewirbelt wurden. Ein besonders eindrucksvolles Schauspiel bot eine Tänzerin, der es gelang, die Troddeln an beiden Brüsten synchron zu wirbeln.

Georgia Sothern begann ihre Karriere als Stripperin in den zwanziger Jahren und stand in den Fünfzigern noch immer auf der Bühne. Ihr besonderes Merkmal war die Geschwindigkeit und Energie ihres Strips, was ihr die Bezeichnung »schnellste Stripperin der Welt«[55] eintrug: »Georgia ›Dynamit‹ Sothern führte schon vor der Erfindung des Flugzeugs den ›Düsenantrieb‹ ein. Ihr Tanz ist eine einzige beschleunigte Bewegung, die mit einem furiosen Strip endet.«

Aufgrund der eigenwilligen Zensurbestimmungen beendete Georgia Sothern ihren Strip in den fünfziger Jahren bekleideter als in den Dreißigern. Trotzdem wurde ihre Nummer 1951 von der Sittenpolizei beanstandet; es wird berichtet, daß eines Abends ein gewisser Harry Fox in den Saal stürmte, ihr eine gerichtliche Vorladung in die Hand drückte und damit der Vorführung ein jähes Ende setzte. In New Jersey begeisterte sich das Publikum schon, wenn es nur einen Blick auf ihren Tanga erhaschen konnte. »Georgia Sothern zieht sich auf einem Sofa aus und an. Sie bewegt und posiert ihre Beine auf eine Weise, daß ihr Tanga manchmal fast vollständig zu sehen ist«, schwärmten die Zuschauer.

In den fünfziger Jahren hatten Stripteasetheater ihr festes Stammpublikum. Die Eintrittskarten für den dritten Rang kosteten nur 50 Cents, und passionierte Zuschauer nahmen an der Karriere der jungen Frauen Anteil wie Pferdenarren an der Laufbahn ihrer Favoriten. Tänzerinnen, die noch lernten, wurden »Ponys« genannt und von ihrem ersten Bühnenauftritt an benotet und beurteilt. Stammgäste legten persönliche Ordner über ihre Lieblingsstripperin an, die sämtliche Angaben zu ihren Körpermaßen enthielten. Sie verfolgten jeden Namenswechsel und jeden Abschnitt ihrer Karriere, ihren Aufstieg von der Tänzerin zur Stripperin und schließlich zur Solostripperin. Ein Bewunderer hielt gewissenhaft jedes Detail über die Laufbahn von Winnie Garretts fest, die in den dreißiger Jahren als Revuetänzerin in einem Theater der Minskys angefangen hatte und 1950 eine berühmte Stripteasetänzerin war. Ihr treuer Fan bewahrte liebevoll jede Zeitungsmeldung über sie auf. Im März 1950 beispielsweise schnitt er eine winzige Notiz über ihren Bühnenauftritt aus, in der sie als »leidenschaftliche Rothaarige, eine von New Yorks langjährigen Lieblingen« bezeichnet wurde.

Ein Verehrer der Tänzerin Maria Edgington schrieb:

»Zum erstenmal fiel mir Maria Edgington 1949 in der Tanzgruppe des Hudson Theatre in New Jersey auf. Dann sah ich im März 1950 ihr Foto in der Zeitschrift Beauty Parade und 1951 in Wink. 1951 sah ich Marie Owen in einem Chicagoer Nachtklub bei der Arbeit. Ich bin sicher, daß es dieselbe Maria Edgington war. Sie hat weiß Gott gelernt, wie man sich auszieht.«

Eine Fülle von Informationen wurde so von Enthusiasten zusammengetragen: Reklame für Versandhauskataloge, die Bühnendessous anboten, Tratsch über Burlesque-Königinnen und selbst praktische Tips und Empfehlungen der Tänzerinnen.

Der private Sammler Chris Audibert hinterließ vier seiner Alben der Billy Rose Theatre Collection in New York. Seine Bemerkungen zu den Aufführungen, die er besucht hatte, trug er handschriftlich in ein Album ein und versah sie mit Zeitungsausschnitten, seiner Eintrittskarte und jeder Art von Foto, das er über die Darstellerinnen der Show bekommen konnte. Über die Matinee-Vorstellung am 14. Januar 1951 im Hudson Theatre in Union City (New Jersey) heißt es da: »Boffie Bruce, kohlrabenschwarzes Haar, weiße Revuetänzerin aus Hudson, ist vermutlich Zigeunerin, sieht aber eher aus wie eine Italienerin. Gute Stripperin, die es noch weit bringen wird, sollte man im Auge behalten.«

Die Matinee-Vorstellung am 2. September 1951 war offenbar mehr nach seinem Geschmack. Beeindruckt notierte er: »Helen Drake. Blondine, Brüste mit Troddeln, wackelt mit dem Hintern. Crystal Ames. Blondine, rollt ihr Höschen hoch, um ihren Hintern zu zeigen. Donna Costello. Rothaarig. Großer Busen.«

In den fünfziger Jahren hatte der Striptease kaum noch etwas mit Tanzkunst zu tun. Das Publikum erwartete von einer Stripperin keine tänzerischen Leistungen mehr, sondern vor allem, daß sie sich möglichst aufreizend entkleidete. Das galt auch für die Burlesque. Ein Zuschauer äußerte sich enttäuscht über eine Burlesque-Show im Rialto in New York: »Überlange Szenen, keine Strips, nur ganz normaler Tanz«. Das Schwergewicht des Striptease lag jetzt auf der Ausdrucksfähigkeit der Darstellerin, auf ihrer Persönlichkeit und Professionalität, einem extravaganten Kostüm und effektvoller Beleuchtung. Gute Stripperinnen verdienten zwischen 300 und 1500 Dollar, Topstripperinnen bis zu 4000 Dollar pro

Woche. 1950 verlangte Sally Rand eine wöchentliche Gage von 4000 Dollar für ein Engagement in Anchorage in Alaska.

Das Bild der Stripperin in der Presse war geprägt von Prozessen, Geldgeschichten und Sensationsmeldungen, die die Stripperinnen selbst in Umlauf gebracht hatten. Als Rosita Royce, deren Spezialität es war, ihren Körper mit lebenden Tauben zu bedecken, in einen Autounfall mit dem Kapitän einer Jacht verwickelt war, verklagte sie ihn auf 50000 Dollar Schadensersatz, weil er sie angestarrt hatte, statt auf den Verkehr zu achten. Eine gewisse Miss Evelyn West sorgte für Aufsehen, als sie ihren Busen über 50000 Dollar versichern ließ. Lili St. Cyr, Starstripperin der fünfziger Jahre, machte Schlagzeilen, als sie ihren Körper über dieselbe Summe versichern ließ. Die Zeitschrift *Wink* berichtete:

»...die einzigartige Lili St. Cyr, größte Erotiktänzerin aller Zeiten, das Mädchen mit dem 50000-Dollar-Körper. Ja, doch, soviel haben ein paar Versicherungsfritzen kürzlich geschätzt, und Zahlen lügen bekanntlich nicht. Lili ist 1,72 groß; ihre berühmten Maße sind: 85-60-87.«[56]

Lili St. Cyr war die erste Stripteasedarstellerin, die für Schönheitsprodukte warb. 1951 verkaufte man in dem Theater, »in dem sie sich allabendlich auszog«, ein Eau de Cologne, das ihren »berühmten Namen« trug. *Gino's*, ein »stinkvornehmer Tummelplatz für Kinostars und Millionäre«, zahlte Lili St. Cyr Höchstgagen. Sie erhielt 3800 Dollar die Woche nur dafür, daß sie sich auszog. In ihrer Nummer war ihr ein Dienstmädchen dabei behilflich, ein Kleid von Dior abzustreifen, bevor sie in ein Schaumbad stieg. Topstripperinnen waren zu Berühmtheiten geworden. Die miteinander konkurrierenden Genres der Burlesque, des Varietés und des Musicals begannen einander zu kopieren. Gypsy Rose Lee und ihre Truppe traten im Sommer 1951 im führenden Varietétheater Englands, dem *Palladium* in London, auf. Im Dezember 1950 hatte Professor Todds »Peep Show« in New Yorks erstem Revuetheater, dem *Winter Garden*, Premiere. Der *New York Mirror* berichtete: »In der sensationellen Eröffnungsszene erscheint das Modell im Evakostüm ... Das einzige, was sie am Leib hat, ist ein kokettes Lächeln.« Das Finale der »Peep Show« war eine Szene in einem Schaumbad mit einem Aufgebot nackter Revuetänzerinnen.

Das Fernsehen, das in den fünfziger Jahren endgültig in den Alltag eingedrungen war, stahl der Burlesque den Sex und die Komik und verwischte die Grenzen zwischen den Kunstformen noch mehr. Komiker konnten für Fernsehauftritte weit höhere Gagen

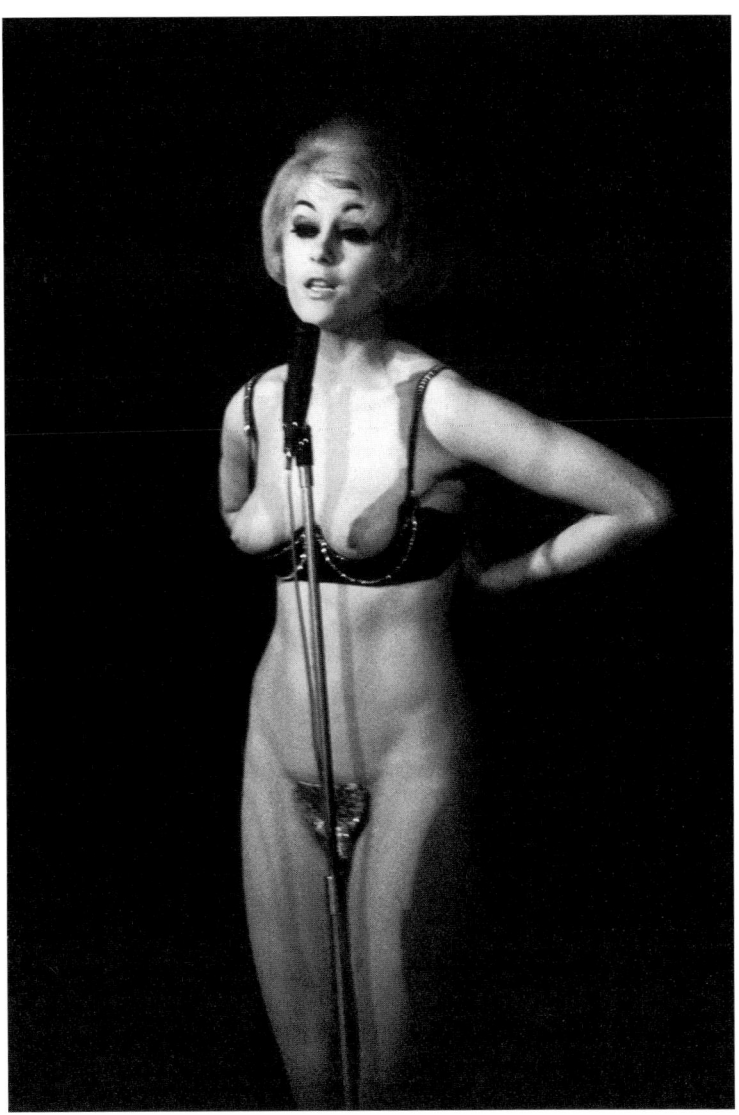

Striptease im Nachtklub
Pigalle, Paris 1962

verlangen, Phil Silver beispielsweise machte sein Vermögen mit der von ihm kreierten Fernsehfigur Sergeant Bilko. »Beauty parades«, die in den zwanziger Jahren zum Standardrepertoire der Minsky-Bühnen gehört hatten, wurden ebenfalls vom Fernsehen übernommen. In der Sendung »Search for Girls« wurden jede Woche vier junge Frauen vorgestellt, über die ein Studiopublikum abstimmte und so seine Favoritin wählte. Das Mädchen, das über einen Zeitraum von 13 Wochen am häufigsten als Siegerin daraus hervorging, bekam eine Nerzstola, ein Abendkleid und einen Filmvertrag.

131

Orientalische Kostüme feierten in den fünfziger Jahren eine Renaissance:
die »Schönheitstänzerin« Laja Raki in der Garderobe der *Splendid-Bar* in Berlin

Stripperinnen machten in den Klatschspalten der Zeitungen Schlagzeilen, schafften aber selten den Sprung auf die Kinoleinwand oder als Modell in die Hochglanzmagazine. Lediglich die Revuegirls wechselten zwischen Fototerminen und Film- und Theaterrollen. Audrey Hepburn beispielsweise war Revuetänzerin in einem Musical, bevor sie zum Leinwandidol wurde. Stripperinnen ist es selten gelungen, die Kinoleinwand zu erobern, und sogar Gypsy Rose Lee, die ehrgeizigste Stripperin der Burlesque, mußte feststellen, daß ihre freche Erotik im Kino nicht ankam. Die sexuelle Ausdruckskraft der Stripteasedarstellerin konnte sich im Kino nicht entfalten. So wie das starre Tableau der Revuen die Sinnlichkeit des Revuegirls unterdrückte, wurde die sexuelle Ausstrahlung des Filmidols durch die Kinoleinwand reduziert. Als Lili St. Cyr einmal gefragt wurde, welcher Leinwandstar die beste Burlesque-Königin abgäbe, antwortete sie:

»Bette Davis ... sie bewegt ihren Körper rhythmisch und kraftvoll ... Sie drückt etwas aus. Sie wäre eine wunderbare Stripteasetänzerin ... Ava Gardner wirkt zu vornehm – sie ist

»Schönheitstanz« im deutschen Film:
die Schauspielerin Nadja Tiller

nicht grell genug … Virginia Mayo und Elizabeth Taylor sind viel zu damenhaft, und Judy Holliday wäre furchtbar … Die Zuschauer wollen nicht unbedingt unter die Nase gerieben bekommen, daß die Mädchen strohdumm sind.«

Die Burlesque verlor ihre besten Gags an das Musical, das Revuegirl eines angesehenen Theaters ihren Status an das Leinwandidol. Das Kino schuf eine Phantasiewelt, in der sich das Kinopublikum mit den Heldinnen der Leinwand identifizieren konnte. Schauspielerinnen wurden zu Sexidolen; Catherine Deneuve, Marilyn Monroe, Brigitte Bardot und Audrey Hepburn standen im Rampenlicht – nicht mehr die Ziegfeld Follies.

Doch gerade weil die Filmdiva letztlich unerreichbar blieb, war die körperliche Präsenz der Burlesque-Darstellerin gefragt. Um den veränderten Erwartungen ihres Publikums gerecht zu werden, verzichteten die Theaterregisseure immer mehr auf komische Einlagen und sexuelle Anspielungen und rückten schöne Frauen und Schönheitswettbewerbe in den Mittelpunkt ihrer Shows. Schönheitstitel waren heiß umkämpft. Die Tänzerin Geene

Courtney, stolze Inhaberin der Titel »Miss Frankfurter«, »Miss Girl We'd Most Like to Consort With« (das Mädchen, mit dem wir am liebsten verkehren würden), »Miss Gloves« (Fräulein Handschuh) und »Miss Cheesecake« (Sexbombe) erklärte in den *New York News*: »Alle anderen Miss Cheesecake sind nichts als dreiste Hochstaplerinnen.«[57] Als Mary Collins drohte, ihr in einer Fernsehshow den Titel der Miss Gloves streitig zu machen, erwiderte Geene Courtney: »Ich wollte sie nicht verletzen. Aber ich bin nun mal Glove-Königin, und daran wird sich auch nichts ändern.«[58]

1950 begann der Siegeszug des Bikinis, und Geene Courtney war eine der ersten, die sie vorführten. Sie besaß mehr als zwei Dutzend Bikinis, die zum größten Teil Geschenke von Modeschöpfern waren. Aber nur wenige Stripperinnen schafften den Sprung in die angesehene Modebranche. Ihre Persönlichkeit ließ sich nicht in ein Modellkleid zwängen, und die passive Rolle des Mannequins lag ihnen nicht.

Die Burlesque befand sich in einer prekären Lage. Wie sollte sie sich auf einem Markt behaupten, der von Sex und erotischen Phantasien – privaten wie öffentlichen – überschwemmt wurde? Am Strand und auf dem Laufsteg waren spärlich bekleidete Frauen keine Seltenheit mehr. Da Revuegirls und Mannequins sich zunehmend nackt zeigten, reichte körperliche Enthüllung allein nicht aus, um die Theater zu füllen. In den zwanziger und dreißiger Jahren hatte die Burlesque großen Erfolg mit der Parodie, einer derberen Form von Revue. Den Sexsymbolen des Kinos setzte die Burlesque jetzt puren Sex entgegen.

Hundert Jahre zuvor war Lydia Thompson im Groschenmuseum des Woods Museum in New York aufgetreten, in dessen vorderen Gebäudetrakt sich ein Monstrositätenkabinett befand. Mitte der fünfziger Jahre hatte sich der Striptease zu einer Parodie auf den weiblichen Körper entwickelt, zu einer Zurschaustellung des Außergewöhnlichen und Überdimensionierten – die Stripshow als Monstrositätenkabinett.

In einem Gewerbe, im dem es hauptsächlich darum ging, lüsternen Männerblicken etwas zu bieten, priesen Zeitschriften wie *See* (Sehen), *Wink* (Zwinkern), *Eye* (Auge) und *Eyeful* (toller Anblick) die Körpermaße einer Frau, als handelte es sich um ein Rennpferd oder ein neues Automodell. Lotus du Bois, die selbsternannte »Venus der Laufstege«, machte in *Eyeful* mit ihrer Größe und Schuhgröße Schlagzeilen: 1,83 Meter, 39 ½. Das »beste Fahrgestell« wurde einer »Schattenstripperin« zugesprochen, die hinter Gazevorhängen, die von hinten angestrahlt wurden, auftrat und dadurch noch voluminöser wirkte. Ihre Konkurrentin, Lotus du Fee, war 1,90 Meter groß. »Die Riesin und der Zwerg«, lautete die Schlagzeile, als eine Stripperin ihren kleinwüchsigen Partner heiratete. Als Gypsy

Rose Lee 1951 nach London reiste, wurde sie von der Starstripperin »June Fraser mit der phantastischen Figur« begleitet. Überdimensionale Busen und Hintern machten Schlagzeilen. Eine Stripperin namens Carol Doda gelangte aufgrund ihres Brustumfangs von 110 Zentimetern zu nationaler Berühmtheit. In den fünfziger Jahren wurde ein regelrechter Busenkult betrieben, und die riesigen Brüste der Stripperinnen waren berühmt. Vickie Wells beispielsweise war bekannt als »bust girl« (Busengirl).

Die fünfziger Jahre waren auch eine Verherrlichung des »American Way of Life«, und die Revuetänzerinnen mit ihren Idealfiguren waren ein Teil des amerikanischen Traums. Der wirtschaftliche Aufschwung in den USA nach dem Zweiten Weltkrieg führte zu einem Konsumboom, und die Amerikaner überschwemmten die europäischen Märkte mit ihren Produkten. Der »American Way of Life« wurde nach Europa exportiert.

1946 war die amerikanische Burlesque in Frankreich noch weitgehend unbekannt. Im selben Jahr blätterte Alain Bernardin, der Besitzer eines Restaurants an der Pariser Place du Marché, in einer Zeitschrift, die ein Gast zurückgelassen hatte, und entdeckte darin einen Artikel über die Kunst des Striptease. Zu seiner Faszination für alles Amerikanische und vor allem für den Mythos des Wilden Westens kam nun ein Interesse an den Persönlichkeiten der Burlesque-Darstellerinnen. Bernardin las vier Jahre lang alles, was er zu diesem Thema finden konnte, und entschloß sich 1950, eine Bühnenshow zu inszenieren, die auf Legenden und legendären Gestalten des amerikanischen Westens beruhte, eine typisch amerikanische Burlesque-Komödie mit schönen Frauen. 1951 verkaufte er sein Restaurant und eröffnete ein anderes im Keller einer der besten Adressen von Paris, in der Avenue Georges V. Er nannte es *The Crazy Horse Saloon.* »Crazy Horse« erhielt den Vorzug gegenüber anderen populären Namen wie »Sitting Bull« und »Red Cloud«, weil Paris vom Jazz-Fieber gepackt und das Wort »crazy« damals in war. Der »Saloon« war eine Karikatur der Mythen des Wilden Westens, der Cowboys und Cowgirls, rauhbeiniger Männer und vollbusiger Frauen.

Am Eröffnungsabend spielte eine Countryband, und in der Pause brachte die Band den Zuschauern den Square dance bei. Bernardins erste Show, die »Gay Nineties«, war eine Kombination aus einer Parodie auf Cowboylieder und beliebten Liedern aus der Belle Époque. Die Portiers trugen die Uniformen der kanadischen berittenen Polizei, die Sänger sangen »Deep in the Heart of Texas« und »Clementine«. In der Show traten zwei Sängerinnen, vier Sänger und zwei Künstler mit einer Slapsticknummer auf. Doch die *Crazy Horse*-Parodie auf amerikanische Kultur und Lebensart zog nicht genügend Publikum an. 1952 engagierte Bernardin eine polnisch-haitische Schönheit von den *Folies Bergère*, eine gewisse Miss Fortunia, die in einer Szene mit dem Titel »Der Floh« auftrat: Auf der Suche nach einem Floh, der sich offenbar in ihren Kleidern versteckt hatte, legte die Tänzerin ein Kleidungsstück nach dem anderen ab. Zwei Sänger präsentierten Parodien auf Westernsongs, aber dem »Saloon« gelang es immer noch nicht, die Aufmerksamkeit der Öffentlichkeit auf sich zu ziehen.

1953 sah Bernardin einen Film über amerikanische Burlesque-Aufführungen aus den vierziger Jahren mit dem Titel »Dances of Desire«. Er begriff sofort, was seinem Restaurant-Theater fehlte: Er hatte nur ein einziges Mädchen engagiert, aber für eine erfolgreiche Show brauchte man offensichtlich mehrere. Zu einer richtigen Burlesque gehörten ein Aufgebot an schönen Tänzerinnen und Schönheitswettbewerbe, bei denen sich das Publikum seine Lieblingsdarstellerin aussuchen konnte. Den Zuschauern mußte Gelegenheit gegeben werden, aktiv an der Show teilzunehmen.

Alain Bernardin durchstöberte die Pariser Nachtklubs nach jungen Frauen, die ihm für diese Art der Burlesque geeignet schienen. Im *Casino de Paris* entdeckte er Lily La Pudeur, in den *Folies Bergère* Rita Cadillac, zwei weitere wurden durch Zeitungsannoncen angeworben. 1953 eröffnete Bernardin das *Crazy Horse* ein zweites Mal. Die Presse war zunächst neugierig und dann begeistert. Der Striptease hat in Paris Einzug gehalten.

Die Jahre der deutschen Besatzung hatten dem Pariser Leben seinen Schwung und seine Lebendigkeit genommen. Viele der Künstler, die in den zwanziger und dreißiger Jahren am linken Seine-Ufer für Aufregung gesorgt und einen hedonistischen Lebensstil gepflegt hatten, waren nach Amerika geflohen: Lipchitz, Kisline, Zadkine und Chagall, alle waren in New York. Matisse hielt sich in Südfrankreich auf, und Picasso, obwohl in Paris, stellte seine Werke nicht aus. Mondrian, Braque und Léger repräsentierten eine neue Nüchternheit. Mit den Worten eines Chronisten, der das Ende der aufregenden Jahre in Montparnasse bedauerte und sich nur schwer mit der Eintönigkeit des Lebens in St. Germain de Pres abfinden konnte:

»Wenn Montparnasse Erfolg, Optimismus, Betrunkenheit, Blankoschecks und Schnelligkeit repräsentierte … verkörperte St. Germain de Pres ein Leben der Zurückhaltung und Einschränkung, der Schuhe mit Holzsohlen, eine Kultur der Kamingitter, eine Diät aus Fruchtsaft [und] Abgründe der Angst.«[59]

Die Cafés von St. Germain waren von Intellektuellen bevölkert, die mit großer Ernsthaftigkeit philosophische Fragen erörterten. Jean Paul Sartres Werke *Der Ekel* und *Das Sein und das Nichts* thematisierten die existentialistische Philosophie, die in jenen Jahren in Paris herrschte. Sein Theaterstück *Bei geschlossenen Türen* handelt von drei Sündern, die in einem Leben nach dem Tod aufeinandertreffen, das sie bis in alle Ewigkeit aneinanderkettet und zwingt, die Frustrationen ihres irdischen Lebens erneut zu durchleben.

Bernardin wollte einen Nachtklub, der der deprimierenden intellektuellen Atmosphäre etwas entgegensetzte. Er wollte den Parisern wieder zu Humor und Unbeschwertheit verhelfen und fand seine Antwort in der beschwingten Nachkriegskultur Amerikas. In den fünfziger Jahren hatte der Striptease in Frankreich einen halblegalen Status. Eine Stripperin durfte sich bewegen, während sie sich auszog, sich aber nicht mehr rühren, sobald sie vollkommen nackt war. Solange dies gewährleistet war, wurde den Anforderungen der Pariser Zensur Genüge getan.

Der Striptease war eine unkonventionelle Kunst, und die Tänzerinnen, die in den fünfziger Jahren im *Crazy Horse* arbeiteten, waren unangepaßte Frauen und starke Persönlichkeiten. Linda Romeo war Pilotin, bevor sie im *Crazy Horse* auftrat. Silva di Bologna nahm an einem der »Happenings«[60] von Salvador Dali in New York teil und blieb dort, um sich als Malerin zu versuchen. Als Miss Pamela, eine englische Lehrerin, zu einer Sprechprobe nach Paris kam, trug sie eine starke Brille und hatte das Haar zu einem biederen Knoten zusammengesteckt, und Alain Bernardin hielt sie für einen hoffnungslosen Fall – bis sie mit wilder Leidenschaft und Energie einen Striptease vorführte und die Troddeln an ihren Brüsten und ihrem Hintern beim Tanzen in entgegengesetzte Richtungen wirbelte. Miss Pamela Pompons war die erste Tänzerin, die dem europäischen Publikum »Rumpfschütteln« und »Troddelnwirbeln« darbot, was ihre Nummer zu einem sensationellen Erfolg werden ließ. Miss Candida war erst 17, als sie 1954 in einem Schaumbad zu »Morning Blues« von Count Basie strippte. 1955 bot das *Crazy Horse* die erste Parodie auf einen Schönheitswettbewerb in einem Nachtklub, und Miss Candida wurde zur Königin des *Crazy Horse* gekürt. Preisrichter war Edmund Heuze, ein ehemaliger Tänzer des *Moulin Rouge*, der sich rühmte, mit La Goulue in der Quadrille aufgetreten zu sein.

Das *Crazy Horse* repräsentierte die Avantgarde des erotischen Tanzes und des Striptease in Frankreich. Nach dem Zweiten Weltkrieg lebte überall in Paris der erotische Tanz wieder auf, aber das Schwergewicht lag jetzt auf Glamour und Revuegirls. Das *Lido* eröffnete 1946 und setzte die Tradition der aufwendigen Revue fort, zu der ein Aufgebot an Tänzerinnen gehörte, die sich wegen ihres schweren Kopfschmucks kaum bewegen konnten. Boris Vian war der Besitzer eines Klubs, in dem sogenannte »Tabu-Tänze« vorgeführt

Striptease im Film: *La Danseuse Nue*, 1952

wurden, der aber nie den Kultstatus des *Crazy Horse* erreichte. Das *Concert Mayol* war eine der renommiertesten Adressen für den erotischen Tanz. Der Komiker Rene Léfèbre übernahm in den vierziger Jahren die Leitung dieses Klubs und setzte vor allem auf Glamourgirls. Im Rahmen der Show traten 32 nackte Modelle auf, die die Bühne durch den Zuschauerraum betraten. Die Shows wurden von Lucien Rimel produziert, der darüber klagte, wie schwierig es sei, gute Tänzerinnen zu halten, da die meisten von der Konkurrenz abgeworben würden. In den fünfziger und sechziger Jahren waren dies »Filmstudios, Nachtklubs und der Heiratsmarkt«.[61]

1954 wurden zahlreiche Stars des *Crazy Horse* – Lili Niagara, Lady Phu-Qui-Chau und Bella Cuculli – in einem Film von Alessandro Blassetti mit dem Titel *Le Notte d'Europa* verewigt. Die neu entdeckte Erotik des Kinos sollte den europäischen erotischen Tanz ebenso beeinflussen wie zuvor den amerikanischen. Brigitte Bardot, Sexsymbol des europäischen Films mit den Maßen 88-59-88, machte Karriere unter der Regie ihres Mannes Roger Vadim, nachdem sie 1956 zum erstenmal in *Adams kesse Rippe* vor der Kamera gestanden hatte. Filme wie *Ein Weib wie der Satan* (1959) bestätigten ihren Ruf als

Europas Sexidol. Auf Bardots Strip auf der Leinwand folgte Nadia Grays Strip in einem erotischen Partytanz in Fellinis *Das süße Leben* (1959), später Jane Fondas futuristischer Phantasiestriptease in Roger Vadims *Barbarella* (1968).

Mitte der sechziger Jahre benötigte das *Crazy Horse* dringend einen kreativen Schub. Bernardin schreckte jedoch davor zurück, die Darbietungen zwangloser zu gestalten, und entschied sich statt dessen für eine stärkere künstlerische Kontrolle und eine straffere Führung seiner Truppe. 1960 experimentierte er mit Lichteffekten. 1965 wurde Nadia Safari, die in einem weitmaschigen Netz-Sarong unter einer Hängematte lag, in schwarzes und goldenes Licht getaucht, wodurch eine Dschungelatmosphäre erzeugt werden sollte. Victoria Nankin wurde als »Ye-Ye Witwe« angekündigt, und um ihre Trauer zu unterstreichen, bedeckte Bernardin ihren nackten Körper mit einem »Schleier« aus schwarzen Lichtpunkten. Hinter all diesen Effekten stand die Absicht, zwischen Publikum und Darstellerin eine Distanz zu schaffen und die Darbietung der Kontrolle der Künstlerinnen zu entziehen und ganz in die Hände der Theaterdirektoren zu geben. Die Künstlerinnen wurden zu reinen Marionetten in einer Show, die vom Besitzer des Klubs erdacht und geleitet wurde. Alain Bernardin inszenierte, legte die Rollenverteilung fest, bestimmte die Kostüme, die Beleuchtung, den Tanz und sogar die Namen der Darstellerinnen. Sobald eine Tänzerin ein Engagement erhalten hatte, gab Bernardin ihr einen neuen Namen und schrieb ihr das Gewicht vor. Als er 1951 eröffnete, mußten alle Tänzerinnen ausnahmslos 58 Kilo wiegen; dieses Einheitsgewicht wurde in den siebziger Jahren auf 50 Kilo reduziert und in den späten achtziger, frühen neunziger Jahren wieder auf 56 Kilo erhöht.

1965 kehrte Alain Bernardin von einer Reise in die USA zurück, wo ihn der ungestüme, wilde Tanz der Stripteasekünstlerinnen in Las Vegas tief beeindruckt hatte. Er engagierte einen amerikanischen Choreographen namens Victor Upshaw, der nicht nur die Soloauftritte im *Crazy Horse* choreographieren, sondern auch neue Gruppennummern einführen sollte. Diese standen jetzt zwischen den Stripteasedarbietungen auf dem Programm und wurden in einer Art Disko-Funk-Stil präsentiert. Die Truppe wurde von zehn auf 14 Tänzerinnen vergrößert, und alle, einschließlich Bernardin, erhielten vom neuen Hauschoreographen Unterricht.

Das *Crazy Horse* war eine Parodie auf den amerikanischen Kitsch. Es verdankte seinen Kultstatus der Tatsache, daß es die ironische Haltung der Pariser gegenüber der amerikanischen Massenkultur widerspiegelte, die das Land überschwemmte. Auch das amerikanische Girl – eine lächelnde blonde Schönheit mit roten Lippen – war ein Massenartikel, den Bernardin vermarktete. 1965 wurde American Football zum Motto erkoren, und die Tänzerinnen trugen amerikanische Footballhelme, Schulterpolster und Footballstiefel und kaum etwas sonst. Sie strippten vor der amerikanischen Flagge zur Musik von »Mr. Touchdown USA«. Eine andere Nummer hieß »Wachablösung am Buckingham Palast«. Die Mädchen hatten Bärenfellmützen und schwarze Stiefel an und parodierten den Snobismus der englischen Wachen.

Die Aufmachung triumphierte über die Tänzerin. Identische Kostüme, Perücken und Make-up waren wichtiger als die Schönheit und erotische Ausstrahlung der Darstellerinnen. Man hatte die Parodie bis zum Extrem getrieben. Das *Crazy Horse* präsentierte jetzt exakt ausgearbeitetes, perfekt inszeniertes Varieté mit aufwendigen Lichteffekten, verrückten Lederkostümen, identischen Strohperücken und einem Formationstanz, der die Modelle fast wie Roboter erscheinen ließ. Brüste und Pos wurden malvenfarbig angestrahlt oder mit roten und gelben Punkten getüpfelt – und somit entsexualisiert. »Ich wäre gern Maler geworden, aber ich wußte nicht, wie man einen Pinsel hält. Also entschloß ich mich, statt dessen Hintern mit Scheinwerfern zu bemalen«[62], sagte Bernardin.

»L'art du nu« verwandelte den weiblichen Körper in einen Kunstgegenstand. Aber Bernardin schwamm damit gegen den Strom. Ende der fünfziger, Anfang der sechziger Jahre änderte sich die Darstellung des menschlichen Körpers in der Mode, im Theater, im Tanz und in der bildenden Kunst; Nacktheit wurde zunehmend akzeptiert. Eine neue Generation von Künstlern setzte sich dafür ein, die Kunst in den Alltag zu integrieren und sie aus den Galerien und Theatern auf die Straße zu bringen. Manche Künstler verstanden sich selbst als lebende Kunstwerke. Andere legten ihre Kleider ab und feierten den nackten Körper. Jungen Künstlern der sechziger Jahre auf der Suche nach Wahrhaftigkeit schien die Verletzbarkeit des nackten Körpers ein Symbol ihrer eigenen Existenz.

Yves Klein wollte nicht seine Aktmodelle, sondern mit ihnen gemeinsam malen. Er räumte seine Bilder aus seinen Studios und bat seine Modelle, sich in »seiner« Farbe, einem intensiven Ultramarin – das er sich sogar patentieren ließ –, zu wälzen und anschließend ihre Körper gegen aufgespannte Leinwände zu drücken. »Sie wurden zu lebendigen Pinseln ... unter meiner Anleitung trug die Haut die Farbe auf die Leinwand auf, und zwar mit perfekter Genauigkeit.«[63] Es war »die ideale Zusammenarbeit mit dem Modell«, verbunden mit einer »unmittelbaren Erfahrung«, die Klein inspirierte. Er nannte sein Werk »Anthropométrie« und stellte es 1958 bei Robert Godet in Paris vor. Zwei Jahre später, im März 1960, veranstaltete er in der Galerie Internationale d'Art Contemporain in Paris ein öffentliches Happening.

Yves Klein arbeitete mit seinen Aktmodellen zusammen, um Kunst zu schaffen. In die-

Show im *Crazy Horse Saloon* in Paris in den siebziger Jahren

sem Klima kam dem Striptease eine bedeutende Rolle zu: Er präsentierte den nackten, durch nichts entstellten Körper; er lebte von der Persönlichkeit einer Künstlerin und reduzierte sie nicht auf eine festgelegte Rolle; er basierte auf Interaktion und Einbeziehung des Publikums und war kein reines Schauspiel. Bernardin lehnte diese Position ab; er wollte, daß man sein Werk als »L'art du nu« anerkannte. Er sah sich in der Rolle des Künstlers, der seine »Modelle« mit Hilfe von Beleuchtung und Kostümen verwandelte.

Der italienische Performance-Künstler Piero Manzoni veranstaltete 1961 eine Ausstellung »lebender Skulpturen«. Er schrieb seinen Namen auf einen nackten Körper und präsentierte ihn als authentisches Kunstwerk; die Tatsache, daß der Körper betrachtet wurde, machte ihn zum Kunstwerk. Diese Kunst feierte die Schönheit des Alltäglichen und machte die Unmittelbarkeit einer erlebten Erfahrung zu ihrem Inhalt. Manzoni lehnte es ab, den Körper durch Trikots, Kostüme oder Bühnenrollen zu verwandeln, und pries die natürliche weibliche Schönheit.

Die choreographierten Nummern, die in den späten sechziger Jahren im *Crazy Horse* aufgeführt wurden, gingen Hand in Hand mit einer Renaissance der Kunst der Lebenden Bilder oder *tableaux vivants* in Frankreich. Bernardin orientierte sich an der Kunst des 19. Jahrhunderts und inszenierte 1967, zum Gedenken an den 100. Todestag Rodins, den »Kuß«. Es war das erste und letzte Mal, daß ein männliches Aktmodell auf der Bühne des *Crazy Horse* stand. Dem Striptease haftete nichts Verführerisches oder Aufreizendes mehr an – er beschränkte sich auf das Betrachten schöner Frauen, und dieses Betrachten sollte zur Kunst erhoben werden. Zwischen der Darbietung einer Varietétänzerin und einem Akt im Museum bestand kaum noch ein Unterschied, und genau dies kritisierte die neue Generation von Künstlern. Bernardin setzte Theatereffekte ein, um den nackten Körper zu verwandeln. Die Avantgarde hingegen griff auf die Ehrlichkeit und Ungezwungenheit des Striptease zurück. Bernardin wollte eine Kunst des »einfachen erotischen Kitzels« kreieren, ohne zu begreifen, daß es die Tänzerinnen und ihre Persönlichkeit waren, die den Erfolg der Burlesque ausmachten. Der klassische Striptease kannte keine formale Technik; er bediente sich der anzüglichen Geste und der Anspielung. Bernardins exakt ausgearbeitete Nummern machten aus der Kunst der Komödie eine anspruchsvolle, aber distanzierte Kunst der Ironie und Satire.

Von der amerikanischen Burlesque übernahm Bernardin die Idee, daß sich jede Tänzerin durch ein persönliches Merkmal auszeichnen sollte, aber er ersetzte den eigentlichen »Gimmick« – die Komik der Selbstparodie – durch ein bestimmtes Motto. Er wählte eine Reihe von sexuellen Stereotypen, die karikiert wurden – da gab es die Exotin, den Vamp, das Sexkätzchen und den Pariser Typ, die Sportliche und die »Perverse«. Hatten beim traditionellen Striptease starke Persönlichkeiten die Phantasien des Publikums ausagiert, kreierte im *Crazy Horse* der Direktor die seinen. Nichts sollte die Traumwelt stören, in die der Zuschauer gezogen wurde, und individuelle Darstellerinnen wurden durch identisch kostümierte Models ersetzt.

Alain Bernardins Vision von einer abstrakten weiblichen Skulptur erhob den Anspruch, Kunst zu sein. Hatte seine Truppe in den fünfziger Jahren aus starken, unkonventionellen Frauen, unabhängigen Künstlerinnen bestanden, die nur zu ihrem jeweiligen Auftritt erschienen, wurden in den siebziger Jahren die Mitglieder des Ensembles streng kontrolliert. Am großen Finale hatte die gesamte Truppe teilzunehmen. Die Tänzerinnen mußten rechtzeitig zu den Proben erscheinen und bis zum Ende der Show bleiben. Mit jedem Ensemblemitglied wurde ein Exklusivvertrag geschlossen.

Die künstlerischen Direktoren der französischen Erotiktheater hatten sich nie mit der

Ungezwungenheit der amerikanischen Burlesque anfreunden können. Der amerikanische Striptease unterhöhlte die bürgerlich-etablierte Kunst, denn er war eine Unterhaltungsform für die Massen zu erschwinglichen Eintrittspreisen. Alain Bernardin jedoch gestaltete seinen Saloon nach dem Vorbild eines erstklassigen französischen Nachtklubs. Als er 1994 Selbstmord beging, kostete ein Platz in den beiden vorderen Sitzreihen 1400 Francs, eine Flasche Champagner inbegriffen. Zur selben Zeit konnte man in den Live-Sexshows an der Place Blanche für zehn Francs die weibliche Anatomie aus nächster Nähe betrachten.

Das *Crazy Horse* war nicht der einzige erotische Nachtklub in Paris, aber es war der einzige Klub, der ganz ungeniert die männliche Freude am Betrachten nackter Frauen zelebrierte. Im *Crazy Horse* war jeder Kontakt zwischen den Darstellerinnen und dem Publikum verboten. Einerseits schützte das die Tänzerinnen vor aufdringlichen Gästen; andererseits schuf es eine Distanz zwischen ihnen und dem Publikum: Männer verschlangen die Tänzerin mit Blicken und besaßen sie nur in ihrer Phantasie. Diese Distanz zwischen der Darstellerin und ihrem Publikum führte dazu, daß ihr Tanz als »Kunst« betrachtet wurde und das Prestige des Klubs wuchs. Polly Underground, die Mitte der Neunziger die Revue des *Crazy Horse* choreographierte, erklärte stolz: »Das *Crazy Horse* ist der vornehmste Stripklub, den ich kenne.«[64]

Heute erwarten viele Touristen, die nach Paris kommen, eine Stadt, die ihrem Ruf als europäische Hauptstadt des Sex' und der Sinnlichkeit gerecht wird. Um die Place Blanche, wo sich im späten 19. Jahrhundert die Impressionisten in den Tanzlokalen amüsierten, werden heute Live-Sexshows geboten. In Pigalle bieten Shows Sex für jeden Geschmack – heterosexuell, homosexuell oder bisexuell – und jede sexuelle Präferenz von Analverkehr bis zu Sadomaso-Praktiken. Diese Shows laufen den ganzen Tag über. Im *Alcazar* wärmen sich die Tänzerinnen neben der Bar auf und mischen sich vor und nach der Show unters Publikum, etwas, was im *Crazy Horse* schon immer verboten war. In dieser Hinsicht war das *Crazy Horse* Mitte der Neunziger einfach unmodern geworden. Heute genießt es zwar immer noch einen internationalen Ruf, aber im Grunde gehört es ebenso wie das *Moulin Rouge* der Geschichte an.

Die moralische Entrüstung, die Nacktheit in der Kunst und der Handel mit Sex zunächst hervorriefen, machten es dem Striptease unmöglich, sich als erotische Kunst zu etablieren. Vor allem in den USA verschärften sich im Verlauf der fünfziger Jahre die Gegensätze zwischen Stripperinnen, die Berühmtheit erlangten, und jenen, die in Go-Go-Klubs und als Aktmodelle arbeiteten. Der Unterschied zwischen einer Frau, die man nur ansah, und einer, die diesen Blick erwiderte, wurde immer größer. Die Frauen, die man auf dem Bildschirm und in den großen erotischen Revuen bewunderte, wurden zunehmend mit Schönheit und Glamour gleichgesetzt.

Die amerikanischen Medien interessierten sich immer weniger für Stripperinnen; statt dessen füllten Revuegirls, Models und Schönheitswettbewerbe die Klatschspalten. Der Ruf des Striptease hatte sich enorm gewandelt: Gypsy Rose Lee hatte noch legendäre Berühmtheit erlangt, nun wurden Stripperinnen mehr und mehr mit Prostitution und Kriminalität in Verbindung gebracht. Als Lois de Fee ihre Kinder bei einem Paar in New Jersey unterbrachte, damit sie weiter als Stripperin arbeiten konnte, ging das sechzigjährige Ehepaar vor Gericht, um das Sorgerecht für die Kinder einzuklagen. Als Begründung gaben sie an, Lois de Fee sei kriminell. Nach einem langwierigen Gerichtsverfahren, das Lois ein eingeschränktes Sorgerecht für ihre Kinder einräumte, gab sich das ältere Paar immer noch nicht geschlagen und stellte einen Antrag auf Adoption.[65] Als die Stripteasetänzerin Mildred Fogarty ermordet wurde, sagte ihre Mutter der Presse: »Meine Tochter hat mir mein ganzes Leben lang nur Schwierigkeiten gemacht. Ich habe mir oft gewünscht, sie wäre tot.«

Der Striptease hatte einen zunehmend schlechten Ruf. Eine Stripperin in dem Film *Four Ladies Onstage* 1972:

»Aber dann haben die Verkäufertypen das Showbusiness übernommen. Die haben alles drangesetzt, das alte Publikum rauszukriegen und ein neues anzuwerben, und als sie den Laden übernahmen, wurde alles anders. Sie boten Pornographie an, sie machten Pornographie zu ihrem Geschäft, weil sie sich gut verkaufte. Sie schafften die teure Tanzgruppe ab und die Schauspieler und das Orchester, und die Mädchen mußten jetzt mit Tonbändern oder Jukeboxes auskommen. Diese Pornohändler haben die Burlesque kaputtgemacht.«[66]

Diese neuen Produzenten entledigten sich der Komiker und der Tanzgruppen und richteten das Programm auf ein reines Pornopublikum aus. Die Distanz zwischen Produzent und Künstlerin wurde immer größer, die Frauen wurden immer mehr ausgebeutet.

»... Ich finde es schrecklich, wie Stripperinnen heutzutage behandelt werden. Die Burlesque ist als Kunstform gescheitert, weil sich die Künstlerinnen nicht organisieren konnten und keinerlei Einfluß hatten ... im Zeitalter der totalen sexuellen Befreiung und der harten Pornographie sind wir immer noch die Stiefschwestern des Showgeschäfts, und man betrachtet uns oft als häßliche Entlein, die man verstecken muß; deshalb gibt es auch keine Gesetze, die uns als Künstlerinnen schützen.«[67]

In Amerika ebenso wie in Frankreich wandelte sich der Striptease zu einer reinen Entkleidungsshow, und für die Tänzerinnen wurde es immer schwieriger, ihre Persönlichkeit oder Sinnlichkeit einzubringen. Es entstand eine Reihe neuer sexueller Dienstleistungen, und Stripperinnen hatten nun die Wahl zwischen einem Job als Go-Go-Girl, als Fotomodell in der Pornoindustrie oder als Hosteß in einem Nachtklub.

Die Arbeitsbedingungen der Go-Go-Tänzerinnen waren denkbar schlecht. In den meisten Bars mußten sie sich in der Damentoilette umziehen. Es gab keine Rausschmeißer, die die Tänzerinnen schützten; wenn das Publikum ausfallend wurde, mußten sie sich selbst verteidigen. In ihrer Autobiographie beschrieb Yvette Paris[68] das Go-Go-Dancing in den siebziger Jahren, als zahlreiche Go-Go-Bars zugleich als Bordelle fungierten. Männern wurde für ganze 25 Dollar ein Bier, ein Hamburger und Oralverkehr geboten.

In den Zeitungen mehrten sich Berichte über Go-Go-Tänzerinnen und Stripperinnen, die vergewaltigt, durch Messerstiche verletzt oder ermordet wurden. Strippen wurde mit verbotenen Phantasien in Verbindung gebracht – Phantasien, die Männer und Darstellerin nicht mehr teilten. Männer wollten die Stripperin besitzen. Yvette Paris gab ihren Job als Go-Go-Tänzerin auf, als ihr ein arabischer Scheich drohte, sie umzubringen. In ihrem Buch berichtet sie über zahlreiche traurige Schicksale: Sue war heroinabhängig und nahm eine Überdosis. Auch Angel starb an einer Überdosis Heroin, nachdem sie ihr Baby hatte abtreiben lassen.

In den siebziger Jahren waren etliche Frauen wegen der wirtschaftlichen Rezession gezwungen, als Go-Go-Tänzerinnen, Prostituierte und Stripperinnen zu arbeiten, weil ihre Männer oder Partner arbeitslos waren. Auch Yvette Paris arbeitete als Stripperin und dann als Go-Go-Tänzerin, nachdem ihr Mann seine Stelle verloren hatte. Mit ihrem Einkommen ernährte sie die ganze Familie. Eine andere Stripperin über die Gründe, in Klubs und Bars zu arbeiten:

»Die meisten Mädchen sind verheiratet, und manche arbeiten, um ihren Männern ein Studium zu finanzieren. Mein Mann ist Schauspieler, aber er hat mit der Schauspielerei aufgehört, um ein Stück zu schreiben; also bin ich zur Zeit die einzige, die etwas verdient. Das wird sich später wieder ändern. Als ich unsere beiden Jungen bekam, hat nur er gearbeitet, also bin ich jetzt nicht sauer oder so … Ich bin nur froh, daß ich das Zeug dazu habe und genug Geld verdiene, um meine Familie zu ernähren.«

Die schwierigen Arbeitsbedingungen in den Striplokalen und Go-Go-Bars erforderten, daß die Künstlerinnen eine dicke Haut und eine starke Persönlichkeit haben mußten, wenn sie überleben oder gar Karriere machen wollten. Eine, die es geschafft hatte, gab zu Protokoll:

»Ich liebe meine Arbeit und weiß, daß ich gut bin. Man muß wissen, wie man ein Publikum begeistert. Man kann nicht einfach dastehen und die Arme hängen lassen; man muß sie ausstrecken und das Publikum einbeziehen. Man muß bereit sein, jeden Tag eine Menge von sich selbst zu geben …«

Von den Stripperinnen wurde nicht mehr nur erwartet, daß sie ihre Sexualität zur Schau stellten, sondern daß sie die Blicke der Zuschauer auf sich lenkten, ihre begehrlichen Blicke zuließen. Sie waren Frauen, die man ansah.

8
Der Kopf der Hydra

»Man muß stark sein. Wirklich stark.«

Nickie Roberts, Tänzerin

1953, im selben Jahr, in dem Alain Bernardin den Striptease im *Crazy Horse Saloon* in Paris einführte, wurde in London offiziell »jede Aufführung, die man gemeinhin als Striptease bezeichnet und in deren Verlauf die Darstellerin ihre Kleider ablegt, wobei ihre Bewegungen oder die Reflexion ihrer Bewegungen auf einem durchscheinenden Schirm (oder einer ähnlichen Vorrichtung) sichtbar sind«, untersagt.

Für die Theater im West End, die bei der Behörde des Lord Chamberlain ihre Konzessionen beantragen mußten, galt bereits ein vollständiges Stripteaseverbot. Die neue Vorschrift betraf auch die Londoner Varieté- und Vaudevillebühnen.

Bis 1968 zählten die britischen Zensurgesetze zu den strengsten in der westlichen Welt. Der Lord Chamberlain verfügte über uneingeschränkte Macht, was sich erst im September 1968 änderte, als die Labour-Regierung mit Hilfe eines Parlamentsbeschlusses der strikten Zensurpolitik ein Ende setzte.

1737 wurde das Amt des Lord Chamberlain erstmals mit Zensurbefugnissen ausgestattet. Der britische Premier Sir Robert Walpole griff zu dieser Maßnahme, um die Aufführung politischer Satiren, in denen man sich über seine Regierung lustig machte, wirksam zu unterbinden. Auslöser war die Aufführung von John Gays sozialkritischem Theaterstück *Die Bettleroper*, das die Laster der feinen Gesellschaft und die Machenschaften der Regierung anprangerte. Walpole ermächtigte den Lord Chamberlain dazu, jede Aufführung zu verbieten, die das britische Staatsoberhaupt, ein fremdes Staatsoberhaupt oder einen ausländischen Bürger brüskierte. 1843 ergänzte man das Gesetz von 1737 um den Zusatz, daß die Öffentlichkeit nun auch vor obszönen Darbietungen zu schützen sei. Im 19. und 20. Jahrhundert fielen unter anderem Pirandello, Ibsen und Bernard Shaw der Zensur zum Opfer; Mitte der sechziger Jahre war das Nacktheitsverbot auf britischen Bühnen ein Anachronismus.

Im übrigen Europa und in Amerika war Nacktheit – sei es auf der Bühne oder auf der

Leinwand – längst erlaubt. In New York durften seit 1955 wieder Burlesquen aufgeführt werden, und innerhalb eines Jahrzehnts schossen Burlesque-Theater, die nun ganz legal Stripshows im Programm hatten, dort wie Pilze aus dem Boden und entwickelten sich zu einem blühenden Wirtschaftszweig. Ann Corio, die »Königin der Burlesque«, die in den dreißiger Jahren ihr Publikum mit ihrer schüchternen, spröden Mädchenhaftigkeit fasziniert hatte, brachte 1962 eine Show mit dem Titel »This was Burlesque« heraus und riß ihr Publikum zu wahren Begeisterungsstürmen hin. Ihr Erfolg beruhte nicht zuletzt auf der allgemeinen nostalgischen Begeisterung für die Ära der Burlesque, für die großen Stars der zwanziger und dreißiger Jahre wie Gypsy Rose Lee, die in langen Abendkleidern mit Pelzen und Handschuhen aufgetreten war. Die Show bot die übliche Unterhaltung der traditionellen Burlesque – komische Sketche, Tanzeinlagen, Auftritte großer Stripteasestars und ein komplettes Blasorchester. Ann Corio investierte 16 000 Dollar in das Spektakel, das allein in New York vier Millionen Dollar eingespielt haben soll.[69]

In der zweiten Hälfte des 20. Jahrhunderts ähnelte die traditionelle Burlesque immer mehr einem Ausstattungsstück. Angesichts der Tatsache, daß das amerikanische und europäische Kino mittlerweile seine schönen Stars bekleidet und unbekleidet zeigte und Geschlechtsverkehr in Literatur und Film kein Tabuthema mehr war, wirkte die Kunst des Striptease vergleichsweise bieder. Was vor den Sechzigern undenkbar gewesen wäre: Selbst Schamhaare wurden mittlerweile im Film gezeigt, zum erstenmal 1967 in dem schwedischen Film *Eva modern – Spiele zu dritt*.

Auch Pornographie war in vielen europäischen Ländern legalisiert. 1967 begründete die schwedische Regierung die Legalisierung von Pornographie mit den Ergebnissen einer zehnjährigen Studie, die besagte, daß obszöne Bilder oder Filme keinerlei Einfluß auf die sexuellen Neigungen von Erwachsenen haben:

»Die Kommission verweist darauf, daß nach neusten medizinischen Erkenntnissen sexuelle Neigungen bereits in einem frühen Lebensalter angelegt werden, wahrscheinlich im Alter von fünf oder sechs Jahren, und daß diese in jedem Fall nach dem Ende der Pubertät vollständig ausgeprägt sind.«

Angesichts dieser Entwicklungen nahm sich die Haltung des Lord Chamberlain in England äußerst viktorianisch aus. Seine Autorität geriet ins Wanken, als er 1968 Edward Bonds Stück *Trauer zu früh* verbot, weil es eine lesbische Beziehung zwischen Florence Nightingale und Königin Victoria zum Inhalt hatte. Ungeachtet seines unangefochtenen literarischen Werts hatte sich das Stück der politischen Etikette und einer Gesetzgebung zu beugen, die nationale Institutionen zu Tabuthemen der Kunst erklärte.

1968 wurde ein Gesetz erlassen, das einigen widersprüchlichen Aspekten der Lizenzpolitik ein Ende bereitete. Der Lord Chamberlain hatte zwar die Befugnis, nackte Darstellerinnen, aufreizende Darbietungen und politische Unbotmäßigkeiten von Londoner Bühnen zu verbannen, doch war seine Zuständigkeit jetzt auf öffentliche Theater beschränkt. Das bedeutete, daß jeder Striptease-»Klub« ein ganzes Abendprogramm mit Stripnummern füllen konnte, solange er über eine Konzession als Privatklub mit begrenzter Mitgliedschaft verfügte. Während der erotische Tanz im übrigen Europa florierte und die Burlesque in New York ihre Wiederauferstehung feierte, war Striptease in Großbritannien ausschließlich in privaten Klubs zu sehen, die in den fünfziger und sechziger Jahren in Soho boomten.

Im Zuge des Street Offences Act von 1959, der die Prostitution von Londons Straßen verbannte, waren die Widersprüche in der Konzessionspolitik besonders deutlich geworden. Prostituierten, die nun neue Wege finden mußten, um Kunden anzuwerben, boten Privatklubs die Möglichkeit, als Animierdame oder Hosteß zu arbeiten.

Andere Prostituierte ließen sich durch Dritte an ihre Kunden vermitteln, so daß die Bestimmung von 1959 bald »Zuhälter-Freibrief« genannt wurde. Die eiserne Hand des Gesetzes hatte die Prostitution und die Stripklubs in die Illegalität getrieben und damit zu deren zweifelhaftem Ruf beigetragen. Viele dieser Klubs befanden sich im Besitz der sogenannten »Malts«, der Malteser Mafia, die von den fünf Brüdern des Messina-Klans kontrolliert wurden. Dieser Klan besaß auch Bordelle und Spielsalons. Je stärker ihr Einfluß auf die Stripklubs war, desto mehr wurde der Striptease mit Prostitution und Kriminalität in Verbindung gebracht. In diesem zwielichtigen Milieu erlebten Striplokale ihre Glanzzeit. In jeder Straße Sohos gab es mindestens einen Klub, in vielen sogar drei bis vier, wobei das Niveau der Etablissements stark variierte. Das *Casino de Paris* in der Denman Street war der vornehmste Klub in Soho. Er war mit Teppichboden und Lüstern ausgestattet, bot extravagante Shows und ausgesucht schöne Tänzerinnen. Für viele Stripperinnen jedoch, die an ihrer Arbeit die Unabhängigkeit und weitgehende Flexibilität schätzten, war ein Engagement im *Casino* unattraktiv, weil man ihnen dort nur Exklusiv-Verträge anbot.

Ehe die Säuberungsaktionen einsetzten, gab es in London zahlreiche Klubs, in denen Stripperinnen Arbeit finden konnten. Das *Phoenix* in der Old Compton Street brachte besonders gewagte, obszöne Shows und konkurrierte mit dem gegenüberliegenden

Garderobe eines Strip-
lokals in Soho, London

Carnival, der *Nell Gwynne Klub* und das *Sunset Strip* gehörten Don Ward, der bei den Stripperinnen äußerst unbeliebt war, weil er ihnen unter dem Vorwand, sie hätten »nicht genug gelächelt«, oder wegen anderer Bagatellen gern die Gage kürzte. Darüber hinaus gab es das *Paradiso*, das größte Stripteaselokal Londons, und das *Bijou*, das wegen seines angenehmen Arbeitsklimas besonders populär war. Das *Dolls House* bot aufwendig inszenierte Shows, die, ganz in der Tradition der Burlesque, aktuelle Musicals und Pantomimen parodierten und alle sechs Wochen wechselten. Erwähnt seien außerdem noch das *Carousel*, das *Gigi*, das *Galaxy*, das *Metro*, das *Oriental*, das *Kit E Kat*, das *Taboo* und das *Keyhole.*

Die Stripperinnen, die in den Klubs der »Malts« arbeiteten, bewegten sich in einem Milieu, das weder illegal noch legal war und von dem sie in gewisser Weise profitierten. Doch die Lockerung der Zensurgesetze förderte nicht nur den halblegalen Status der privaten Stripteaseklubs zutage, sondern auch einen Sumpf aus Kriminalität und Korruption. Von 1968 an waren nackte Darstellerinnen auf der Bühne offiziell erlaubt. Im Zuge dieser neuen Liberalität trat die Korruption in den ehemals halblegalen Bühnen offen zutage, und der Staat ging energisch gegen Korruption und die Mafia vor.

Nach einer großangelegten Säuberungsaktion 1973 mußten alle Klubs Theaterkonzessionen beantragen, doch nur wenigen gelang die Umstellung von einem Klub in ein Theater. Die Mafia-Mitglieder wurden entweder abgeschoben oder hinter Schloß und Riegel gebracht und die korrupten Polizeibeamten ausgewechselt. Die Säuberungen trieben die Stripklubszene weiter in die Illegalität. Es entstand eine illegale Sexindustrie. Die Sexindustrie hatte ihre Hierarchie wie jede andere Branche auch und bot eine ganze Bandbreite von Jobs in Saunen, Massagesalons und Fotoagenturen bis hin zu Hosteßvermittlungen und Prostitution. Und auch der Striptease zählte bald dazu.

Die illegale Sexindustrie brachte immer mehr Frauen um ihre gesicherten Arbeitsplätze. Vor der Säuberungswelle konnten die Frauen noch zwischen zahlreichen Klubs wählen, nun waren sie ganz auf das Wohlwollen der Besitzer angewiesen, die angesichts der wenigen verbliebenen Stripklubs ihre Stripperinnen nach Belieben auswechselten. Darüber hinaus hatten die Klubs keine Stammgäste mehr, und das zunehmend anonymere Publikum legte ein aggressiveres Verhalten an den Tag.

Das Gesetz von 1968 sowie die Säuberungsaktionen der siebziger Jahre hatten tiefgreifende Auswirkungen auf die erotische Kunst. Theaterveranstalter nutzten das Ende der Zensur und produzierten Shows wie »Hair« und »Oh! Calcutta«, in denen die Darsteller begeistert die Hüllen fallen ließen. Die Maßstäbe des Erotischen hatten sich verschoben. Da die bürgerlichen Bühnen die Erotik für sich entdeckten, blieb dem »erotischen« Tanz nichts anderes übrig, als sich der Pornographie zu öffnen. Ein ähnlicher Wandel vollzog sich auch im übrigen Europa. In Holland erwartete man von den Stripperinnen nicht nur, daß sie direkt vor den Tischen der Gäste tanzten, sondern auch, daß sie sich prostituierten. In Kopenhagen konnte man in zweimal pro Abend stattfindenden Live-Sexshows schönen Menschen dabei zusehen, wie sie sich auf einem vergoldeten Bett liebten. In Berlin vergnügten sich Frauen auf der Bühne zu zweit, dritt oder viert in immer neuen Variationen und Stellungen.

Bis 1968 war es Stripperinnen in England untersagt, sich auf der Bühne zu bewegen, sobald sie sich vollständig entkleidet hatten. 1964 zogen sich die Stripperinnen in Soho zwar aus, aber erst im allerletzten Moment ihres Auftritts, erst beim letzten Takt der Musik ließen sie die letzte Hülle fallen und verharrten einen Moment reglos, bis der Vorhang fiel. Mitte der siebziger Jahre war es einer nackten Tänzerin immer noch verboten, sich zu bewegen, aber mittlerweile hatten sich die gesellschaftlichen Rahmenbedingungen dramatisch verändert. Der atemberaubende Erfolg des Minirocks und die Reize, die sich Männern durch den Wandel der Mode auf der Straße boten, hatten auch Auswirkungen auf das Publikum in den Klubs. Jetzt wurde von den Stripperinnen erwartet, daß sie den gesamten Schlußteil ihrer Nummer nackt tanzten; Ende der siebziger Jahre verlangte man schließlich von ihnen, daß sie sich auf den Boden, auf ein mit rotem Satin bezogenes Bett, einen weißen flauschigen Teppich legten oder sich auf einen Barhocker setzten und dabei die Beine weit genug spreizten, damit das Publikum einen ungehinderten Blick auf ihre Genitalien hatte. Die Zuschauer riefen nicht mehr »Ausziehen!«, sondern »Laß deine Möse sehn!«

Anfang der achtziger Jahre glich die Kunst der weiblichen Enthüllung immer mehr einer gynäkologischen Untersuchung. Stripperinnen sanken auf den Status von Sexarbeiterinnen hinab, und ihre Tätigkeit wechselte zwischen Prostitution, Striptease und Jobs als Akt-modell oder Pornodarstellerin. Auch wurden sie nicht mehr in die britische Künstler-gewerkschaft Equity aufgenommen, da Striptease nicht als Kunst, sondern als Pornogra-phie eingestuft wurde.

Es begann der Siegeszug der Peepshows. Weibliche Genitalien wurden für jeden zur Schau gestellt, der das Kleingeld hatte, sich einen Blick durch das Fenster einer Kabine zu erkaufen. 1983 griff das populäre *Bijou Theatre* den neuen Trend auf und richtete eine Peepshow ein. Die Darstellerinnen bekamen kein festes Gehalt, sondern nur das Trink-geld. Die Männer zahlten für zwei Minuten 50 Pence, für jede weitere Minute oder für besonders gewagte Stellungen zusätzlich. Die Frauen bekamen bis zu 20 Pfund in einer Sechs-Stunden-Schicht, ein sehr guter Verdienst.

Die Niedergang des Striptease führte dazu, daß die Stripperinnen ihre Tätigkeit zu-nehmend als Job ansahen, bei dem vor allem das Geld zählte. Es ging nicht mehr um die Freude am Tanz, an der Choreographie und der Gestaltung einer eigenen Stripnummer, sondern es kam darauf an, in möglichst geringer Zeit und mit einem Höchstmaß an Fle-xibilität gutes Geld zu machen. Deshalb wurden die Peepshows bei Frauen in der Sex-industrie immer populärer.

Die Säuberungen in Soho waren nicht der einzige Grund für die Schließung der Strip-klubs. In den siebziger Jahren kam in England wie in anderen westeuropäischen Ländern die Anti-Pornographie-Bewegung auf, die vor allem in London aktiv war und sich zuneh-mend gegen die Stripperinnen selbst richtete. Der Feldzug der Pornographie-Gegnerin-nen wurde von der WAVAW (Women Against Violence Against Women) angeführt, die Demonstrationen, Mahnwachen und Aktionen gegen Sexshops organisierte. Auch die WMAG (Women's Media Action Group) zog gegen die Pornographie zu Felde und pro-testierte gegen die sexistische Darstellung von Frauen in den Medien. Diese feministi-schen Gruppen mußten mit Befremden feststellen, daß sie Beifall aus dem konservativen Lager erhielten, obwohl die Frauenbewegung doch traditionsgemäß immer der Labour

Party nahegestanden hatte; die Aktivitäten der Anti-Pornographie-Bewegung führten zu einer Spaltung innerhalb der Frauenbewegung.

Die Sexarbeiterinnen fühlten sich von der feministischen Anti-Porno-Bewegung völlig mißverstanden. Obwohl es für die heterogene Gruppe der selbständigen Sexarbeiterinnen äußerst schwierig war, sich zu organisieren, schlossen sie sich zu einzelnen informellen Gruppen zusammen und wurden politisch aktiv. Im Ausland war ein gewerkschaftlicher Zusammenschluß möglich, denn dort war der Striptease legalisiert. Gypsy Rose Lee hatte bereits 1951 in den USA eine Gewerkschaft für Burlesque-Tänzerinnen gegründet. In Kanada nahm die Künstlergewerkschaft Equity Stripteasetänzerinnen auf und setzte bessere Arbeitsbedingungen für ihre Mitglieder durch. In Toronto beispielsweise brauchten Stripperinnen einen Sozialversicherungsnachweis und die Klubs eine spezielle Konzession. Im französischsprachigen Teil Kanadas dagegen waren die Frauen nicht so gut organisiert, in Montreal wurden die Stripteasetänzerinnen noch bar ausbezahlt. In England galten Stripperinnen als Sexarbeiterinnen und mußten Möglichkeiten außerhalb der Gewerkschaften finden, gemeinsam mit anderen, vor allem Prostituierten, für rechtlichen Schutz und persönliche Sicherheit zu kämpfen.

Als der »Yorkshire Ripper« die weibliche Bevölkerung Englands in Angst und Schrecken versetzte, machten sich zwar viele Frauen für die Sicherheit auf den Straßen stark, aber ihr Zorn richtete sich vor allem gegen die Pornoindustrie. Der Kampf der Frauen um mehr Sicherheit auf den Straßen hatte für die Sexarbeiterinnen fatale Konsequenzen und trieb das Gewerbe noch weiter in die Illegalität. Anti-Porno-Aktivistinnen erklärten es zu ihrem Ziel, sich »die Nacht zurückzuerobern« und dafür zu sorgen, daß Frauen wieder ungefährdet auf die Straße gehen konnten. 1977 und 1978 zogen Frauen mit Fackeln durch Englands Straßen. In Manchester verfaßte eine Frauengruppe ein Flugblatt, in dem es hieß:

»Die Haltung der Polizei signalisiert uns: ›Bleibt zu Hause‹. Man erwartet also von uns, daß wir uns zu Hause verkriechen, um nicht überfallen zu werden, während die Männer, die uns überfallen könnten, draußen frei herumlaufen. Wir gehen gemeinsam auf die Straße, weil wir ein Recht dazu haben. Es ist die männliche Gewalt, der endlich ein Ende gesetzt werden muß.«

Das klang vernünftig. Doch die Frauen, die durch die Bordellviertel vieler Städte zogen, gefährdeten mit ihrer Kampagne die Arbeitsplätze der Sexarbeiterinnen. Oft schienen sich die Aggressionen der Demonstrantinnen gegen diese Frauen selbst zu richten. 1978 schilderte eine Teilnehmerin in dem Magazin *Spare Rib* eine Demonstration in London:

»Das ist die wildeste Demo, die ich je erlebt habe! Hunderte von Frauen tanzen johlend durch die Straßen von Soho, erschrecken die Passanten mit Rufen wie ›Nieder mit den Sexisten‹!

Der Besitzer des *Pussy Parlour* kratzt mit zusammengepreßten Lippen und bebendem Kinn die Aufkleber von seinen Fensterscheiben. ›Was soll das heißen?‹ zischt er ... ›Können Sie nicht lesen?‹ sage ich. *Hier werden Frauen erniedrigt. Hier werden Frauen ausgebeutet.*

Eine Frau läuft voraus und bespritzt die Fensterscheiben mit Wasser, andere laufen hinterher und klatschen die Aufkleber mit einer solchen Wucht auf die Scheiben, daß man meinen könnte, sie würden gleich zerbersten – was eigentlich nicht zu bedauern wäre ...

Möge der Tag kommen, an dem die Besitzer von Sexshops und Stripklubs sich keine Versicherung mehr leisten können, an dem sie sich fürchten, ihre Türen aufzuschließen, weil sie um ihr Spiegelglas, ihre Plüschmöbel, ja sogar um ihr lausiges Leben bangen müssen. Ich habe in den Augen dieser Gangster Angst aufblitzen sehen. Sie fürchten sich vor unserem Zorn. Und dazu haben sie allen Grund.«[70]

Aber auch die Sexarbeiterinnen fürchteten sich vor dem Zorn der Feministinnen. Sie sahen sich mit einer Bewegung konfrontiert, die weder ihre Sexualität noch ihren Kampf um eine selbstbestimmte Arbeit akzeptieren konnte. Die Anti-Porno-Bewegung traf mit ihren Forderungen nicht nur die Frauen in der Sexindustrie, sondern versuchte auch Einfluß auf deren Darstellung in der Kunst zu nehmen. 1984 demonstrierten Anti-Porno-Aktivistinnen gegen Peter Tersons Stück *Strippers*, in dem das Alltagsleben von Stripteasetänzerinnen thematisiert wird. Daraufhin schlossen sich entrüstete Stripperinnen zur Alliance of Strippers Against Prohibition (ASP) zusammen, um ihrerseits gegen die demonstrierenden Frauen zu demonstrieren. Bald darauf schloß sich das English Collective of Prostitutes der ASP an.

Obwohl sich die Sexarbeiterinnen in verschiedenen Gruppen organisierten und sich anfingen zu wehren, wurde der Einfluß der Anti-Porno-Bewegung immer stärker, nicht zuletzt weil sich ihr Anliegen absolut mit dem Moralkodex des konservativen Lagers deckte. Die Stripperinnen wurden mehr und mehr ins Abseits gedrängt und waren machtlos dagegen, daß sich ihre Kunst zu einem seelenlosen Geschäft entwickelte. An die Stelle der

Stripperinnen organisie-
ren sich. Karikatur aus
den siebziger Jahren

selbstgestalteten Stripshow trat die passive Zurschaustellung des weiblichen Körpers, die
Beziehung zwischen Darstellerin und Publikum reduzierte sich auf eine finanzielle Trans-
aktion, bei der Männer in einer Kabine Geld in einen Schlitz steckten, um einen Blick auf
nackte Haut zu ergattern. An die Stelle von erotischer Ausdruckskraft trat raffinierte Reiz-
wäsche. Auf fatale Weise demontierte die Anti-Porno-Bewegung mit ihrem Engagement
das verruchte Image der starken, selbstbewußten Frau, die ihre Erotik gezielt einzusetzen
weiß. Dieses Image, auf das die Stripperinnen stolz waren, wurde genau durch jenes Bild
abgelöst, das die Feministinnen bei ihrem Feldzug heraufbeschworen: Sexarbeiterinnen als
das passive Objekt des männlichen Blicks. Dem Bild des »liederlichen Mädchens« wurde
das Bild des »gefallenen Mädchens« übergestülpt. Negative Frauenbilder – das Opfer, das
Objekt männlicher Phantasien, die Frau, die Sex nur als Geschäft betreibt – setzten sich
immer mehr durch.

Die Anti-Porno-Bewegung propagierte ein asexuelles Frauenbild, das Frauen Triebhaf-
tigkeit, Begierde und die Lust zu verführen absprach. Miniröcke, enganliegende Kleidung,
Lippenstift und Make-up charakterisierten in den Augen der Feministinnen Frauen, die
sich den sexuellen Begierden der Männer auslieferten. Diese Vorstellungen gerieten erst
ins Wanken, als sich die nächste Generation feministischer Aktivistinnen von den Ver-
öffentlichungen und Aktivitäten ihrer Vorgängerinnen absetzte, und als sich Erotikkünstlerinnen weigerten, länger in einem halblegalen Milieu zu arbeiten, und den Wechsel von
der Pornoindustrie in die bürgerlich-etablierte Kultur vollzogen.

In Amerika war dieser Schritt leichter als in Großbritannien. Die Avantgarde-Künstler
entwickelten eine neue Kunstrichtung, die Performance, die Kunst und Alltagsleben
miteinander zu verbinden suchte. Die Renaissance des Striptease führte dort zu einer
Verschmelzung von Performance und Striptease, und die Performance war für Stripperinnen und Prostituierte ein ideales Medium, ihre Individualität zum Ausdruck zu bringen. Diese neue Kunst hob die sozialen und ideologischen Gegensätze auf, die die

bürgerlichen Feministinnen mit ihrer Politik heraufbeschworen hatten. Künstler, die die formalisierten Bühnenproduktionen des konventionellen Theaters und die Festlegung auf die Darstellung einer bestimmten Rolle ablehnten, legten ihren Schwerpunkt auf die freie Entfaltung der Persönlichkeit des Darstellers. Die Performance verwischte die Grenzen zwischen Kunst und Leben und betonte die Funktion des Körpers als künstlerisches Medium. Peformance-Künstlerinnen lehnten es ab, *vor* einem Publikum zu spielen, sondern strebten es an, das Publikum physisch und psychisch miteinzubeziehen. Die Performance, auch »Live Art« genannt, war vor allem für Frauen interessant, die ihren Körper zurückerobern wollten und sich von dem eingeschränkten männlichen Blick, dem »geilen Blick«, befreien wollten, um eine neue Sicht auf ihren Körper zu gewinnen. 1975 ging Carolee Schneemann in ihrer Kunst der Enthüllung noch einen Schritt weiter als die Stripperinnen: In einer Performance mit dem Titel »Innere Schrift« zog sie eine Schriftrolle aus ihrer Vagina, auf der ein Traum aufgezeichnet war, und wollte damit ihrem Publikum einen Einblick in ihr Innenleben und ihre Träume geben. 1974 präsentierte Hannah Wilke ihren Körper auf einem Poster mit der Aufschrift »Hütet euch vor dem faschistischen Feminismus«, um Frauen vor den Gefahren eines feministischen Puritanismus zu warnen. Die junge Künstlergeneration in London verband ihre »Punk-Ästhetik« mit einer rebellischen, provokativen Grundhaltung und suchte nach neuen Formen der Performance. 1976 sorgte die Pornodarstellerin Cosey Fanny Tutti für einen empörten Aufschrei in der Presse, als sie in einer Ausstellung Fotos präsentierte, die ihre Erfahrungen in der Pornoindustrie dokumentierten. Die Ausstellung mit dem Titel »Prostitution« wurde im Institute of Contemporary Art gezeigt.

Am fruchtbarsten ist die Zusammenarbeit von Sexarbeiterinnen und Performance-Künstlerinnen in den USA. Erotikdarstellerinnen, die außerhalb des bürgerlichen Theaterbetriebs arbeiten, haben sich mit Künstlerinnen in der Peripherie der etablierten Kunstszene zusammengetan. Frauen aus der amerikanischen Sexindustrie haben eine Gruppe namens Club 90 gegründet; sie treffen sich regelmäßig, um sich über ihre Erfahrungen und Arbeitsbedingungen auszutauschen, und filmen ihre Treffen, um mit den Klischeevorstellungen vom anständigen und vom verruchten Mädchen aufzuräumen. Ihre Zusammenkünfte, die zugleich auch Performances waren, wurden in dem Videofilm *Deep Inside Porn Stars* festgehalten. Janet Feindels Buch *A Particular Class of Women* enthält die Erfahrungsberichte von acht Frauen, die in der Sexindustrie arbeiten. Ihre Schilderungen zerstören den Mythos der Sexarbeiterinnen als Objekt männlicher Begierde und zeigen, daß sie im Gegenteil ganz normale Frauen sind, die allerdings außergewöhnliche, manchmal problematische Erfahrungen gemacht haben. Feindels Arbeit ist insofern ungewöhnlich, als sie ihre eigenen Erfahrungen nutzt, um über die Erfahrungen anderer zu schreiben.

Viele Performance-Künstlerinnen sahen in der Live Art die einzigartige Möglichkeit, die Erfahrungen mit ihrem Körper in eine Form des politischen Protests umzuwandeln. Die Sexarbeiterin Scarlet Harlot protestierte mit ihren Street-Performances gegen die rechtliche Diskriminierung von Prostituierten. 1990 bot sie auf der Wall Street öffentlich ihre sexuellen Dienste an. In eine amerikanische Flagge gehüllt, verkündete sie:

»Ich biete sicheren Sex. Ich verkaufe Geschlechtsverkehr mit Kondom für 200 Dollar … Ich habe die alleinige Verfügungsgewalt über meinen Körper … Ich protestiere gegen Paragraph 230 des Strafrechts. Ich lasse mich nicht davon abhalten, sexuelle Dienstleistungen anzubieten.«

Sie baute diese öffentlichen »Werbeauftritte« zu Performances aus, in denen sie ihr Publikum ermunterte, keine Angst vor dem Gesetz zu haben und ihre Dienstleistungen in Anspruch zu nehmen. Im New Yorker Avantgarde-Theater P.S. 112 trug Penny Arcade nackt einen Monolog vor, unterstützt von einer Gruppe exotischer, strippender Tänzerinnen. Peggy Arcades nicht mehr junger Körper, ihre erschlafften Brüste verweigerten sich dem lüsternen Blick des Voyeurs, und sie genoß es, ihren Körper, ihre selbstbestimmte Erotik zur Schau zu stellen. Der ehemalige Pornostar Annie Sprinkle schockierte mit ihrer Performance derart, daß sie Auftrittsverbot erhielt. Annie Sprinkle hatte ihr »Publikum« in ein pinkfarbenes kabinenartiges Zelt eingeladen und dazu aufgefordert, ihren Körper zu berühren und mit den Fingern zu erforschen, womit sie das Prinzip der Peepshow auf den Kopf stellte.

Die genannten Künstlerinnen wehren sich gegen das von der Modeindustrie verbreitete Bild, das Frauen zu Prinzessinnen oder modernen Revuegirls stilisiert, die aus der Ferne bewundert werden. Die Performance-Künstlerinnen widerlegen das Klischee von der asexuellen Frau, in dem sie ihre Leidenschaft und Sinnlichkeit lustvoll ausleben. Ihre aggressive Erotik sprengt die Normen konventioneller Sexualität; sie ist eine anarchische Kraft, die zuvor nur in der Pornoindustrie ihren Ausdruck gefunden hatte. Diese Performances und die Renaissance des Striptease in den achtziger Jahren haben dazu geführt, daß man Stripperinnen heute in der Regel mehr Achtung entgegenbringt. Im allgemeinen wissen die Zuschauer, daß die Stripperinnen auf der Bühne viel von sich preisgeben und daß diese Verletzbarkeit nicht ausgenutzt werden darf. Wer sich wie ein Rüpel benimmt, wird vor die Tür gesetzt, nicht selten von einem Mann aus dem Publikum. Unter den Stripperinnen gibt es Möchtegern-Tänzerinnen, erfolglose Schauspielerinnen und Komikerinnen bis hin zu Profistripperinnen aus anderen Ländern und Kulturen, vor allem aus Südamerika.

In vielen Klubs gehört es zu den Aufgaben des Diskjockeys, ein Auge auf die Stripperinnen zu haben. Ich war Zeugin einer Szene, in der ein Zuschauer im *The Moorings* in Smithfield versuchte, seine Geldscheine nicht in das dafür vorgesehene Glas, sondern in den Slip einer Tänzerin zu stecken. Der Diskjockey sprang aus seiner Kabine und rief: »Geld ins Glas, Freundchen, oder du kriegst eine in die Visage!« Im *Queen Anne* im Vauxhall Walk, das von Männern aus der Arbeiterschicht frequentiert wird, steht gleich neben der Bühne ein Pooltisch, der ständig belagert ist. Hinter der Bar befindet sich ein Sammelsurium kurioser »Accessoires« wie ein »Arschfeger« oder ein »Schwanzflicker«. Auf einem Werbeplakat für die »Cosy Tit Brassiere Company« sind verschieden große und geformte Brüste abgebildet, darunter Bezeichnungen wie »Gurken«, »Druckknöpfe«, »Dörrpflaumen«, »Postsäcke«, »Wärmflaschen«, »Pfannkuchen« und »Wassermelonen«.

Im *Sir Robert Peel* in Kingston Upon Thames befindet sich die Bühne in einer geschützten Ecke des Pubs. Eine wohlproportionierte junge Italienerin in schwarzen Lacklederstiefeln mit Plateausohlen wartet aufreizend lange, ehe sie sich entkleidet und nicht nur einen gepiercten Bauchnabel, sondern auch gepiercte Schamlippen präsentiert. »Mein lieber Scholli«, sagt ein Mann im Blaumann mit schmerzhaft verzogenem Gesicht zu seinen Begleitern, »da möchte ich mich mit meinem Pimmel nicht verheddern.«

9

Auf der Suche nach dem Bild des Erotischen

»Wenn man den Islam im Kopf hat, kann man mit dem Herzen tanzen.«

Ägyptische Tänzerin, 1996

Auf der Chicagoer Weltausstellung von 1893 galten die Bauchtänzerinnen der Kairoer Straße als »primitiv«, »vulgär« und »nicht damenhaft«. Als ich 1996 nach Kairo reiste, wurden mir auf der Straße Ausdrücke wie »Hure« oder »ausländische Schlampe« nachgerufen. Männer folgten mir und machten anzügliche Anträge. Als Verkörperung des Fremden und Unbekannten übte ich auf ägyptische Männer offenbar eine ähnliche Faszination aus wie die Bauchtänzerinnen der nordafrikanischen Küste auf die Orientreisenden des 19. Jahrhunderts. Es ist der exotische Reiz des Fremden, der sexuelle Phantasien auslöst.

Das Nebeneinander von Vertrautem und Fremdem, Kunst und Pornographie, Reich und Arm machte Kairo zu einem einzigartigen Ort – geradezu ideal, um den Visionen der Orientalisten auf die Spur zu kommen. Kairo ist noch immer die weltlichste Stadt in der arabischen Welt und die erotische Hauptstadt des Nahen Ostens.

Ich wollte hier den Bildern nachgehen, die die Orientalisten im 19. Jahrhundert inspiriert hatten, und fand ein bemerkenswertes Beispiel für die Auswirkungen der Zensur auf die Kunst der Erotiktänzerinnen.

Aufgrund des Erstarkens des islamischen Fundamentalismus unterliegen die Vorführungen der Bauchtänzerinnen zunehmend schärferen Restriktionen. Es wird immer schwieriger für ägyptische Frauen, mit Tanzen ihren Lebensunterhalt zu bestreiten. In den Kairoer Nachtklubs treten Ausländerinnen an ihre Stelle, und die Stadt ist heute ein Zentrum nicht nur für arabische, sondern auch für europäische und amerikanische Tänzerinnen.

Wenn europäische Tänzerinnen mit den Tanztraditionen des Nahen Ostens in Kontakt kommen, kann eine ganz eigene Kombination aus Erotik, Pornographie und Kunst entstehen. Eine Gruppe ukrainischer Tänzerinnen tritt im Hotel *Sonesta* in Heliopolis auf. Sie sind nach Kairo gekommen, um dem wirtschaftlichen Chaos der Ukraine zu entfliehen, wo Erotiktänzerinnen gezwungen sind, ihr Einkommen durch Prostitution aufzubessern. In

Kairo müssen sie jedoch feststellen, daß es ihnen hier nicht viel besser ergeht. In der Ukraine gehörten die Nachtklubs, in denen sie auftraten, zur Unterwelt. In Kairo agieren die Tänzerinnen die exotischen Phantasien der Ägypter aus.

Valerie Neumann ist eine von fünf Tänzerinnen der »erotischen Revue« im Hotel *Sonesta*. Bereits mit sieben Jahren erhielt sie Tanzunterricht, mit 17 ging sie nach St. Petersburg, wo sie klassisches Ballett, Folklore und modernen Tanz studierte. Sie wurde in St. Petersburg unter Vertrag genommen, aber in den Nachwehen der Perestroika versiegten die staatlichen Mittel, und die Ballett-Truppen waren gezwungen, ihre Tänzerinnen in die Arbeitslosigkeit zu entlassen. 1992 gründete Valerie eine Erotiktanztruppe, die aus zwei professionellen Folkloretänzerinnen, einer klassischen Musikerin und einem ehemaligen Sportlehrer, dem einzigen männlichen Darsteller und zugleich Manager der Truppe, besteht. Die Truppe trat im *Klub X* in Kiew auf. Der aufblühende Schwarzmarkt schuf einen idealen Nährboden für die Entstehung einer Mafia, die eine Untergrundwirtschaft finanzierte. Die Mafia pumpte Geld in die Nachtklubs und in eine prosperierende Sexindustrie, und anfangs war es leicht, Arbeit zu finden. Der Klub war beliebt bei Bandenchefs; Prostituierten bot er einen zahlungskräftigen Kundenkreis. Prostitution war nicht verpönt, und Frauen, die in diesem Gewerbe arbeiteten, machten kein Hehl daraus.

Es folgte eine wirtschaftliche Flaute, und das harte Durchgreifen der Regierung drängte die Sexindustrie weiter in die Illegalität; es wurde immer gefährlicher, in Kiew zu arbeiten. Der Manager von Valeries Gruppe erwog, Leibwächter zu engagieren, die die Tänzerinnen nach Hause begleiteten. Die steigende Arbeitslosigkeit führte zu einer Wirtschaftskrise, und selbst bei der Mafia wurde es finanziell eng. Die Nachtklubs waren leer. Valeries Truppe sah sich nach Arbeit im Ausland um; als den Tänzerinnen ein Dreimonatsvertrag in Kairo angeboten wurde, griffen sie zu.

Ihre »erotische Revue« steht jeden Abend zweimal auf dem Programm. Die erste Vorstellung ist »züchtiger« als die zweite und findet auf einer Bühne in der Nähe des Swimmingpools statt. Die zweite wird eine Dreiviertelstunde später in der *Sinbad*-Diskothek des Hotels aufgeführt. Die Tänzerinnen bedienen sich der Bilder und Kostüme des klassischen Striptease, und jede Nummer zeichnet sich durch ein bestimmtes Motto aus. Stiefel, die bis zum Oberschenkel reichen, Melonen und Zigaretten verweisen auf ein Gangstermilieu, Baströckchen, Reifen um Arme und Knöchel auf afrikanische Exotik. Stilisierte Bewegungen, ägyptischen Hieroglyphen nachempfunden, suggerieren die Erotik des Orients. Obwohl das Programm weniger aufreizend ist als eine Bauchtanzdarbietung, wird es vom arabischen Publikum als pornographisch empfunden, denn die ukrainischen Tänzerinnen befolgen nicht die strengen islamischen Gesetze, die vor kurzem für einheimische Bauchtänzerinnen erlassen wurden, sondern tanzen mit entblößtem Bauch und nackten Beinen und tragen nur knappe Bikinioberteile. Für mich dagegen ist Valeries Revue eine Nachahmung des amerikanischen Striptease. Humorvoll, aber nicht erotisch. Die Art der Tänze und die Kultur der Tänzerinnen sind mir vertraut.

In der Pause zwischen den Vorstellungen wird Valerie Neumann, eine große, auffallende Blondine, von einem arabischen Geschäftsmann angesprochen, der annimmt, daß ihr Körper käuflich ist. Um halb zwei nachts erklärt sie ihm entnervt, daß in ihrem Land nicht nur unfreundliche Menschen leben, daß die Ukrainer ein freundliches und höfliches Volk seien, sie ihm aber trotzdem nicht ihre Zimmernummer sagen könne. Und wiederholt das Ganze noch einmal und noch einmal.

Ein Hotel in Luxor, das vor allem von europäischen Pauschaltouristen besucht wird, hat eine einheimische Bauchtänzerin namens Sabil engagiert, die jeden Abend in der Diskothek des Hotels auftritt. Ich spüre deutlich eine Distanz zur Darstellerin, eine Distanz, die auf unterschiedlicher Kultur und Rassenzugehörigkeit basiert. Sabil wurde nicht nur wegen ihrer tänzerischen Fähigkeiten engagiert, sondern auch, um die Gäste zum Tanzen zu animieren. Sie trägt ein enganliegendes, traditionelles Bauchtanzkostüm mit einem perlenbesetzten Oberteil, das ihre großen Brüste betont, und einem roten, mit Quasten geschmückten Rock, der sich an ihre Hüften schmiegt und ihre üppige Figur unterstreicht. Die Bühne der Diskothek ist recht klein, und es gibt kaum eine räumliche Trennung zwischen Zuschauern und Tänzerin. Vor allem auf die männlichen Zuschauer wirkt dieser intime Rahmen offenbar erregend. Die europäischen Männer in der ersten Reihe sind begeistert, wenn Sabil sie zum Tanzen auffordert, und nutzen die Gelegenheit, sie vor den Augen ihrer Reisegruppe anzüglich anzugrinsen. Eifrig geht ein Mann auf das Angebot der Tänzerin ein, ihm beizubringen, wie er seinen Bauch bewegen und sein Becken kreisen lassen kann, aber dann steht er nur einfältig hinter ihr und sieht sie an wie ein Voyeur. »Prächtiges Stück Fleisch«, höre ich einen Mann zu seinem Nachbarn sagen. Sabil wird als Sexualobjekt wahrgenommen. Ihre »fremde« Kultur macht sie zu einer Touristenattraktion, bewahrt sie aber auch davor, wie eine Prostituierte behandelt zu werden. Entsprechend den Konventionen des Islams ist Sabils Rock lang und ihr Oberteil breit, und ihr Nabel wird von einem Netztrikot bedeckt. Nicht die Zurschaustellung ihres Körpers findet das Publikum erotisch, sondern ihre sexuelle Ausstrahlung. Ein ägyptisches Publikum hingegen empfindet gerade die Zurschaustellung des Körpers, des nackten Fleisches, als schockierend und provozierend.

In Kairo angekommen, machte ich mich sogleich auf die Suche nach den leuchtenden, klaren Farben, die ich in den Gemälden der Orientalisten gesehen hatte. Mein erster Besuch galt dem Basar, der auch die erste Station des touristischen Pflichtprogramms ist. Khan el Khalili ist in einen ägyptischen und einen touristischen Bereich unterteilt. Die kleinen Läden des Touristenbasars lassen mit ihren bunten Keramikkacheln Kairos Vergangenheit wiederaufleben. Hier finden sich Berge von Gewürzen, betörend in Farben und Gerüchen, daneben Kräuter und Wurzeln, die von einem langen Leben bis zu sexueller Potenz im Alter alles versprechen. Der ägyptische Basar macht einen viel ärmeren und weniger farbenprächtigen Eindruck. Über allem liegt eine dünne Staubschicht; selbst der Himmel wirkt sandfarben. Die Marktstraßen sind gesäumt von den Fassaden ehemals eleganter Wohngebäude und dem baufälligen Mauerwerk alter Moscheen, von denen viele noch aus dem 14. oder 15. Jahrhundert stammen. An jeder weist ein Schild, als solle es ihren Verfall erklären, auf den Status eines historischen Denkmals hin. Die Verheißung des Orients ist hier eine verblaßte Erinnerung. Kleine Jungen bieten mir Führungen durch Moscheen an, die schon am Eingang enden, weil das Gotteshaus entweder nicht zugänglich oder wegen Renovierungsarbeiten – die niemals durchgeführt werden – geschlossen ist. Die Straßen machen einen verwahrlosten Eindruck. Manche Gebäude sind halb niedergerissen, andere haben keine Decken oder Dächer mehr, und wieder andere werden nur noch von Rohren und Gerüsten zusammengehalten.

Das Leben auf der Straße scheint durch diesen trostlosen Anblick nicht beeinträchtigt: Alles ist in Bewegung; das Tempo wird von Straßenhändlern vorgegeben, die mit ihren Karren durch die Menge sprinten und dabei geschickt den Lastwagen und Autos ausweichen. Kleine Jungen mit schmerzlich verzogenem Gesicht und dünnen Ärmchen tragen über der Schulter Berge von Gürteln. An Straßenecken stehen noch jüngere Kinder mit schwarzen Gesichtern, die ihrer Arbeit beim Kupferschmied kurz entwischt sind, um einen Blechnapf mit aufgewärmten Bohnen und einem Stück Fladenbrot zu ergattern. Überall hupt es, Händler schreien, Staubwolken stehen in der heißen Luft.

Das heutige Kairo gilt als Stadt, in der das Vertraute und das Unbekannte aufeinandertreffen: der Einheimische und der Tourist, Weltlichkeit und Religiosität, Strenge und Aufgeschlossenheit, das Exotische und das Alltägliche, Armut und Reichtum, das Erotische und das Grelle. Überall der Duft der Gewürze, Berge von Safran, Kreuzkümmel, Koriander und Kardamom und Schalen mit indischem Ginseng und Ingwer. In dieser Atmosphäre ist es unmöglich, sich dem Reiz des Fremden zu entziehen.

Folgende Überlegung ging mir durch den Kopf: Wenn Kunst und Pornographie zwei entgegengesetzte Pole darstellen, zwischen denen die Definition von Erotik pendelt, wären möglicherweise zwei weitere Pole Reichtum und Armut. Überkreuzen sich die beiden Achsen, verändert sich ihr Verhältnis zueinander. Die Definition von Erotik wäre dann von ihrem variablen Kreuzungspunkt abhängig.

Der erotische Tanz, ob er nun in den britischen oder französischen Varietétheatern, der Lower East Side in New York oder in Ägypten entstanden ist, war immer ein Volkstanz, der vor allem von Frauen aus der Arbeiterschicht getanzt wurde. Kairo ist das Mekka des Bauchtanzes in der arabischen Welt. Viele ägyptische Bauchtänzerinnen kommen hierher, um ihr Glück zu versuchen. Sie stammen aus den armen Vororten der Stadt und aus den verarmten ländlichen Gebieten Ägyptens und hoffen, mit ihrem Körper Geld zu verdienen. Sie alle beginnen ihre Laufbahn in der Hauptstadt an demselben traditionellen Ort: in der berühmten Sharia Mohammed Ali. Diese schmale Gasse liegt in einer der dichtbesiedelsten Gegenden Kairos, etwa zehn Minuten zu Fuß vom Basar entfernt, unweit des verkehrsreichen Ataba-Platzes.

Diese Straße war mein Ziel. Sie wurde zwar nach der ägyptischen Revolution im Jahr 1952 in Sharia Qala'a (Zitadellenstraße) umbenannt, aber jeder, den ich nach dem Weg fragte, benutzte noch den alten Namen und bewahrte damit das Andenken an die Tradition dieser Straße. Anfang des 19. Jahrhunderts erklärte der Herrscher Mehemet Ali die Straße zur Heimat der »awalim«, jener Frauen, die in der Kunst der Musik und des Tanzes, der Dichtung und Literatur bewandert waren. Die »awalim« traten bei Hochzeiten und anderen privaten Feiern auf und genossen großes Ansehen am Hof. Die Sharia Mohammed Ali wurde zu einem wichtigen Treffpunkt für Politiker, Künstler und Dichter.

In den zwanziger Jahren wurden die Straßencafés in Nachtklubs umgewandelt, wo Agenten nach begabten Sängerinnen, Tänzerinnen und Musikerinnen für Hochzeiten und private Feiern Ausschau hielten. Auch heute beherbergt die Sharia Mohammed Ali einen Großteil der Musikerinnen und Tänzerinnen Kairos.

In der Straße befinden sich zahlreiche Läden, in denen man Instrumente für den »Baladi-Tanz« kaufen kann. Es gibt dort kleine Geigen, Lauten, oboenähnliche Flöten und Trommeln, die wie Eieruhren geformt und mit Perlmutteinlegearbeiten in abstrakten Mustern reich verziert sind, und eine große Auswahl an Tamburinen, wobei die traditionellen am teuersten sind. Die Straße wimmelt von Fußgängern und Autos, die sich gegenseitig den Platz streitig machen, aber die Fußgänger scheinen die Oberhand zu gewinnen. Straßenhändler tragen Tabletts mit süßem Pfefferminztee von Stand zu Stand, Musiker tauschen gebrauchte Instrumente gegen neue ein, Männer sitzen an den kleinen Tischen der Cafés auf der Straße, Händler tragen Teppiche über der Schulter oder schieben sie in kleinen Handkarren vor sich her.

Im ersten Café des ersten Häuserblocks nehmen wie schon vor hundert Jahren Agenten Buchungen für wöchentliche Engagements vor. Hier präsentieren sich die Neuankömmlinge und werden von den Agenten für 50 EGP (25 DM) bis 150 EGP (75 DM) vermittelt, je nach Schönheit, Alter und Können. Die Agenten sind notwendig, weil viele Tänzerinnen keine feste Adresse haben. Sie wechseln ständig ihr Domizil, schlafen in irgendeinem leeren Zimmer in der Nähe ihres letzten Engagements. Bereits dreizehnjährige Mädchen kommen nach Kairo auf der Suche nach besserer Bezahlung und in der Hoffnung, als Bauchtänzerin Karriere zu machen. Manche landen in Fünf-Sterne-Hotels, andere in den Nachtklubs der Pyramidenstraße, aber alle fangen in der Sharia Mohammed Ali an.

Fifi Abdou, die berühmteste Bauchtänzerin Ägyptens, begann ihre Karriere als Kind in einer Folkloreshow in Imbaba, einem armen Vorort von Kairo. Die Tochter eines Verkehrspolizisten – der zwei Frauen und außer Fifi noch elf weitere Kinder hatte – setzte alles daran, um ihrer gewalttätigen Mutter und den elenden Verhältnissen zu entkommen. Im Alter von zehn Jahren riß sie von zu Hause aus und schlug sich vier Jahre lang durch, bis sie schließlich Arbeit als Tänzerin fand. Sie kam in die Sharia Mohammed Ali und verdiente 2 EGP pro Auftritt.

Heute erhält sie in den Luxushotels 1 000 EGP pro Vorführung, auf Hochzeiten zahlt man ihr sogar ein Vielfaches dieser Summe. Sie tritt in den frühen Morgenstunden im Nachtklub des noblen *El Gezirah Sheraton* auf, aber nur um überhaupt noch in der Öffentlichkeit präsent zu sein. Fifi Abdou ist eine reiche Frau: Sie besitzt bedeutende Kapitalanlagen bei ausländischen Banken in der Schweiz, und ihre Gage reicht aus, um davon ein Orchester mit 52 Musikern zu finanzieren. Fifi Abdou zählt zu den besten Bauchtänzerinnen der Welt und ist weithin anerkannt.

Die Tänzerinnen, die in den Nachtklubs der Pyramidenstraße arbeiten, gelten als Prostituierte, ihre Kunst als Pornographie. Zunächst fand ich es merkwürdig, daß eine Gesellschaft der einen Tänzerin Ruhm und Ehre zuteil werden läßt, aber gleichzeitig das Gewerbe an sich verdammt. Ich verstand nicht, daß Bauchtänzerinnen einerseits gutes Geld damit verdienen, auf den Hochzeiten und Feiern der Reichen aufzutreten, die Bauchtänzerinnen der Pyramidenstraße aber als ungebildet, primitiv und vulgär gelten.

Ich ging davon aus, daß mir die vulgärsten Vorführungen den meisten Aufschluß über den »echten« Bauchtanz geben würden, der in den vornehmen Hotels und Nachtklubs stilisiert und verfälscht wurde. Der Tanz jedoch läßt sich nicht in seriös oder unseriös unterteilen, er hat weder etwas mit Ballett noch mit Gesellschaftstanz zu tun. Er nimmt eine einzigartige Stellung in der arabischen Kultur ein und wird sowohl in den Fünf-Sterne-Hotels als auch in den Klubs der Pyramidenstraße als Kunst betrachtet, als erotische Kunst, als Kunst, der man Wert beimißt. Fifi Abdou gilt als hervorragende Künstlerin, und man begegnet ihr mit Respekt. Die Tänzerinnen der Klubs in der Pyramidenstraße sind weniger begabt oder zumindest weniger am künstlerischen Aspekt des Tanzes interessiert; ihnen geht es vor allem darum, ihre geringe Gage durch sexuelle Gefälligkeiten aufzubessern.

Fifi Abdou ist nicht weniger »vulgär« als andere Tänzerinnen, deren Darbietungen sexuell eindeutiger sind. Sie verfügt über eine starke persönliche und sexuelle Ausstrahlung, ihr Publikum bewundert sie. Die ärmeren Tänzerinnen haben weniger Stolz und Selbstachtung und werden deshalb mit anderen Augen gesehen.

In der westlichen Kultur gelten Pornographie und Kunst als unvereinbar. Anita Berber erhielt mit ihrem Tanz nie die künstlerische Anerkennung, nach der sie strebte. Maud Allan war entsetzt über den Skandal, den sie mit ihrer Salome-Darbietung auslöste. In Kairo ist der Bauchtanz sowohl ein sinnlicher Reiz als auch eine erotische Kunst. Bauchtänzerinnen, mit denen ich mich unterhielt, sprachen oft von der Sinnlichkeit der arabischen Kultur, die ein Klima schaffe, in dem ihre Kunst gedeihen könne. Verschärfte Zensurbestimmungen als Ergebnis einer zunehmend fundamentalistischen Politik bedrohen jedoch diesen einzigartigen Status der Bauchtänzerinnen.

Diana Mahiou, eine französische Tänzerin arabischer Abstammung, die schon in Nordafrika, dem Nahen Osten und Europa aufgetreten ist, beschreibt ihre Erfahrungen:

»Am meisten wird man in Ländern angestarrt, in denen die Sexualität massiv unterdrückt wird – in den Golfstaaten beispielsweise und in Algerien, wo Sexualität schlichtweg verdammt wird. Es ist für Tänzerinnen schwieriger, dort zu arbeiten, weil von uns erwartet wird, daß wir uns sexuell entgegenkommend zeigen, aber vielleicht werden wir dort auch eher gebraucht. Der orientalische Tanz ist in unterdrückten Gesellschaften besonders wichtig, weil er als eine Art Ventil fungiert; von daher denke ich, daß wir momentan in Kairo mehr als je zuvor gebraucht werden.«

Dem Musiker Ahmed Hafez zufolge, der in einem kleinen Geigenladen in der Sharia Mohammed Ali arbeitet, ist zur Zeit alles im Wandel begriffen. Früher gab es drei Möglichkeiten für eine Tänzerin, an die Spitze zu gelangen: den guten Weg, den schlechten Weg und den mittleren Weg. Wenn eine Tänzerin den guten Weg wählte, nahm sie zunächst Unterricht und ließ sich dann von einer Agentur vertreten, die ihr Arbeit in einem angesehenen Nachtklub vermittelte, und so kletterte sie allmählich die Karriereleiter empor. Nur wenige entscheiden sich heute noch dafür. Viele Tänzerinnen haben keine Lust, Unterricht zu nehmen, und glauben, daß Tanzen reine Begabung ist und nicht erlernt werden kann. Der mittlere Weg bedeutet, daß eine Tänzerin in einem billigen Nachtklub anfängt und hofft, daß sie irgendwann von einem Agenten entdeckt wird. Die meisten Tänzerinnen, die nach Kairo kommen, sind so arm, daß sie froh sind, wenn sie genug verdienen, um nicht zu verhungern. Vielen bleibt deshalb nichts anderes übrig, als den schlechten Weg zu wählen. Diese jungen Frauen beginnen als private Tänzerinnen für Männer, die zugleich sexuelle Gefälligkeiten von ihnen erwarten. In ihrem Fall gehen Prostitution und Bauchtanz oft Hand in Hand.

Ich unterhielt mich mit Diana Mahiou nach ihrem Auftritt in einem Nachtklub in Zamalek. Sie stimmte mir zu, daß aufgrund der zunehmenden Armut Tanzen und Prostitution eng miteinander verknüpft waren. In Zeiten großer Armut und wachsender religiöser Orthodoxie stehen die Frauen in zweifacher Hinsicht unter starkem Druck: Einerseits müssen sie sich ihren Lebensunterhalt selbst verdienen, andererseits droht ihnen dafür ewige Verdammnis. Eine ägyptische Frau befindet sich in einer prekären Lage. Wenn sie keine Möglichkeit findet, zum Familieneinkommen beizutragen, wird sie häufig bereits in jungen Jahren verheiratet, weil die Familie es sich nicht leisten kann, sie durchzufüttern. Somit bleibt ihr nur, davonzulaufen und sich in Kairo als Bauchtänzerin zu verdingen. Da der soziale Status der Bauchtänzerin gesunken ist, sind mehr und mehr Tänzerinnen gezwungen, illegal als Prostituierte zu arbeiten.

»Die wirtschaftliche Depression senkt das künstlerische Niveau des Tanzes«, erklärte mir Diana. »Die Tänzerinnen verdienen als Prostituierte mehr und müssen sich nicht mehr auf den Tanz konzentrieren. Die Agenten verdienen ebenfalls weniger und sind deshalb vor allem daran interessiert, mehr Tänzerinnen zu verpflichten; ihre Kreativität und die Qualität ihres Tanzes ist ihnen relativ egal. Das Publikum, die Agenten und die Künstlerinnen gewöhnen sich an das Zweitklassige, und das wiederum räumt den Zensoren und der Polizei größere Macht ein, die ja nur darauf warten, daß sie diesen Tanz endlich ausrotten können.«

Diana war der Meinung, daß zwar ein hoher Prozentsatz der Tänzerinnen Prostituierte seien – was durchaus von der Gesellschaft akzeptiert werde –, sich aber dennoch die

Tradition des erotischen Tanzes im Nahen Osten erheblich von der europäischen unterscheide, da im Orient das Bild der Bauchtänzerin eher der historischen Figur der Kurtisane entspreche. Es gibt für sexuelle Dienste keine direkte Bezahlung, statt dessen bekommen die Frauen ein Trinkgeld für besonders aufreizende Tanzbewegungen, und mit diesem Geld erwirbt ein Mann das Recht, den Körper dieser Frau zu berühren. Zunächst berührt er nur ihren Arm, dann ihre Schulter und so weiter, bis er ihre Brüste anfassen darf. Diana fährt fort:

»Man bekommt als Tänzerin erst eine Arbeitserlaubnis, wenn man 18 Jahre alt ist, die Gesetze sind da sehr strikt. Aber die Gesetze verbessern die Situation nicht. Es gab vor zwei Jahren einen Gerichtsprozeß, der viel Aufsehen erregte. Es ging um eine Tänzerin, die ohne Arbeitsgenehmigung aufgetreten und erst 17½ war. Eine jüngere Tänzerin darf nur in einer Folkloregruppe mitmachen. Aber viele jüngere Tänzerinnen gehen lieber das Risiko ein und arbeiten illegal.«

Der Traum des Tanzstars Fifi Abdou ist es, eine Gewerkschaft für Bauchtänzerinnen zu gründen. Die gesellschaftliche Stellung der Tänzerinnen hat sich in den letzten zehn Jahren drastisch verschlechtert. Noch in den siebziger Jahren waren in ägyptischen Filmen Frauen in Badeanzügen, tief ausgeschnittenen, ärmellosen Kleidern und Miniröcken zu sehen. In den Filmen der achtziger Jahre jedoch traten Frauen nur noch vollkommen bekleidet auf – mit Ausnahme von Prostituierten oder Bauchtänzerinnen, die stets als gefallene Frauen dargestellt werden. 1986 begehrten Polizeirekruten gegen ihre schlechten Lebensbedingungen auf und ließen ihre Wut an den Bauchtanzklubs aus, indem sie in der Pyramidenstraße mehrere niederbrannten.

Der zunehmende Einfluß des Islam ist auch eine Folge des rapiden Bevölkerungswachstums und der damit einhergehenden Armut. Kairoer Vororte wurden zu einem regelrechten Schlachtfeld für Regierungstruppen und muslimische Fundamentalisten, die predigen, daß der Islam die Antwort auf Ägyptens Armut darstelle. Präsident Hosni Mubaraks Regierung beugte sich dem politischen Druck des militanten islamischen Flügels: 1989 wurden Bauchtanz und Alkoholwerbung aus dem Fernsehen verbannt. Ein nicht unerheblicher Teil der Sendezeit wurde religiösen Gruppen überlassen. Vor kurzem brachten militante Islamisten den Kairoer Vorort Imbaba praktisch in ihre Gewalt. Bauchtanz und Alkohol wurden verboten, Videoläden niedergebrannt, Frauen gezwungen, einen Schleier zu tragen, und die Christen in der Bevölkerung drangsaliert.

Der Koran lehrt, daß eine Frau nur für ihren Ehemann tanzen soll, und verbietet das Tanzen in der Öffentlichkeit. Ägypten verfügt jedoch über eine reiche weltliche Bauchtanztradition. Eine Tänzerin erklärte mir, wie die Religion den Tanz beeinflusse. Ohne die geringste Spur von Ironie sagte sie:

»Ägypten ist zu 95 Prozent islamisch und nur zu fünf Prozent christlich, aber jeder kann den Islam auf seine Weise praktizieren. Wenn man den Islam in seinem Herzen trägt, dann kann man mit dem Kopf tanzen, wie jemand aus dem Westen, aber dann ist man eine schlechte Tänzerin. Wenn man den Islam im Kopf hat, kann man mit dem Herzen tanzen. Wenn man den Islam im Herzen und im Kopf hat, kann man überhaupt nicht tanzen.«

Aufgrund des politischen Drucks tragen Tänzerinnen jetzt den Islam in ihrem Herzen und in ihrem Kopf. Es ist sehr schwierig, heute als Tänzerin zu arbeiten. Und viele, die vor der Verschärfung der Zensur erfolgreich waren, beugen sich jetzt dem wachsenden Konservatismus.

Viele Tänzerinnen tragen inzwischen einen Schleier, um für ihre »sündige« Jugend zu büßen. 1995 wurde Mona Said, eine bekannte Bauchtänzerin, von der Islamischen Union bedroht und tritt, aus Angst vor Vergeltungsmaßnahmen, inzwischen nur noch verschleiert an die Öffentlichkeit. Sahar Hamdy, eine der vulgärsten Bauchtänzerinnen Kairos, trägt jetzt ebenfalls einen Schleier, und auch Shams-el Baroudi und Madiha Kamel, ehemalige Filmstars, die sich fast nackt auf der Leinwand zeigten, sieht man heute nur noch verschleiert. Regierungsbeamte sind eifrig bestrebt, angesichts des wachsenden muslimischen Aktivismus' ihre eigene islamische Überzeugung unter Beweis zu stellen, indem sie zulassen, daß die Islamisten die Künste kontrollieren. Die liberale ägyptische kulturelle Tradition wird dadurch untergraben. Im Dezember 1991 geriet selbst Fifi, Kinostar und renommierte Bauchtänzerin, mit den Behörden in Konflikt und wurde wegen einer Vorführung verhaftet, in der sie »an verderbten Handlungen beteiligt war und unsittliche Gesten und Bewegungen darbot«. Sie wurde zusammen mit Hindiya, einer anderen bekannten Tänzerin, und dem Nachtklubmanager eingesperrt. Der Klub blieb einen Monat lang geschlossen.

»Unsere Gruppe bekämpft das Laster, indem wir Hochzeiten stören, bei denen Alkohol ausgeschenkt wird und Bauchtänzerinnen auftreten ... Wir verprügeln jede Bauchtänzerin, die wir finden, um ihren Auftritt zu verhindern ... Wir gehen zu jeder der etwa 600 Bauchtänzerinnen nach Hause und verprügeln jede von ihnen, damit sie ihr Gewerbe ein für allemal aufgibt«, erklärte Mahmoud El Khadari, muslimischer Fundamentalisten-führer, 1990 gegenüber der ägyptischen Tageszeitung *Gomhuria*. Seine Worte sollte man nicht auf die leichte Schulter nehmen.

In Kairo scheint sich jetzt etwas Ähnliches abzuspielen, wie wir es in den letzten hundert Jahren des öfteren im Westen erlebt haben: Eine repressive Politik bedroht die Liberalität der Gesellschaft, und sexuelle Unterdrückung treibt die erotische Kunst in die Illegalität. Das wiederum führt zu immer schwierigeren Arbeitsbedingungen für die Tänzerinnen. In dem Maß, wie die sexuelle Unterdrückung zunimmt, nimmt auch die Nachfrage nach pornographischen Darbietungen zu, und sexuelle Gefälligkeiten sind an der Tagesordnung.

Die Zensur in Kairo hat heute zur selben Distanz zwischen Tänzerin und Publikum geführt, wie sie im Westen bereits üblich ist. An die Stelle der Interaktion zwischen Zuschauer und Künstlerin trat die Phantasie des Zuschauers. Da die Zensur die Tänzerin auf ein Objekt verbotener sexueller Begierde reduziert, ist ein Austausch zwischen Tänzerin und Publikum kaum noch möglich.

In der westlichen Tradition ist Phantasie oft der Inhalt der Kunst. Die Phantasiewelten des Balletts beispielsweise verwandeln die Künstlerin in ein visuelles Objekt. Der Zuschauer wird zum reinen Betrachter; Tänzerin und Zuschauer teilen kein gemeinsames Erlebnis. Wenn Bauchtänzerinnen zu ihrem eigenen Vergnügen auftreten, dann ist ihnen allen eine intime sexuelle Sprache gemein, eine Sprache, die sie auf der Bühne verwundbar macht. Die arabische Tradition der Interaktion und der Einbeziehung der Zuschauer schafft eine Atmosphäre, in der die Tänzerin ihre »intime Sprache« zum Ausdruck bringen kann. Ist dieser Rahmen nicht gegeben, entsteht zwischen Darstellerin und Publikum eine Distanz, die sexuelle Begierden weckt und pornographische Phantasien nährt.

Eine andere Art von Distanz entsteht, wo der Bauchtanz als Fertigkeit angesehen wird, die es zu erlernen und zu meistern gilt. In den USA zum Beispiel, wo der Bauchtanz zur Zeit eine Renaissance erlebt, wird der Technik weit mehr Wert beigemessen als der Persönlichkeit der Tänzerin, was dazu führt, daß der Tanz beinahe asexuell geworden ist. Ahmed, der Musiker, der in der Sharia Mohammed Ali arbeitet, hält nicht viel von ausländischen Tänzerinnen. Er sprach Diana Mahiou aus der Seele, als er sagte: »Westliche Tänzerinnen tanzen mit dem Kopf, ägyptische tanzen mit dem Herzen.« Heute treten in den Kairoer Nachtklubs zunehmend westliche Darstellerinnen auf. Das hohe Ansehen, das westliche Kultur und damit ausländische Tänzerinnen – und die etablierte Tanzkunst im allgemeinen – genießen, läßt die Polizei bei diesen Klubs ein Auge zudrücken.

Ausländische Tänzerinnen haben oft Angst vor dem erotischen Potential des Bauchtanzes. Fatima leitet in Kalifornien eine Schule für kulturellen Tanz, wo sie ägyptischen, hawaiischen, polynesischen und haitischen Tanz unterrichtet und die Sitten und Bräuche exotischer Orte vermittelt. Ihre zweiundzwanzigjährige Tochter zählt zu den besten Bauchtänzerinnen der amerikanischen Westküste. Fatima ist davon überzeugt, daß die Kunst des Bauchtanzes, wie sie heute in Amerika praktiziert wird, der ägyptischen Variante vorzuziehen ist. Sie beklagt die Vulgarität der ägyptischen Bauchtänzerinnen und betont, daß sie ihre Kunst niemals als erotisch verstanden habe: »Wenn man von erotisch spricht, haben die Leute alle möglichen komischen Vorstellungen. Erotik ist in den Vereinigten Staaten out, und eine Menge Tänzerinnen sind beleidigt, wenn dieses Wort fällt ... Amerikanische Tänzerinnen geben sich große Mühe, diesen Tanz respektabel zu machen.« Sie erklärt, daß der Tanz mit viel Disziplin und Präzision einstudiert werde. Im Gegensatz dazu sei der ursprüngliche Bauchtanz unmoralisch und gewöhnlich. Fatima steht mit dieser Meinung nicht allein. Viele westliche Tänzerinnen sind bestrebt, das Image des Bauchtanzes aufzuwerten, indem sie ihn formalisieren. Auch wenn westliche Bauchtänzerinnen durchaus die »Sinnlichkeit« des Tanzes würdigen, sehen sie auf den »erotischen«, in Ägypten praktizierten Bauchtanz herab.

Im sechsten Stock eines schmalen Gebäudes, etwa auf der Mitte der Sharia Mohammed Ali, betreibt Ahmed Diaa ein kleines Geschäft für ägyptische Tanzkostüme. Im Hinterzimmer nähen und besticken sechs junge Frauen Kostüme für Bauchtänzerinnen. Die Oberteile sehen aus wie Panzer, so reich sind sie mit Perlen bestickt, und an die breiten Gürtel könnte man mühelos ein Schwert hängen. Die Bauchtänzerinnen sind stolz auf ihre üppigen Körper, und ihre Kostüme unterstreichen ihre Kraft.

Im Eingang hängen Werbeplakate osteuropäischer Hotels, die auf Ahmed Diaas internationaler Kundschaft verweisen. Seine Kostüme werden in fast allen Ferienorten des Schwarzen Meers und in ganz Osteuropa verkauft. Die Plakate sind in einer süßlich-anzüglichen Sprache verfaßt und werben mit Bildern von Bauchtänzerinnen und Schleiern für die »Verheißung des Orients«. Direkt daneben hängen Fotos von Bikinischönheiten, die ihre Körper zur Schau stellen. Hier wird der westliche Handel mit dem erotischen Image des »Orients« offen akzeptiert. Mit eben dieser Schlüpfrigkeit und Vulgarität, die Ahmed Diaas Werkstatt ausstrahlt, wollen westliche Tänzerinnen auf keinen Fall in Verbindung gebracht werden. Bezeichnenderweise sind es die amerikanischen und europäischen kulturellen Werte und Praktiken, die dieses obszöne Image überhaupt entworfen haben.

Besonders deutlich wird die Verbindung zwischen Pornographie und westlicher Kultur am Beispiel der osteuropäischen Tänzerinnen. In Osteuropa existiert keine erotische Tanztradition, weshalb Valerie und ihre Truppe den Striptease tanzen, als handele es sich dabei um eine Art Aufbaukurs im Rahmen ihrer klassischen Ballettausbildung. Erotiktänzerinnen treten dort nicht nur in Nachtklubs und Touristenhotels auf, am erfolgreichsten sind sie in Hotels, die von der russischen Schickeria frequentiert werden. Jalta, ein Erholungsort am Schwarzen Meer, wo Fünf-Sterne-Hotels Erotiktänzerinnen als zusätzliche Attraktion für russische Touristen engagieren, ist bei Stripperinnen besonders beliebt. 1992 eröffnete der vierunddreißigjährige kaufmännische Direktor des 2 518-Betten-Hotels Jalta in seinem Haus ein Kasino und Geschäfte, in denen man nur mit harten Währungen einkaufen kann, und stellte eine anspruchsvolle Varietéshow auf die Beine: »Nightstars«, ein Stripteasewettbewerb für beide Geschlechter. Siebzig Prozent der Gäste des Hotels kommen aus der ehemaligen Sowjetunion.

Valerie Neumann ist froh, mit ihrer Truppe ukrainischer Tänzerinnen in erotischen Revuen auftreten zu können:

»Ich bin glücklich, solange ich mein ganzes Leben lang nur tanzen kann. Auf der Bühne zu tanzen, ist etwas ganz Besonderes. Unsere Kunst ist wichtig; wir drücken unsere Gefühle und Stimmungen aus und unser Verständnis von der Welt – und natürlich auch unser Verhältnis zum Sex. Meinem Mann gefällt die Show; es ist kein Striptease, und wir tanzen ja auch nicht oben ohne. Unsere Darbietung ist erotisch, aber nicht sexy.«

Erotisch, aber nicht sexy? Die ukrainischen Tänzerinnen hüten sich, ihre Vorführung anzüglich zu gestalten. In Osteuropa sind die Tänzerinnen von gestern die Stripperinnen von heute. Viele versuchen, ihrer klassischen Ausbildung treu zu bleiben, und wollen als Objekt ästhetischer Betrachtung gesehen werden. Ähnlich wie einst bei den Ziegfeld Follies ersetzen sie choreographische Elemente durch die Zurschaustellung weiblicher Schönheit. Indem die Impresarios und Tänzerinnen auf künstlerische Form und Disziplin bestehen, geht die eigentliche Stärke des Striptease, seine Intimität, verloren. Im New York der dreißiger Jahre, in der frühen Varietétradition Europas und in der Folkloretradition Nordafrikas stützten sich die Tänzerinnen auf die direkte, sinnliche Beziehung zum Publikum. Auf ihr beruhte die Ausdruckskraft ihres Tanzes – eben das, was so oft schockierte.

An meinem letzten Abend in Kairo nahm mich Diana Mahiou mit in ihren Nachtklub, das *Casino el Nahr*. Der Klub befindet sich am westlichen Ufer des Nils, auf der Höhe der Insel Zamalek, die vor allem von Reichen bewohnt wird. Er gilt als Sprungbrett für Tänzerinnen, da sich hier regelmäßig Talentsucher einfinden. Dianas Vorführung ist ein traditioneller Bauchtanz und enthält die Grundelemente des Striptease: den »Kamel-Gang«, den Shimmy, entstanden aus dem Rollen des Bauches, und das Kreisen des Rumpfes, »Kaffeemahlen« genannt. Bereits zu Beginn der Vorführung legt sie ihren Schleier ab, als eine Art Begrüßung und weniger als Einleitung zu ihrem Tanz.

Da Diana Arabisch spricht, vermag sie die Liebeslieder ebenso gekonnt zu interpretieren wie eine Ägypterin. Sie ist ganz offensichtlich beliebt, was sich auch an den großzügigen Trinkgeldern zeigt. Die Zuschauer stecken die Scheine nicht der Tänzerin selbst zu, sondern geben sie einem Bühnenarbeiter, der sie auf sie herabregnen läßt.

Drei Monate zuvor war Diana Mahiou wegen eines Kostüms verhaftet worden, das die Polizei als »zu offenherzig« empfand. Man warf ihr Obszönität vor, es kam zum Prozeß.

»Ich wurde von der Polizei sehr schlecht behandelt – wie eine Frau, die ihren Körper verkauft. In ihren Augen war ich eine Prostituierte. Schließlich mußte ich nur 50 EGP Strafe für das Kostüm bezahlen, das ihnen zu schamlos war. Also war der ganze Prozeß nichts als eine Farce.«

Die Zensur ist heute in Ägypten genauso streng wie in New York in den dreißiger Jahren: Tänzerinnen dürfen nicht mit nacktem Bauch tanzen, und so tragen sie entweder ein hautfarbenes Trikot oder einen Netzbody. Der Rock darf nur so hoch geschlitzt sein, daß zwischen Knöchel und Knie höchstens 50 Zentimeter Bein zu sehen sind, damit beim Drehen nicht die Knie entblößt werden. Das Oberteil muß durchgängig sein und von den Unterarmen über das Brustbein reichen. »Es gibt gar kein Kostüm, das so geschnitten ist«, meinte Diana verächtlich. »Diese Vorschriften lassen sich überhaupt nicht einhalten; sie sind eine reine Farce.« Weshalb sie auch weitgehend ignoriert werden.

Die Polizei verhaftet eine Tänzerin, wenn ihre Darbietung zu aufreizend ist, wenn beispielsweise die Bewegung ihrer Brüste zu sexuell ist – aber auch, wenn sie sich mit einem Gast unterhält. Die Zensur verbietet es einem Zuschauer, auf die Bühne zu kommen und mit der Bauchtänzerin zu tanzen. Das war früher erlaubt; zwar wurde eine gewisse körperliche Distanz gewahrt, aber es war den »Gästen« gestattet, der Tänzerin ihre Anerkennung zu zollen, indem sie ihr einen Schein zusteckten. Das Gesetz, das es dem Publikum untersagt, mit der Künstlerin zu tanzen, wird ebenfalls ignoriert. Im *Casino el Nahr* tanzen Männer und Frauen gemeinsam mit Diana Mahiou; ihre Trinkgelder geben sie vorschriftsmäßig dem Bühnenarbeiter.

Der Bauchtanz war immer eine soziale Form des Tanzes und eine interaktive Vorführung. Aber aufgrund ihres Respekts für fremde Tanztraditionen und unter dem Druck religiöser Fanatiker argumentieren die Zensoren, daß das Publikum eine Vorstellung besuche, um sich Kunst anzusehen, und nicht, um mit der Künstlerin zu reden. Die Künstlerin ist gezwungen, ihre Darbietung künstlerisch »aufzuwerten«, wodurch die Intimität zwischen ihr und ihrem Publikum verlorengeht und eine Distanz entsteht, die die Wirkung des Tanzes auf das Publikum verändert. Je schärfer die Zensurbestimmungen werden, desto größer wird auch der Druck, den Tanz zur Kunstform zu erheben. Zahlreiche Klubbesitzer engagieren ausländische Tänzerinnen, um sich Ärger mit den Behörden zu ersparen. Der Klub wird seltener von der Polizei behelligt, wenn dort eine Ausländerin auftritt, deren Paß sie als »Ballettänzerin« ausweist. Heute sind die meisten ausländischen Bauchtänzerinnen in Kairo Russinnen, die den Bauchtanz nie erlernt haben und deren soziale Umstände sie für die Prostitution noch empfänglicher machen als Ägypterinnen. Der Vertrag, den Valerie Neumann und ihre vier Partnerinnen unterschrieben haben, sieht auch eine Bauchtanznummer vor. Die Frauen brachten sich die Grundschritte des Bauchtanzes anhand von Videos bei, die sie bei ihrer Ankunft in Kairo gekauft hatten.

Viele ägyptische Tänzerinnen sehen sich in die Illegalität gedrängt, und diejenigen, die noch legal arbeiten, müssen sich mit einem Hungerlohn zufriedengeben. Die künstlerische Qualität leidet darunter, daß Tänzerinnen genötigt sind, ihre Gage anderweitig aufzubessern. Um sich über Wasser zu halten, arbeiten sie entweder an einem Abend in bis zu sieben verschiedenen Nachtklubs oder gestalten ihre Darbietung aufreizender, um mehr Trinkgelder zu bekommen. Manche arbeiten auch nur noch als Prostituierte.

Diana Mahiou glaubt, daß es trotz der verschärften Zensurbestimmungen und der wirtschaftlichen Depression immer noch große Unterschiede zwischen ägyptischen und ausländischen Tänzerinnen gibt, die dazu beitragen, daß der Tanz seine erotische Wirkung behält: »Die ausländischen Tänzerinnen verfügen über mehr Technik, aber sie sind weniger sinnlich und erotisch. Sie verlieren ihre Macht über den Tanz, weil sie Angst vor den sexuellen Bewegungen haben.« Sie fügte hinzu, daß sie erleichtert gewesen sei, als sie erfuhr, daß ich mich mit ihr über erotischen Tanz und Striptease unterhalten wollte:

»Als ich sah, wie Sie sich Notizen machten, war ich wütend. Ich dachte: nicht schon wieder so eine westliche Journalistin, die mich über meine Beziehung zu irgendeinem

Göttinnenkult befragen will! Es geht um einen erotischen Tanz, und ich bin stolz darauf, daß ich das erkannt habe. Der Striptease und der Bauchtanz sind eng miteinander verknüpft, weil beide von denselben Frauen vorgeführt werden, Frauen, die stolz auf ihre Sexualität sind und die mit Anmut, Schönheit und Kreativität tanzen.«

Sie weist mich auf die Unterschiede zwischen den östlichen und den westlichen Tänzerinnen im *Casino el Nahr* hin, wo ich mir zusammen mit Ahmed Khalil, einem Kostümbildner, mehrere Darbietungen ansehe. Direkt nach Diana tritt eine noch sehr junge Australierin auf, die von der Geschäftsleitung zur Probe angestellt wurde. Sie tanzt nur zu einem Lied, und es ist offensichtlich, daß sie den Text nicht versteht. Sie konzentriert sich auf die Technik und nicht auf die Kommunikation zwischen Musikern und Publikum. Selbst Ahmed Khalil ist enttäuscht. »Sie tanzt von außen«, sagt er. Das arabische Publikum sieht das offenbar ebenso, denn sie bekommt kein Trinkgeld.

Die libanesische Tänzerin, die nun die Bühne betritt, ist eine große, üppige Frau mit einer starken sexuellen Ausstrahlung. Ich ertappe mich dabei, wie ich sie abschätzend betrachte und ihr insgeheim Punkte gebe – nicht anders als ein Macho in einem Bumslokal. Sie ist stark geschminkt, ihre langen schwarzen Haare reichen ihr fast bis zum Po, für westliche Maßstäbe ist sie übergewichtig und hat keine Taille, aber riesige Brüste. Sie wirkt verführerisch. Sie bewegt sich viel langsamer als die Australierin, ihr Tanz ist sinnlicher. Sie läßt den Blick über das Publikum schweifen, um einen direkten Kontakt herzustellen, und es ist offensichtlich, daß sie nur für Trinkgelder tanzt. Jede Bewegung ist für eine bestimmte Person im Publikum bestimmt. Ihr Tanz wirkt eindeutig erotisch und kraftvoll.

»Sie ist die beste Tänzerin des Abends«, erklärt Diana. Ahmed stimmt ihr zu. »Achten Sie auf die Zuschauer«, sagt Diana. »Das Seltsame ist, daß der Blick der arabischen Männer nie lüstern ist. Selbst auf Hochzeiten der Unterschicht wird man als Tänzerin nie anzüglich angestarrt.«

Ihr zufolge rührt der Unterschied zwischen dem westlichen und dem arabischen Verständnis von diesem Tanz von der unterschiedlichen Einstellung zur Sexualität: »Ägyptische Frauen sind sehr sinnlich und sich ihrer sexuellen Ausstrahlung auch bewußt. Als kultivierte Frauen mögen sie vielleicht Bauchtänzerinnen verachten, aber sie wissen eine gute Vorführung zu schätzen. Bei den Männern ist es ähnlich.« Demnach teilen in einem sexuell aufgeschlossenen Klima Publikum und Darstellerin eine gemeinsame Phantasie, die die Tänzerin mit ihrer Darbietung weckt und die das Publikum bereitwillig aufgreift. Wenn in Nachtklubs Männer auf der Bühne mit Bauchtänzerinnen tanzen, wird immer ein respektvoller Abstand gewahrt. Nur einmal erlebte ich, daß gegen dieses ungeschriebene Gesetz verstoßen wurde: in dem Hotel, in dem Sabil auftrat und das hauptsächlich von europäischen Pauschaltouristen besucht wurde.

Im heutigen Kairo ist die weltliche kulturelle Tradition des Bauchtanzes infolge des zunehmenden religiösen Drucks der islamischen Mächte bedroht. Der Tanz bewegt sich zwischen Phantasie und körperlicher Zurschaustellung, zwischen dem Verbotenen und dem Erlaubten, sexueller Befreiung und Unterdrückung, zwischen Volkskunst und »hoher« Kunst. Diese Ambivalenz kreiert das erotische Bild der Tänzerin, das gerade in Zeiten tiefgreifenden sozialen Wandels einen besonderen Reiz ausüben kann. Dieses Bild ist nicht statisch, vielleicht nicht mehr als ein Trugbild oder eine flüchtige Erscheinung, die durch bestimmte soziale und wirtschaftliche Bedingungen hervorgerufen wird. Was immer es ist – wir sollten es uns bewahren.

Die Stimmen der Tänzerinnen

Die folgenden Porträts stellen einzelne Tänzerinnen vor. Ihre fiktiven Monologe basieren auf zeitgenössischen Zeitungsartikeln, Gerichtsprotokollen, Briefen und Tagebuchaufzeichnungen. Die Stimme von Nickie Roberts ist authentisch. Mit ihr führte die Autorin mehrere Interviews.

Lydia Thompson
1836–1908

Lydia Thompson war die Tochter mittelloser Eltern und wurde schon früh auf eine Bühnenlaufbahn vorbereitet, mit der sie das Einkommen der Familie aufbessern sollte. Sie besuchte bereits als kleines Mädchen eine Tanzschule und war eine erfolgreiche Kinderdarstellerin, die in Varietétheatern in ganz England auftrat. Um die Mitte des letzten Jahrhunderts waren Mädchen auf einer Varietébühne noch eine Seltenheit, die jungen Sänger waren in der Regel männlich.

Lydia Thompson war eine talentierte Tänzerin, und sie und ihre Truppe The British Blondes waren aufgrund ihrer spektakulären »Bein-Shows« Mitte des 19. Jahrhunderts die Stars des britischen Varietés. 1868 gingen die British Blondes auf ihre erste Amerika-Tournee, und es sollten viele folgen. Im Herbst 1887 übernahm Lydia Thompson das *Strand Theatre* in London und inszenierte die Oper »Der Sultan von Mokka« von Alfred Cellier. Die Produktion war ein kommerzielles Desaster, und sie war gezwungen, den langfristigen Pachtvertrag für das Theater abzutreten. Michael Leavitt bot ihr daraufhin eine Gastspielreise durch die Vereinigten Staaten an. Lydia Thompson war mittlerweile 51 Jahre alt. »Was denn, wirklich Blondinen, Strumpfhosen und viel Bein?« soll sie zweifelnd auf sein Angebot erwidert haben. »Es wird eine Sensation«, antwortete er, und er behielt recht.

Lydia Thompson war zweimal verheiratet. Aus ihrer ersten Ehe mit Mr. Tilbury hatte sie eine Tochter namens Zeffie. Tilbury, der Erfinder der nach ihm benannten leichten, zweirädrigen offenen Kutsche, kam bei einem Unfall mit einem widerspenstigen Pferd ums Leben. Ihr zweiter Mann war der Manager der Truppe, Alex Henderson. Die Ehe soll sehr unglücklich gewesen sein. Laut einem Zeitungsbericht hatte Alex Henderson Lydia Thompson nur geheiratet, »weil er damals krank war, außerdem Mitleid mit ihr hatte und sie ihm 50 000 Pfund Sterling geboten hat«. Während der Tourneen wurde immer wieder über eine drohende Scheidung gemunkelt. Bei der ersten Tournee nahm die Thompson-Truppe 100 000 Dollar ein, Lydia wurde aber um die Hälfte der Summe betrogen. Obwohl nie aufgedeckt wurde, von wem, stand doch fest, daß es jemand war, »dem sie vertraute«. Michael Leavitt oder Alex Henderson hatte sie hintergangen. Aber Lydia liebte Henderson über alles, während er ihr bestenfalls gleichgültig gegenüberstand.

Ihre Tochter Zeffie wurde Schauspielerin und arbeitete an verschiedenen bürgerlichen Tourneetheatern in den USA. 1904 kehrte auch Lydia Thompson noch einmal nach Amerika zurück, um das Schauspieldebüt ihrer Tochter als Paulina in *Ein Wintermärchen* mitzuerleben. Im selben Jahr trat sie selbst in *The Queen's Romance* zum letzten Mal auf.

Februar 1870. Im Zug von Chicago nach Detroit

Ich sollte Michael schreiben, was in Chicago passiert ist, bevor er durch Gerüchte davon erfährt. Er ist unser Manager und hat ein Recht darauf zu wissen, was vorgefallen ist. Erst die vielen guten Kritiken, die wir in ganz Amerika bekommen haben, und jetzt das ... Aber ich stehe zu meinem Verhalten. Die Schuld liegt allein bei diesem Storey von der *Chicago Times* ... Ich werde die ganze Geschichte in meine nächste Vorstellung einbauen. Eine unglaubliche Geschichte! Aber erst einmal der Brief ...

»Mein lieber Michael,

Als ich in Chicago ankam, war ich froh, endlich aus dem Waggon herauszukommen. Das Reisen in Amerika ist immer noch eine recht beschwerliche Angelegenheit, und mir taten alle Knochen weh. Wir sind von New York nach Cincinnati gefahren, von Cincinnati nach St. Louis und dann von St. Louis nach Chicago. Jetzt sind wir auf dem Weg nach Detroit. Wir fuhren um 22 Uhr in Chicago ab; zum Glück habe ich für Zeffie und mich ein Schlafwagenabteil gebucht. Inzwischen sitze ich schon sechs Stunden im Zug, und ich bin immer noch wach. Draußen schneit es, und hier im Wagen ist es so kalt, daß ich nicht einschlafen kann, aber wir sind alle guter Dinge. Obwohl wir aufregende Zeiten hinter uns haben!

Erst vor ein paar Monaten sind wir in Chicago aufgetreten, das Publikum war wundervoll, und die Kritiker waren begeistert. Ich hätte mir nicht träumen lassen, welcher Ärger uns diesmal dort erwarten würde ...«

Vielleicht sollte ich lieber nicht »Ärger« schreiben. Michael könnte es falsch verstehen. Wenn ich bedenke, daß wir erst vor zwei Wochen in Cincinnati abgereist sind. Die Arbeitsbedingungen dort waren schrecklich. Ich hätte mich nie darauf eingelassen, wenn ich gewußt hätte, daß wir jeden Abend über das Dach des Staatsgefängnisses gehen mußten, um zum Theater zu kommen. Das Gefängnis war so überfüllt, daß die Gefangenen in ihren Zellen praktisch aufeinander standen. Ich werde nie vergessen, wie sie ihre Arme durch die Gitter über ihren Köpfen streckten, um nach unseren Füßen und Unterröcken zu greifen. Ein gefährliches Pflaster für Schauspieler, diese Stadt. Das Publikum geriet völlig außer Rand und Band. Zivilisierte Zuschauer klatschen Beifall oder stampfen mit den Füßen, aber in Cincinnati taten die Leute praktisch nichts anderes als kreischen, heulen und johlen. Und dann kamen wir nach Chicago, wo sich das Publikum totlachte, wenn ein Komiker einem Mann eine Gummikeule über den Kopf schlug, aber wo wir uns die Lunge aus dem Leib singen konnten, ohne daß die Zuschauer auch nur eine Hand zum Applaus rührten. In Cincinnati würde ich ohne zu zögern wieder auftreten. Der Rückhalt in der Bevölkerung war doch erstaunlich, und der Zuspruch der Öffentlichkeit ist es, der mich antreibt. Ja, in Cincinnati waren sogar die Schuhputzer so begeistert von uns, daß sie ihre letzten Groschen zusammenkratzten, um mir einen silbernen Lorbeerkranz schmieden zu lassen. Das hat noch nie jemand für mich getan! Alex meinte, wir sollten ihn einschmelzen lassen, um die Gerichtskosten zu bezahlen. Nie im Leben! Lieber hätte ich eine Gefängnisstrafe abgesessen.

Aber so ist Alex. Ich sollte mir keine Gedanken um ihn machen, er macht sich um mich schließlich auch keine. Er ist mein Mann, okay, aber er bringt sich manchmal nur deshalb in Schwierigkeiten, damit er zurückbleiben und sich mit einem Mädchen, auf das er ein Auge geworfen hat, noch eine Nacht lang vergnügen kann. Es ist nicht zu ändern. Was soll ich tun? Eine Burlesque-Künstlerin braucht nun einmal ein Familienleben, um ihren Ruf zu wahren. Und als Tilbury umkam und mich mit Zeffie allein und ohne einen Pfennig zurückließ, hatte ich gar keine andere Wahl. Dumme Ausflüchte ... Ich liebe diesen Mann nun mal. Von den 100 000 Dollar, die ich auf meiner ersten Tournee verdient habe, habe ich ihm die Hälfte für seine Theater gegeben, und deshalb hat er mich geheiratet. Ich sollte endlich aufhören, mir Sorgen um ihn zu machen.

Mir geht immer noch der Reim im Kopf herum: »Storey, storey, alt und grau«. Cahill hat

diesen Gag gebracht, er ist sehr schlagfertig. Er hat den Reim gestern abend spontan abgewandelt. Ich war in einer schrecklichen Verfassung … ich hatte eine Nacht im Gefängnis
verbracht, dann wurde ich vors Gericht zitiert und mußte die Matinée-Vorstellung absagen.
Kein Wunder, daß ich nicht gerade in Höchstform war. Aber das schien niemanden zu stören.
Das Publikum war begeistert.

>Storey, storey, alt und grau

Scher dich lieber um deine Frau …<

Wilbur Storey. Diesen Namen werde ich so schnell nicht vergessen. Herausgeber der *Chicago Times*. Seinetwegen hätte ich fast einen Mord begangen. Ich bin sicher, daß ich den Artikel mitgenommen habe, wo habe ich ihn bloß hingelegt? Ich weiß, daß ich ihn nicht im
Gepäck verstaut habe. Ach, in meinem Hut. Warum eigentlich im Hut? Egal. Ich habe den
Artikel immer wieder gelesen, und jedesmal fand ich diese infamen Anschuldigungen un-
geheuerlicher und verletzender.

Ich werde nie Alex' Gesicht vergessen, als er in meine Garderobe kam. Es schien ihn beinah zu ärgern, daß Pauline und ich so gutgelaunt waren.

>Habt ihr schon den neusten Artikel in der *Chicago Times* gelesen?<

Natürlich nicht. Ich wußte, daß der Herausgeber nicht gut auf das *Opera House* zu sprechen war, weil ihm der Direktor keine Freikarten geschenkt hatte, und deshalb erwartete ich
keine guten Kritiken. Ich hatte die Zeitung also ganz bewußt nicht gelesen, weil mich eine
schlechte Presse demoralisiert. Ich erinnere mich daran, daß ich irgendwo gehört hatte, die
Chicago Times hätte sich über die Burlesque mokiert, woraus ich schloß, daß dieser Storey
auch über mich hergezogen war, schließlich habe ich die Burlesque in Amerika eingeführt.
Alex hatte mir ein paar Auszüge vorgelesen, und wir hatten eine bissige Erwiderung auf diese
Schmähungen entworfen. Aber auf Storeys neuste Verleumdungen war ich nicht vorbereitet.

Alex' Gesicht zuckte, wie immer, wenn er sich aufregt, seine Hände fingen an zu zittern,
und er blinzelte hektisch. Ich hatte Mühe, mein Lachen zurückzuhalten. Er sieht wirklich zu
komisch aus, wenn er sich aufregt.

>Hör dir das an!< Ich verzog keine Miene. Und dann las er mir vor. Wo ist dieser Artikel
jetzt schon wieder? In meiner Hand. Also, dieser Schmierfink schreibt:

>Neulich stellte der Korrespondent der *Times* das Programm des *Opera House* auf eine Stufe
mit einer Schlangenvorführung oder ähnlichen Veranstaltungen. Mit diesem Vergleich hat die
Times unbeabsichtigt die Schlangen beleidigt und möchte sich hiermit unverzüglich dafür ent-

schuldigen. Wir würden den Bier- und Tanzlokalen dieser Stadt unrecht tun, wenn wir behaupteten, *Crosby's Opera House* sei auf ihr Niveau herabgesunken. Es ist weit tiefer gesunken. Diese Lokale sind im Vergleich zur Oper außerordentlich kultivierte Etablissements.«

»Dirnen im *Opera House*. Wo bleibt die Polizei?«

»Die neuste Erotikrevue – im *Opera House*.«

»Das *Opera House*: ein Freudenhaus.«

Dirnen? Prostituierte? Ich, eine verheiratete Frau, die mit ihrer Tochter und einer Truppe schöner Frauen durchs Land reist und der man nichts vorwerfen kann außer ihrem Erfolg? Überall ausverkaufte Häuser, in unseren Vorstellungen Zuschauer aus allen Schichten, in jedem Schaufenster unsere Plakate und in jedem Bundesstaat Amerikas Engagements. Wir haben unglaublich hart für diese Tournee gearbeitet. Wir haben unser Programm auf jedes Theater, in dem wir auftraten, neu abgestimmt. Wir arbeiteten zwölf Stunden am Tag. Und dann Zeffie mit ihrem schlimmen Husten. Ich wache jede Nacht an ihrem Bett und bin ständig müde. Ich arbeite schwer. Und das ist der Dank.

Als Alex mir den Artikel vorgelesen hatte, habe ich mir vor allem Sorgen wegen seines Jähzorns gemacht. In der letzten Saison hat er sich mit den einflußreichsten Kritikern in New York angelegt, was dazu führte, daß die Presse über ihn herfiel; man schimpfte ihn einen Zuhälter und uns einen Haufen Huren. Alex und sein Jähzorn hätten beinah unsere Karriere in Amerika ruiniert. Diesmal war ich entschlossen, unseren Ruf zu verteidigen, aber ich wollte auch verhindern, daß der Skandal eskaliert. Ich bin eigentlich nicht so leicht zu erschüttern. Für mich zählt nur, daß uns das Publikum liebt. Und das Geld natürlich.

Der Artikel von diesem Storey ist doch schockierend. Erst vor ein paar Monaten sind wir in Chicago aufgetreten und hatten großen Erfolg, beim Publikum und bei den Kritikern. Ich verstehe die Sache einfach nicht. Es war richtig, daß ich eine Entschuldigung verlangt habe. Ganz sicher.

»Verlang eine Entschuldigung«, sagte ich zu Alex. »Verlang vom Herausgeber eine Entschuldigung, und zwar schnell, sonst kriegen wir in den andern Häusern noch Auftrittsverbot.« Das waren bösartige Verleumdungen, und so was lasse ich mir nicht gefallen. Und alles nur wegen ein paar Strumpfhosen! Ziemlich lächerlich, wenn nicht unser Ruf auf dem Spiel stünde. Das amerikanische Publikum ist schon seltsam, manchmal unglaublich vulgär und dann wieder so prüde. Schließlich hat sogar Shakespeare seine Frauen in Strumpfhosen auftreten lassen, und was sich Shakespeare erlauben durfte, darf ich mir schon lange erlauben.

Sie brachten keine Entschuldigung in der Zeitung. Ich schickte also Adolph Birgfield zu Storey, damit er versuchte, ihn zum Einlenken zu bewegen. Vielleicht war das ein Fehler. Birgfield war neu in der Truppe und ein junger, unerfahrener Bursche. Er war einfach zu jung und zu leicht einzuschüchtern. Er wurde von einem rasenden Storey empfangen, der ihn mit einer geladenen Pistole vertrieben hat, als wäre er der Teufel in Menschengestalt.

Danach überschlugen sich die Ereignisse. Storey schrieb noch einen Artikel, in dem von unserem »verderblichen Einfluß auf die öffentliche Moral« und sogar von »Prostitution« die Rede war. Ich habe ihn irgendwo. Aber wo? Vielleicht habe ich ihn mit dem andern Artikel in meinen Hut gesteckt? Ja, natürlich. Alles schön ordentlich gesammelt fürs Album. Da hab ich ihn:

»Ein kurzer Kommentar zu den Blondes: Wenn es irgend etwas gibt, was der Polizei ganz sicher absolut zuwider ist, so ist es das Dauerthema dieses Artikels; und wenn in diesem Artikel überhaupt darauf eingegangen wird, so aus demselben Grund, aus dem auch das Glücksspiel und die Prostitution in dieser Zeitung zum Thema gemacht werden – um die Sittenlosigkeit in unserer Stadt aufzudecken und wirksam zu bekämpfen.«

Ich las mit wachsendem Zorn weiter und wurde immer wütender, als ich merkte, welche Lügen und Unwahrheiten er über uns verbreitete. Er behauptete, daß wir nur vor halbvollen Häusern auftreten würden, obwohl jede Vorstellung ausverkauft war und die Leute Schlange standen, um noch zurückgegebene Karten für eine Vorstellung zu ergattern. Er behauptete, daß die Kritiker unsere Auftritte nicht gelobt, sondern verrissen hätten, und daß es seine moralische Pflicht wäre, seine Leser vor dem Besuch unserer Vorstellungen zu warnen. Und dabei rissen sich die Leute um unsere Karten!

Mir war klar, daß es hier nicht mehr um die persönliche Rache von Storey am Direktor des *Opera House* ging, weil er keine Freikarten gekriegt hatte. Aber was sollten wir tun? Wir warteten eine volle Woche, bevor wir auf seine Verleumdungen reagierten. Eine geschlagene Woche warteten wir ab und überlegten, ob wir ihm eine Verleumdungsklage anhängen sollten. Aber bei unserem Tourneeprogramm war das unmöglich. Wir waren nicht lange genug in Chicago, um einen Prozeß führen zu können, und so etwas läßt sich nicht schriftlich erledigen.

Ich war trotz allem guter Dinge, weil wir ja weiterhin auftraten, und solange ich auftreten kann, bin ich zufrieden. Ich begann mir aber Sorgen zu machen, als ich merkte, wie sehr die ganze Geschichte Pauline mitnahm. Sie ist erst 18 und noch nicht lange bei der Truppe. Sie ist zu jung, um solche boshaften, kränkenden Lügen wegzustecken. Mir tut es leid, daß ich sie überhaupt nach Amerika mitgenommen habe. Es hat mir weh getan, sie so unglücklich zu sehen … Es stand eben nicht nur mein Name, sondern der Ruf des gesamten Ensembles auf dem Spiel. Ich saß in meinem Hotelzimmer und war dabei, am Skript einige Änderungen vorzunehmen. Wir hatten schon einige Gags und Wortspiele mit »story« und »storey« in die Show eingebaut, und Harry Beckett äffte den aufbrausenden, selbstherrlichen Storey so wunderbar nach, daß das Publikum vor Begeisterung tobte. Meine Zimmertür war wie immer offen, damit die andern jederzeit bei mir hereinschauen können. Allerdings gibt es dafür noch einen anderen, ganz egoistischen Grund – so kann ich auch ein Auge auf meinen Mann haben. Pauline kam weinend herein, und ich stand auf, legte den Arm um ihre Schultern und bot ihr eine Tasse Tee an. Sie setzte sich ans Fußende meines Betts, in der Hand die neuste Ausgabe der *Chicago Times*, und zeigte auf den mittleren Absatz des erbärmlichen Artikels. »Schauen Sie. Haben Sie das gelesen?«

»Daß diese Frauen unter diesen Umständen an die Öffentlichkeit appellieren, beleidigt das Urteilsvermögen der Öffentlichkeit. Daß sie sich in überflüssiger und anzüglicher Weise zur Schau stellten, wie es die Polizei nicht einmal in einem Freudenhaus dulden würde; daß sie sich einer vulgären, primitiven und unflätigen Sprache bedienten, die ein ehrbarer Mann nicht einmal in Abwesenheit von Frauen benutzen würde; daß ihre Aufführungen letztlich nur dazu dienten, um sich in schamloser Weise zur Schau zu stellen, und daß ihre ordinären Texte nicht die Spur von Humor enthalten; dies und noch viel mehr kann jeder achtbare Bürger bezeugen, der eine ihrer Vorstellungen besucht hat. Dies sind die Beschuldigungen, die gegen sie erhoben wurden, und ihnen kann sich der Autor nur aus vollstem Herzen anschließen. Die Frauen, denen all dies zur Last gelegt wird, haben männliche Beschützer, die sich, wenn sie nur die geringste Ungerechtigkeit wittern würden, zur Wehr setzen und Wiedergutmachung fordern könnten, statt im Namen der Frauen halbherzige und sinnlose Appelle an die Öffentlichkeit zu richten.«

Ich war sprachlos. Dann kam mir plötzlich eine Idee. »Wir werden diesen Schuft bestrafen«, sagte ich zu Pauline. »Jawohl! Wir werden ihn auspeitschen.« Ich weiß nicht, wie ich auf diese Idee kam, aber sie setzte sich in meinem Hirn fest und ließ sich nicht mehr vertreiben. Sie kam wie ein Blitz aus heiterem Himmel und ließ mich nicht mehr los.

Selbst im nachhinein würde ich es nicht anders machen. Ich sitze hier in einem kalten Eisenbahnwaggon, ohne einen Pfennig, wegen der hohen Geldstrafe, die wir zahlen mußten, aber ich bereue es nicht. Ich war wie besessen von dieser Idee und entschlossen, sie in die Tat umzusetzen.

Ich rief Henderson, er holte den Anwalt vom *Opera House*, und bald darauf saßen wir zu sechst in unserem Hotelzimmer: Pauline und ich, Alex und der Anwalt und Liua Edwin und Harry Beckett, die uns ihre Unterstützung angeboten hatten. Harry Beckett hielt das Ganze für eine grandiose Idee und schlug vor, daß Pauline und ich Storey auspeitschten, damit er sich doppelt gedemütigt fühlte. Ich fand es völlig richtig, daß der Lump, der das zarte Geschlecht so beleidigt hatte, nun auch von Frauen Prügel bezog, und dazu stehe ich immer noch. Allerdings gab es da das Problem mit seiner Pistole. Aus zahlreichen Zeitungsberichten wußten wir, daß er nur bis an die Zähne bewaffnet auf die Straße ging. Alex erklärte sich bereit, uns zu begleiten, und wir beschlossen, uns am frühen Abend vor Storeys Haus in der Wabash Avenue zu treffen. Ich wollte, daß möglichst viele Leute von seiner Demütigung erfuhren, und deshalb hielt ich es für besser, wenn die Sache in einem Wohnviertel und nicht vor der Zeitungsredaktion passierte. So würde es sich schneller herumsprechen. Außerdem hieß es, daß er einen Polizisten vor der Redaktion postiert hätte.

Da sich die Neuigkeit über unseren Plan in Windeseile herumsprach, belagerten bald auch die restlichen Mitglieder der Truppe unser Hotelzimmer. Wir wollten unser Vorhaben eigentlich geheimhalten, aber es stießen immer mehr Leute dazu, um uns Tips zu geben, wie wir den Kerl am besten vermöbeln könnten. Unser Zimmer wurde immer voller, die Unterhaltung immer lauter, die Stimmung immer übermütiger und wir immer betrunkener. An die Abendvorstellung erinnere ich mich kaum, und in der Nacht schlief ich schlecht. Der nächste Tag war der 24. Februar. Am Nachmittag nahmen wir eine Kutsche, und es ging los. Adolphe lenkte. Als wir in der Wabash Avenue ankamen, ging er voraus, um uns Bescheid zu geben, sobald Storey das Haus verließ. Ich erinnere mich deutlich, daß es noch hell war, als Adolph mit der Nachricht zurückkam, daß Storey unterwegs sei. Ein großer, älterer Mann mit schiefem Mund und aufgedunsenem Gesicht näherte sich uns, an seiner Seite eine elegante Frau. Alex sprang aus der Kutsche. Um ganz sicher zu gehen, fragte er den Mann: »Sind Sie Mr. Storey?« Als Storey ja sagte, sprangen Pauline und ich ebenfalls auf die Straße, und Alex stellte uns ihm als »Miss Markham und Mrs. Thompson« vor. Ohne zu zögern schlug ich ihm mit der Peitsche übers Gesicht, und noch während ich sie zurückzog, versetzte Pauline ihm den nächsten Hieb. Da griff er nach einem dicken Ast und wollte Pauline schlagen, aber ich traf ihn am Hals, bevor er richtig ausholen konnte.

Die Frau rief: »Um Gottes willen, hören Sie auf! Ich kann nichts dafür!« – »Das weiß ich, meine Beste«, antwortete ich, fuhr blitzschnell um sie herum und schlug erneut auf Storey ein. Ich bin mir nicht sicher, ob sie Mrs. Storey war oder ob sie überhaupt eine Dame war. Ich habe meine Zweifel, denn ich glaube, daß ich sie schon im Foyer des *Opera House* gesehen habe, aber allein aus Achtung vor unserem Geschlecht will ich nicht voreilig urteilen.

»Wilbur, deine Pistole«, kreischte sie, und als er in seiner Tasche herumfingerte, riß Alex seine Pistole heraus und: »Wenn Sie Ihre Waffe ziehen, erschieß ich Sie wie einen Hund.« Dann ging alles drunter und drüber. Ich weiß noch, daß Storey mit dem Ast auf uns losging, und daß Alex dazwischensprang, um uns zu schützen. Dann entriß Storey Alex die Peitsche, die er für alle Fälle mitgenommen hatte, und begann, in blindem Zorn damit auf uns einzuschlagen. Ich fand, daß wir unser Ziel erreicht hatten und es genug war, und als wir uns aus dem Staub machten, schrie er uns die wüstesten, ordinärsten Schimpfworte hinterher, die ich je gehört habe. In meiner gesamten Bühnenlaufbahn habe ich so etwas nicht gehört, weder auf den Zuschauerrängen im Theater, noch in den Straßen der Städte, in denen ich gastierte, noch von Schauspielern, mit denen ich auf der Bühne stand. Das bestätigte mich nur in meiner Überzeugung, daß dieser Mann ein Lump der niedrigsten Sorte ist.

Als wir im Hotel ankamen, hatte es sich schon herumgesprochen, daß Storey einen Haftbefehl wegen ordnungswidrigen Verhaltens gegen uns durchsetzen wollte, und vor dem Hotel erwartete uns eine große Menschenmenge. Die Prügel, die ich diesem Schuft verpaßt hatte, hatten mich in Hochstimmung versetzt, und obwohl es mich empörte, daß ich mein Ansehen und meine Ehre vor Gericht würde verteidigen müssen, freute ich mich auch auf die Gelegenheit, es ihm in aller Öffentlichkeit heimzuzahlen.

Viele Leute in der Stadt boten sich an, vor Gericht unseren guten Leumund zu bezeugen, und viele mehr erboten sich, unsere Gerichtskosten zu übernehmen. An diesem Abend war unsere Vorstellung ausverkauft, und das Publikum hörte überhaupt nicht auf zu klatschen. Von unserer Aufführung kann es nicht viel verstanden haben.

Am nächsten Tag schien die ganze Stadt auf den Beinen zu sein, um unseren Prozeß mitzuerleben. Als wir am Gericht ankamen, jubelte uns die Menge zu wie einer Königsfamilie. Die Arbeiter vom Gaswerk waren nach ihrer Nachtschicht nicht nach Hause gegangen, sondern warteten auf uns; die Straßenjungen spielten vor dem Gerichtsgebäude mit den Schulschwänzern, die Obdachlosen, auch Frauen mit Kindern, standen Seite an Seite mit den gutgekleideten Familien der Stadt. Als Storey eintraf, ging ein Pfeifkonzert los, als wäre er der Bösewicht in einer Burlesque.

Wir verteidigten uns damit, daß wir wegen der Tournee keine Möglichkeit gesehen hätten, Storey wegen übler Nachrede zu verklagen, da wir ja in zwei Tagen nach Detroit aufbrechen müßten; daß seine Anschuldigungen Lügen und Verleumdungen seien; daß er nicht nur das schwache Geschlecht, sondern unseren ganzen Berufsstand beleidigt habe, und daß er uns außerdem öffentlich dazu aufgefordert habe, seinen Vorwürfen etwas entgegenzusetzen. Selbst sein eigener Entlastungszeuge stellte sich auf unsere Seite und widersprach entschieden Storeys Version der Geschichte. Storey behauptete, zwei Männer hätten ihn angegriffen, nicht zwei Frauen. Der Richter war nachsichtig und verurteilte jeden von uns zu 100 Dollar Strafe. Von der Galerie hörte man empörte Rufe; die Leute hatten gehofft, daß die British Blondes freigesprochen würden. »Eine Schande«, »Unglaublich«, »Gemeinheit«, so machten die Leute ihrem Ärger Luft, und sie hatten recht. Aber wir beugten uns dem Urteil. Vor dem Gericht hatten sich an die 2 000 Menschen versammelt, und alle jubelten und klatschten, als wir herauskamen. Doch die Sache war noch nicht ausgestanden, denn am selben Nachmittag gelang es Storey, einen Haftbefehl gegen uns durchzusetzen, diesmal wegen Anstiftung zum Aufruhr. Die Kaution wurde auf 500 Dollar für Alex und 300 Dollar für jedes Ensemblemitglied festgesetzt. Einige betuchte Gentlemen waren so freundlich, uns großzügig ihre Unterstützung anzubieten und die Kaution zu stellen. Unter diesen Herren waren nicht nur politische Gegner Storeys. Einige gehörten derselben Partei an wie er, aber sie verurteilten sein Verhalten ganz offen; manche meinten sogar, daß er noch ein paar Hiebe mehr verdient hätte. Dieser Storey war wohl schon seit langem für seinen unmoralischen Lebenswandel bekannt, und seine Zeitung gilt allgemein als unseriös und skrupellos. Er hat seine Prügel wohlverdient. Falls ich irgend etwas an meinem Verhalten bereue, dann höchstens, daß ich nicht fester zugeschlagen habe.

An diesem Abend war die Vorstellung wieder ausverkauft, und wir nutzten jede Gelegenheit, um aus dem Stegreif neue Verse zu dichten und Storey lächerlich zu machen. Als ich »Shoo Flo« sang, improvisierte ich: »Bin ich froh, daß ich meine zwei Beine wiederhabe.« Harry fragte: »Wieso?«, worauf ich antwortete: »Na, weil ich heute schon mit einem Bein im Knast gestanden habe«, was für schallendes Gelächter sorgte. Während der gesamten Show gaben wir immer wieder unsere Parodie auf den alten Kinderreim zum Besten, und jedesmal ließen wir uns etwas Neues einfallen. Cahill war es, der den Text zuerst abwandelte:

> Burnside ist ein wackrer Mann
> Legt der Times 'nen Maulkorb an
> Doch wie groß wär erst sein Ruhm
> Legt er dem Storey 'ne Schlinge um.

Moment mal, ja, und die zweite Strophe fing so an:

> Storey, storey, alt und grau
> Scher dich lieber um deine Frau ...

Erst heute morgen hat Storey einen zweiten Haftbefehl gegen uns durchgesetzt, aber wir sind rechtzeitig gewarnt worden und konnten zwei Stunden, bevor die Polizei uns abholen sollte, die Stadt verlassen. Nur daß Alex nicht im Hotel war, macht mir Sorgen. Er war nirgends zu finden. Mich beunruhigt der Gedanke, mit wem sie ihn antreffen werden. Noch einen Skandal können wir wirklich nicht gebrauchen. Aber ich kann sowieso nichts daran ändern. Also warte ich ab und hoffe, daß er vor uns in Detroit ankommt.

Von Detroit geht es weiter durch ganz Amerika, bis wir dann im Juni in San Francisco sind. Auf der Rückreise werden wir auf dem Weg Richtung Osten eine Woche lang in Virginia City auftreten. Michael schrieb in seinem letzten Brief, daß er nirgendwo Revuetänzerinnen auftreiben könnte und daß wir es mit Statisten versuchen müßten. Wenn ich nur das Geld hätte, um mir außer eine Schauspieltruppe auch noch eine Revuetruppe zu leisten. Ich muß Michael schreiben und ihn bitten, ein paar junge Mädchen aus den umliegenden Orten anzuwerben und ihnen das Hotel zu bezahlen. Ja, ich muß Michael schreiben, bevor Zeffie aufwacht.

»Lieber Michael …«

La Goulue
1866–1929

La Goulue, eigentlich Louise Weber, war Ende des 19. Jahrhunderts der Star der Quadrille und die Sexgöttin von Paris. Ihre Familie stammte aus Elsaß-Lothringen, floh aber im Deutsch-Französischen Krieg vor der preußischen Armee nach Paris. Louise verlor früh ihre Eltern und wuchs in einem Nonnenkloster in Clichy auf. Sie fand eine Anstellung als Wäscherin, ergriff aber die erstbeste Gelegenheit, um der Plackerei dort zu entkommen, und verdiente sich fortan ihren Lebensunterhalt mit Tanzen. Von 1889 bis 1894 war La Goulue die Startänzerin des *Moulin Rouge*. Sie war sexy, wollüstig und vulgär und genoß es, während ihrer Vorstellung mit dem Publikum zu flirten.

Sie stammte aus der Arbeiterklasse und machte kein Hehl daraus; aufgrund ihres Auftretens und ihres Lebensstils blieb ihr der Zugang zur Pariser Gesellschaft verwehrt. 1894 war sie so überzeugt von der Dauerhaftigkeit ihrer Popularität, daß sie sich entschloß, das *Moulin Rouge* zu verlassen und einen Stand auf dem Jahrmarkt zu eröffnen, in der Hoffnung, daß ihre Anhänger ihr dorthin folgen würden. Aber der Ruin kam ebenso schnell wie der Aufstieg. Im April 1895 schrieb sie an Toulouse-Lautrec und bat ihn um vier Bilder für ihren Zirkuswagen, die er ihr als Andenken an ihre Jahre als Star der Quadrille zum Geschenk machte.[71] Sie versuchte sich als Löwenbändigerin und trat in einem grünen Trikot in einem Käfig wilder

Tiere auf. Ihr »Foire du Trone« stand zwischen der Avenue Taillebourg, der Passage du Trone und der Rue du Trone; die Zirkusnummer kostete sie einen Großteil ihres Vermögens und erwies sich als finanzielle Katastrophe. Schließlich stellte sie sich mit ihrem Zirkuswagen vor das *Moulin Rouge*, aber auch hier gelang es ihr nicht, an ihre alten Erfolge anzuknüpfen.

1900 gab La Goulue ihre Karriere als Löwenbändigerin auf und verkaufte den Zirkuswagen. Für die Bilder, die Toulouse-Lautrec für sie gemalt hatte, bekam sie nur 800 Francs; als der Staat sie 1929 zurückkaufte, waren sie 400 000 Francs wert, obwohl geschäftstüchtige Kunsthändler sie in mehrere Teile zerschnitten hatten.[72]

1903 wohnte La Goulue im St. Quen, einem kleinen, schäbigen Hotel in der Rue des Entrepots 57. Sie teilte sich ihre Zimmer mit einem Alkoholiker. Das Paar verbrachte seine Tage mit Streiten und Trinken oder Trinken und Streiten, bis es schließlich von der Hotelleitung vor die Tür gesetzt wurde und in den Armenvierteln von Paris Zuflucht suchte. La Goulue verschwand aus dem Blickfeld der Öffentlichkeit. Sie wurde noch hin und wieder gesehen, so 1910 auf einem Rummelplatz in Montmartre, wo sie sich zur Schau stellte, ein Relikt, ein Erinnerungsstück aus der Blütezeit Montmartres. In ihrem blassen Gesicht und ihrem korpulenten Körper glaubte der Chronist damals noch eine Spur ihrer einstigen Schamlosigkeit und Lebenslust zu entdecken. Ein früherer Bewunderer erinnerte sich, sie in ihrem Zirkuswagen auf dem Boulevard Barbes gesehen zu haben und dann noch einmal nach dem Krieg in Montmartre, als er vor einem heftigen Gewitter unter der Markise eines Cafés Schutz suchte: La Goulue ging durch die Straßen und verkaufte Süßigkeiten aus einem Bauchladen.

Der Alkohol hatte ihre Sinne benebelt und sie um ihr Erinnerungsvermögen gebracht. Louise Weber starb 1929 und liegt auf dem Friedhof von Montmartre begraben, wo ihrer als der »Begründerin des französischen Cancan« gedacht wird.

1893. Im Moulin Rouge

Zwei Magnumflaschen Champagner für diesen Tisch, Jerome. Der Herr da drüben zahlt. Dieser Typ mit den Stielaugen, der unentwegt auf meinen Hintern stiert. Bitte schön, das haben Sie nun davon, mein Herr, und dieser Blick ist umsonst! Und warum soll ich mich nicht bücken, wenn mir danach ist? Ich hab den schönsten Hintern von ganz Frankreich, und das Tragische ist, daß er unter Metern von Spitze verborgen ist.

Wo ist eigentlich mein kleiner, haariger Mann? Habt ihr ihn irgendwo gesehen? Dieser Mann hat wirklich Ahnung vom Malen. Wenn ich mich auf seinen Bildern sehe, fühle ich mich unheimlich groß und schön. Mein süßer, kleiner Mann, wo steckt er bloß? Er wird völlig verkannt, weil er nur Frauen und Nacktheit malt. Aber das ist es halt, wovon er Ahnung hat. Maler kriegen ihre Inspiration, wenn sie mit einer schönen Frau tanzen, aber er ist nicht groß genug, um die Gesichter der Frauen zu sehen, er kriegt seine Inspiration eher von ihren Titten. Mir gefallen seine Bilder. Wie findet ihr sein letztes Bild? Ich seh ganz gut drauf aus, was? Es hängt da oben rechts, das da, das La Goulue heißt. Ich finde, er malt einfach umwerfend. Wenn einer meinen kleinen Hintern malt, sieht er einfach hinreißend aus. Mein Hintern, meine ich natürlich. Wenn Sie mich anfassen, müssen Sie dafür bezahlen, mein Herr. Behalten Sie Ihre Finger lieber bei sich.

Ach, da kommen schon wieder diese verdammten Kerle. Victorine, gib ihnen ein Autogramm von mir. Ich geh noch mal auf die Tanzfläche. Gleich werdet ihr erleben, wie ich dem Geizhals, der da ganz links sitzt, 1000 Francs aus der Tasche ziehe. Ein einziges Lächeln von mir, und er gehört den ganzen Abend uns. Bis dann, gib dir ja Mühe mit meiner Unterschrift! Natürlich bin ich vorsichtig. Nur weil ich schwanger bin, brauch ich noch lange nicht aufs Tanzen und Trinken zu verzichten. Der Himmel soll verflucht sein, wenn ich ein Kind zur Welt bringe, das beides nicht genauso genießt wie ich. Außerdem ist es ein Bastard vom Prinzen von Wales, und es wird gut für ihn gesorgt sein; ich hoffe doch, daß er mir im Alter meine Schnapsrechnungen bezahlt. Champagner, Jerome, hierher, und zwar schnell. Der halbe Abend ist schon um, und ich bin nicht mal betrunken. Verdammte Scheiße, diese verfluchten Kerle kriegen mich doch noch, wenn ich jetzt nicht verdufte. *Vive La Goulue!* Ich komme!

Môme Fromage, ich will tanzen! Mein Gott! Eine Gouluemanie hat Paris gepackt. Ich komm nicht mal auf die Tanzfläche, ohne daß diese Zeitungsfritzen über mich herfallen. Was wollt ihr denn von mir? Wenn's ein Fick ist, so könnt ihr euch verpissen. Guckt euch lieber die Show an. Nichts als Geschichten, Gerüchte und Tratsch – ihr seid allesamt nur Lästermäuler, Mörder und Diebe, aber es ist mir schnurzegal, was ihr sagt. Ich hab mehr Feinde, als ihr je haben werdet, und bin trotzdem noch die heißeste Fotze in sämtlichen Tanzlokalen. Ihr wollt meine Meinung zu dem Urteil über Sarah Brown und Manon wissen? Lang lebe La Goulue und die Quadrille! Das ist mein Urteil. Ob es stimmt, daß ich gegen den »Bal des Quatz' Arts« ausgesagt habe?[73] Ja, hab ich, ich fand ihn schockierend. Die Ereignisse waren skandalös und haben mein Anstandsgefühl verletzt! Môme Fromage, guck nicht so entsetzt, hast du denn nichts davon mitgekriegt? Das Gericht hat die beiden Mädchen für schuldig befunden, und die Studenten sind auf die Straße gegangen. Ja, mein Schatz, mach ich – wenn du was bestellst, bestell mir Champagner mit, aber erst trink ich deinen Wein für dich aus. Du, Fromage, dieser Herr leistet mir einen Moment lang Gesellschaft, geh nur schon vor; ich komm in ein paar Minuten nach. Du hast noch nicht die Geschichte vom »Bal des Quatz' Arts«

gehört? Ich trink nur erst schnell noch dein Glas leer. Ich mache meine Zunge naß, weil man heutzutage ja nie weiß, wozu man eine feuchte Zunge noch mal gebrauchen kann. Steck mir ja keine Goldmünzen ins Haar, die fallen doch nur wieder raus. Steck sie mir ins Korsett. Sei doch nicht so schüchtern! Die Geschichte? Ach ja, am Morgen nach dem Ball bin ich direkt zur Polizei gegangen, und da hab ich tatsächlich Verbündete gefunden.

Hast du eigentlich nichts über den Skandal an Silvester gelesen, als ich mit zwölf besoffenen Männern herumgeschäkert hab, und die Zeitungen eine Karikatur abgedruckt haben, wo ich auf dem Rücken liege und die Männer um mich herumstehen, und darunter steht: »Zwölf? Ich wollte 13, aber das bringt Unglück!« Ich hätte jeden von ihnen zweimal haben können, das hätte dann kein Unglück mehr gebracht, aber soweit hat der Karikaturist nicht gedacht. Die Geschichte, ach ja. Welche willst du denn hören? Ach, der Ball? Ich hab nicht soviel … um es kurz zu machen: Ich war auf hundertachtzig, weil die Studenten mich eine Nutte genannt haben und mich nicht als Startänzerin für ihren Ball engagieren wollten. Ich hatte gerade diesen Palast auf den Champs Elysées gemietet, mit Marmorstatuen im Wohnzimmer! Wenn ich nicht Ballkönigin werden würde, könnte ich einen Haufen Geld verlieren. Also bin ich zu Henri Guillaume gegangen, der den Ball organisiert hat, und er hat mir gesagt, daß die Studenten ihre eigenen Modelle hätten und achtbare Frauen engagieren würden. Achtbare Frauen! Wer zum Teufel wollte schon achtbare Frauen auf einem Ball? Und ich hatte immerhin vor gar nicht langer Zeit Renoir Modell gesessen, der mich unbedingt flachlegen wollte, aber es ist nichts weiter passiert. Egal, ich bin jedenfalls ungeladen auf ihrem Ball aufgetaucht. Und da hab ich mir diese Künstlermodelle mal angeguckt, Sarah Brown als »Kleopatra« und diese kleine französische Nutte Manon Laville als »Manon aus dem Orient«.[74] Die beiden waren nicht mal hübsch. Renoir hat sich in mich verliebt, und ich hab ihm jahrelang Modell gesessen, aber diese Flittchen, die die Studenten mir vorgezogen haben, das waren doch nur Modelle für unbekannte Künstler und arme Studenten. Und außerdem waren sie nicht mal achtbar. Sie standen auf den Tischen und zogen sich unter besoffenem Gejohle aus. Manon landete schließlich splitternackt auf den Schultern der Studenten. Diese Nutten hatten nicht mal Stil. Wenn sie unbedingt nackt herumlaufen wollten, hätten sie wenigstens eine ordentliche Nummer hinlegen können. So hätte ich es gemacht, und wenn ich damit fertig gewesen wäre, hätte jeder Mann im Saal in Flammen gestanden.

Am nächsten Tag war die Presse total aus dem Häuschen. Diese Schreiberlinge waren von den Berichten über die Orgien, die sie verpaßt hatten, so erregt, daß sie über nichts anderes schreiben konnten – wie Männer, die an Prostituierten vorbeigehen, ohne mit ihnen ins Bett zu steigen. Plötzlich war ich die Hauptzeugin. Wahrscheinlich hätte ich den Ausgang der Verhandlung total umkehren können. Aber ich war so wütend, daß ich schnurstracks zur Polizei gerannt bin. Du hättest mal ihre Gesichter sehen sollen, als ich sagte, ich würde gern gegen die Studenten aussagen. Aber am besten war, wie ich im Zeugenstand stand und mit dem Richter geflirtet hab und dem Staatsanwalt schöne Augen gemacht hab und alle im Gerichtssaal schockiert waren und ich gleichzeitig erklärt habe, daß mich die Studenten und ihr Vorgehen schockiert hätten. Als könnte mich was schockieren!

Der Verteidiger war ein gutaussehender Mann. Er legte diese Fotos von mir vor, wo ich daliege wie in den Armen meines Liebhabers, ein Glas Champagner in der einen Hand und eine Pfeife in der anderen. Kompromittierend, was?! Aber egal, jedenfalls lief's für den armen Mann nicht so gut. Die Geschworenen dachten, wenn die Goulue schon schockiert war, dann war diese Angelegenheit wohl wirklich obszön! Ich hab mir noch nächtelang danach vor Lachen in die Hose gemacht. Die Studenten konnten es einfach nicht glauben. Ihr ganzes hochgestochenes Gerede über den »ästhetischen Akt« und Frauen als realistische, naturalistische und was weiß ich noch was für Kunstwerke war nichts als Schall und Rauch. Ich, die Göttin von Paris, dreimal gekrönte Königin von Montmartre, bezeugte die Sittenlosigkeit von ein paar Studenten, die den Sommeranfang feierten. Da hab ich mir wohl ein paar Feinde gemacht. Hast du nichts in der Zeitung darüber gelesen?

Jedenfalls haben sie die Modelle für schuldig befunden. Manon und die Rädelsführer unter den Studenten wurden zu einem lächerlichen Bußgeld verdonnert, 100 Francs jeder. Aber das Quartier Latin ist entrüstet über die ganze Sache und überall in Paris demonstrieren die Studenten.[75] Komm, tanzen wir. Alle Welt wird nachher hier auftauchen, und dann kann man sich auf der Tanzfläche nicht mehr rühren. Was, das ist noch nicht alles? Erzähl! Einer der Studenten ist erschossen worden? Von der Polizei erschossen worden? Dann geht bestimmt ganz Paris auf die Straße. Ich frag mich, wo mehr los ist, hier oder auf der Straße? Auf jeden Fall gibt's hier mehr zu trinken. Bleiben wir hier. Ob der Student mir nicht leid tut? Nein, warum denn? Ich hab ihn doch gar nicht gekannt. Ich fänd's viel schlimmer, wenn die Mädchen nackt durchs Moulin getragen werden, denn dann interessiert sich bald keiner mehr für einen Streifen nackter Haut am Oberschenkel. Dann bin ich bald arbeitslos, und kein Schwein interessiert sich mehr für die Quadrille. Das fängt ja jetzt schon an. Ich hab gehört, daß Le Divan Fayouau »Le Coucher d'Yvette« (»Yvette geht ins Bett«) aufführen will, und dann bringt bald jedes Varietétheater der Stadt ein Stück auf die Bühne, das in einem Schlafzimmer oder einem Bad oder in einer Arztpraxis spielt.

Ich muß die Quadrille ein bißchen aufregender machen. Du, Grille, ich hab mir überlegt, für den Ball am Bastilletag mal was anderes zu machen. Was würde Sénateur Béranger wohl dazu sagen, wenn ich statt weißer Schlüpfer zur Abwechslung mal rote, weiße und blaue anziehen würde? Es wär doch viel aufregender für die Jungs, wenn sie mal etwas rote Spitze zu Gesicht bekämen statt der langweiligen weißen, meinst du nicht? Wir könnten sie aus reinem Chiffon machen, damit das Ganze noch etwas reizvoller wird. Ich will als Tänzerin bezahlt werden, und wenn die Nackten überhandnehmen, wird es fürs Tanzen kein Geld mehr geben. Also müssen wir zusehen, daß unser Tanz aufregend ist. Der Tod dieses Studenten kümmert mich nicht. Mich interessiert, wo ich das Geld für mein nächstes Glas Champagner herkriege. Ich geh mal zu den Tischen rüber und tanze – mein rechtes Bein hinter meinen Ohren – so – das ist für Sie, mein Herr – und jetzt für Sie mit dem Monokel und der roten Krawatte, gucken Sie genau hin – und zur Seite – passen Sie auf Ihren Kopf auf, oder er landet noch in meiner Unterhose, mein Herr, und noch mal, weil's so schön war, und noch mal – weg mit dem Hut, und weg mit dem hier. Lauter, dann heb ich mein Bein höher. Lauter, lauter! Passen Sie bloß mit Ihrer Zigarette auf, oder es stehen im Nu 60 Meter weiße Spitze in Flammen. Wenn Sie ein Feuerwerk haben wollen, kein Problem. Juhuuu! Habt ihr das gesehen? Ich schwöre, ich hab seinen Hut mit meinem kleinen Zeh weggekickt, ohne ein einziges Haar zu berühren! Habt ihr das gesehen? Schon wieder. Lauter, Jungs, dann kriegt ihr noch ein bißchen mehr zu sehen! Los, Grille-d'Égout, jetzt du.

Oh, vielen Dank! Ich hab richtig Durst. He, werfen Sie Ihre Münzen nicht in der Gegend herum, stecken Sie sie mir lieber ins Dekolleté; das ist reizvoller für Sie und lukrativer für mich. Danke! Aicha, komm mal her. Ich will meinen kleinen, haarigen Mann suchen, damit er uns ein Glas spendiert. Hör zu, ich glaub, diesmal gewinnen die Studenten. Sie haben die Sympathie nicht nur von Montmartre, sondern von ganz Paris. Die Quadrille ist schon fast aus der Mode; wenn wir am Ball bleiben wollen, müssen wir uns ranhalten. Ich dachte, ich könnte es mal als Bauchtänzerin probieren, was meinst du? So wie du auf Weltausstellung. Ich könnte meinen eigenen Stand aufmachen. Ich würd ihn mir auch was kosten lassen; ich hab gedacht, ich frag Henri mal, ob er mir vier Bilder malt. Jeder in Paris kann die Quadrille tanzen, aber keiner kann den Bauchtanz. Außerdem geht das Gerücht um, daß Zizi geht, und dann wird sowieso alles anders. Er hat Klasse. Aber ohne ihn wird sich das Publikum verändern, es wird weniger Klasse. Es wird höchste Zeit, daß ich mir mein Publikum woanders suche. Sogar Jean meint, daß die Tage der Quadrille gezählt sind; er versucht mich zu überreden, im Moulin Rouge als Bauchtänzerin aufzutreten. Aber ich will mein eigenes Theater haben, und es ist mir egal, ob Madame Mariquita meinen Platz in der Quadrille einnimmt. Sie und Macarona und Nini-Patte-en-l'air können sich um meine Position schlagen, aber sie werden nie so berühmt werden, weil es nur einen Star gibt, und das bin ich. *Vive La Goulue!* Was, Aicha? Ich werde mein eigener Chef sein. Ganz Europa wird kommen, um mich zu sehen, und mein Stand wird die Attraktion von Paris sein, genauso berühmt wie La Galette oder das *Moulin Rouge*. Jeder, und ich meine wirklich jeder, wird uns sehen wollen. Wir werden richtig reich sein. Und du kannst auf das Kleine aufpassen, während ich tanze. Was meinst du? Komm, besprechen wir das Ganze mal mit Henri.

Jesus, Maria und Josef! Da kommt Charlot! Er darf mich nicht sehen. Er hat mich gestern grün und blau geschlagen, weil ich drei Nächte lang nicht zu Hause war. Gazelle hat erzählt, daß er einen Vater für das Kind gefunden hat, aber ich denke, ich warte lieber, bis er bessere Laune hat, bevor ich ihn danach frage. Ja, ich hätte auch gern ein Glas, wenn Sie was bestellen. Einen Moment noch, Aicha, es dauert nur einen Augenblick. Bestellen Sie Rum? Also gut, dann nehm ich auch einen. Sie können Ihren Hut nicht finden? Kaufen Sie doch einfach einen neuen! Vielen Dank, mein Herr. Ich kenn da eine gute Geschichte über einen Hut. Vor ein paar Monaten kam so ein feiner russischer Pinkel – er hatte irgendeinen Titel … Wie hieß er doch noch gleich, Aicha? Richtig, Großherzog, Großherzog Alexis, wenn ich mich recht erinnere. Egal, er kam rein, und als ich ihm seinen Hut wegkickte, wurde er ganz wild. Springt auf wie von der Tarantel gestochen und will aus dem Saal rennen. Außer mich auszuziehen, fiel mir nichts ein, um ihn aufzuhalten. Zizi war vor lauter Wut ganz weiß im Gesicht, und ich dachte, mein Gott, diesmal bin ich wirklich zu weit gegangen, und wir haben einen nationalen Skandal am Hals. Also hab ich mich zu Louis rumgedreht und gerufen: »Die russische Nationalhymne, spiel die russische Nationalhymne!« Wir haben alle strammgestanden, und der Großherzog ist unter dem Applaus vom ganzen Saal zu seinem Platz zurückgegangen, und nachdem das *Moulin Rouge* zugemacht hat, sind wir noch ins *Maxim* und haben getanzt, und ich habe höchstpersönlich die französisch-russische Freundschaft wiederhergestellt. Das Lustigste war, daß er die ganze Zeit so vornehm getan hat. Und dann hat er noch gesagt: »Wenn wir in Rußland gewesen wären, hätte ich dich noch ganz anders behandelt.« – »Aber wir sind hier in Paris«, habe ich gesagt, »und ich kann dazu nur sagen, daß es an Ihnen liegt, ob wir unseren Spaß haben oder nicht!« Komm schon, die Geschichte ist mehr wert als ein paar Louis. Gib mir zehn, dann bist du ein wahrer Gentleman.

Little Egypt
1872–1937

Man weiß nur wenig über die ägyptische Tänzerin, die als »Little Egypt« bekannt wurde. Sie wurde zum Symbol und zur Legende, aber als Person blieb sie weitgehend unbekannt. Geboren in Damaskus, brach sie im Alter von 16 Jahren nach Amerika auf. Sie war etwa 20 Jahre alt, als sie bei der Chicagoer Weltausstellung auftrat, anschließend bereiste sie als Solotänzerin die USA und Kuba.

1936 verklagte eine Frau, die behauptete, »Little Egypt« zu sein, die Filmproduktion Metro Goldwyn Meyer wegen der Darstellung ihrer Person in dem kurz zuvor angelaufenen Film *Der große Ziegfeld*. Fahreda Mahzur heiratete 1905 Andres Spryopoulous und gab ihren Beruf als Tänzerin auf, um im griechischen Restaurant der Familie in Chicago zu arbeiten. Sie trat danach noch zweimal öffentlich auf, beide Male unter ihrem Künstlernamen Fahreda Mahzur. Das erste Mal 1905, anläßlich der Weltausstellung in San Francisco, wo sie ihren Schmuck verkaufte, um ihren Kolleginnen unter die Arme zu greifen, nachdem der Veranstalter ihrer Show bankrott gegangen war. Das zweite Mal 1933, als sie wieder auf der Weltausstellung in Chicago tanzte und den Titel »Little Egypt« für sich beanspruchte.

Fahreda Spryopoulous, geborene Mahzur, starb am 5. April 1937 an einem Herzanfall in ihrer Wohnung in Chicago und liegt auf dem Roselawn-Cemetery in Chicago begraben. Sie starb, bevor ihre Klage gegen MGM vor Gericht kam. Ihr Anwalt trug die Aussagen von 14 Zeugen zusammen, die alle angaben, sie 1893 auf dem Midway der Chicagoer Weltausstellung gesehen zu haben.

Am ehesten vermittelt vielleicht der Bericht eines zeitgenössischen Reporters, der über die Chicagoer Weltausstellung schrieb[76], einen Eindruck von »Little Egypt« und ihrer Vorführung im Jahr 1893:

»Irgendwo aus der Tiefe des Zelts ertönte ein Trommelschlag, und ein Greinen wie von einem Flageolett erregte die Aufmerksamkeit der Zuschauer. Dann trat der Ausrufer aufs Podium und rief: ›Kommen Sie nur näher, meine Herren, und lassen Sie sich überraschen. Kommen Sie näher und sehen Sie die kostenlose Show.‹

Auf diese Einladung hin versammelte sich die Menge, und die Tänzerin kam aufs Podium geschlendert. Ihr Kostüm war ausgesprochen orientalisch: ein kurzer, mit Münzen verzierter Bolero, ein weißes Hemd, Haremshosen und eine weiße Schärpe. Ihr Haar hing lose über ihre Schultern, ein äußeres Zeichen von Hemmungslosigkeit. Voller Erwartung verstummte die Menge, aber während der Ausrufer schwitzend seine Sprüche von sich gab, blickte sie gleichgültig gen Himmel oder zupfte an ihrem Kostüm, um etwas mehr Bein zu zeigen.

Der Ausrufer klopfte mit seinem Rohrstock auf den Kasten mit den Eintrittskarten und rief: ›Es ist mir ein besonderes Vergnügen, Ihnen Little Egypt vorzustellen, die berühmte Tänzerin, die diese Veranstaltung in ein rasendes Feuer verwandeln wird. Wenn sie tanzt, wackelt jede Faser ihres Körpers wie ein Glas Preiselbeergelee vom Thanksgiving Dinner Ihrer Mutter. Also, meine Herren, ich behaupte nicht, daß sie eine heiße Nummer ist, denn das wäre eine Untertreibung. Ich sage Ihnen, sie ist so heiß wie eine glühende Herdplatte am 4. Juli im heißesten Staat dieses Landes. Ja, meine Herren, bei diesem Vergnügen kann einem ganz schön heiß werden. Kommen Sie jetzt zu mir herauf und kaufen Sie Ihre Eintrittskarten. Nur zehn Cents. Verpassen Sie nicht die Chance Ihres Lebens!‹«

Im November 1893 reisten vier Bauchtänzerinnen der Kairoer Straße, unter ihnen Fahreda Mahzur, nach New York, um im Grand Central Palace aufzutreten. Sie wurden von arabischen Musikern begleitet. Das kleine Theater – es faßte gerade einmal 300 Personen – war mit Teppichen aus der Türkei und dem Nahen Osten ausgeschlagen. Nur wenige Tage nach ihrem ersten Auftritt ließ ein gewisser Inspektor Williams die Show abbrechen und erhob Anklage gegen die Tänzerinnen und ihren Manager, Mr. Delacroix.

November 1893. New York

Auf dem Midway, auf dem Midway, dem Midway Plaisance,
Wo die bösen algerischen Mädchen
Ihre bösen, bösen Tänze tanzen …

Wo sind meine Zigaretten? Abdullah hat mir arabische Zigaretten geschenkt, und ich kann sie nicht finden …

Die Leute starren mich an, wenn ich mir eine Zigarette anzünde. Amerikanische Frauen rauchen nicht. Hier wird viel über die Rechte von Frauen geredet. In den Zeitungen bezeichnen sie mich als »gefallenes Mädchen«. Frauen lesen mir aus der Bibel vor und erzählen mir von ihrem Gott. Und trotzdem fühlen sie sich nicht frei genug, sich eine Zigarette anzuzünden. Wo sind denn bloß meine Zigaretten? Hier. Gut. Gleich geht es mir besser.

Auf dem Midway, auf dem Midway, dem Midway Plaisance,
Wo die bösen algerischen Mädchen
Ihre bösen, bösen Tänze aufführen.

Es macht mich glücklich, dieses Lied hier in New York zu singen. In Chicago haben sie Lieder über uns gedichtet, wir waren Berühmtheiten, und die Leute haben Schlange gestanden, um uns zu sehen. Und hier wollen sie uns verklagen. In Chicago waren so viele Araber in der Ausstellung, daß ich mich fast wie zu Hause gefühlt habe. Die arabischen Händler in der Kairoer Straße haben in Zelten gewohnt, und in der Nähe des Theaters hatten sie einen Basar aufgebaut. Das hat mir gefallen. Es hat mich an die Frühlings- und Herbstfeste zu Hause erinnert, wenn alle Musiker und Tänzerinnen mit ihren Familien in den Norden zum Nildelta ziehen und dort ihre Zelte aufschlagen. Zelte in verschiedenen Farben, mit farbenprächtigen Teppichen behängt, bunt wie Schmetterlinge. Wir haben dort immer bis spät in die Nacht hinein gesungen und getanzt, viele Tage lang, bevor wir nach Esna oberhalb des Nils zurückkehrten.

Wir hatten eine schöne Zeit in Chicago. Die Touristen wollten uns singen und tanzen sehen. Also haben wir jeden Tag den Hochzeitszug und ein großes Fest gefeiert, wie bei einer richtigen Hochzeit. Im Hochzeitszug gingen alle Nordafrikaner der Ausstellung mit: die Ägypter, die Nubier, die Algerier und die Sudanesen. Auch die Türken. Wir folgten mit den Jongleuren, den Zauberern und den Schlangenbeschwörern. Drei- oder viermal gab es sogar eine wirkliche Hochzeit. Ahmed, einer der Eseljungen, hat das Blumenmädchen Nabita geheiratet, und wir haben über eine Woche lang gefeiert. Ich habe zuviel Brandy getrunken – Allah drückt bei Tänzerinnen immer ein Auge zu, wenn sie zuviel trinken –, und ich kann mich kaum noch daran erinnern, was nach dem zweiten oder dritten Tag passierte. Ich weiß noch, daß ich an einem Abend im Beduinenlager Karten gespielt habe und wir alle so betrunken waren, daß wir uns gegenseitig die Karten mit dem Schwert aus der Hand geschlagen haben. Eine verrückte Nacht!

Hier in New York ist alles so anders. Während der Vorstellung brüllen und schreien sie und wollen die Aufführung verbieten lassen. Sie behaupten, wir wären vulgär, aber ich habe im Theater in New York mehr an als nachts im Winter in der Wüste. Sie zwingen uns, Hosen unter unseren Röcken zu tragen, damit ja keiner ein Stück Haut zu Gesicht kriegt, und trotzdem bezeichnen sie unsere Bewegungen als gottlos. Was für ein dummes Volk! Wenn unser Tanz gottlos ist, dann sind ihre Herzen voller Bosheit.

Und jetzt auch noch diese Gerichtssache. Bei unserer Aufführung gestern – ich habe gerade auf Händen und Knien getanzt, stand ein häßlicher Mann auf und fing an herumzubrüllen. Er hat mit den Armen gewedelt und mich angebrüllt, als wäre ich ein Löwe, der aus dem Zoo ausgebrochen ist. Ich war so wütend, daß ich losgezogen bin, um mich aufzumuntern. Ich hab mir ein paar hübsche Armreifen gekauft, und das hat mich so glücklich gemacht, daß ich auf der Straße gesungen und getanzt habe. Ich habe die Augen zugemacht und mein Lieblingslied gesungen und einen Moment lang ganz vergessen, daß ich in New York bin. Ich war glücklich, es war, als tanzte ich in einem Zelt in der Wüste ... Musiker begleiteten mich mit Tamburinen, Geigen, Flaschenkürbissen und Trommeln ... Und dann merkte ich plötzlich, daß ich allein war, allein auf einer belebten New Yorker Straße. Ein Polizist wollte mich festnehmen. Ich konnte ihm nicht erklären, daß ich vor Glück tanzte; ich kann nicht Englisch sprechen. Er drohte mir, und da habe ich ihn gebissen. Ich habe ihn in den Hals und den Arm gebissen. Ich hatte Angst, ins Gefängnis zu kommen, deshalb habe ich ihn gebissen. Ich hatte Glück. Einer der Theaterleute vom Grand Central Palace war zufällig in der Nähe und hat dem Polizisten erklärt, wer ich bin. Sonst wäre ich bestimmt verhaftet worden und müßte vor Gericht tanzen.

Ich bin daran gewöhnt, verhaftet zu werden. In Ägypten waren wir Ausgestoßene und durften nie in Harems oder auf Hochzeiten tanzen, sondern mußten auf öffentlichen Plätzen und auf der Straße auftreten. Das ist gefährlich, und wir wurden oft verhaftet oder vertrieben. Meine Großmutter hat mir von der Zeit erzählt, als Mehmet Ali Herrscher von Ägypten war und alle Tänzerinnen nach Esra verbannt hat. Zwanzig Jahre lang war es sehr schwer, mit Tanzen Geld zu verdienen. Tanzen war verboten. Jetzt hat sich die Situation etwas gebessert, aber als Tänzerin hat man es immer noch schwer.

In Amerika sind wir Berühmtheiten und haben viel mehr Geld, als ich je in Kairo verdienen könnte. Hier bekomme ich 169 Dollar pro Woche. Das ist gutes Geld! Aber mir gefällt New York lange nicht so gut wie Chicago. Das Theater im Grand Central Palace ist klein, und mir fehlen all die Feste, die wir in Chicago gefeiert haben.

Die anderen drei sind schon lange in Amerika. Zora und Zuleika sind Amerikanerinnen, auch wenn sie in Arabien geboren wurden. Sie kamen hierher, als sie noch ganz klein waren, und sie wissen nicht, wie man mit dem Herzen tanzt. Sie tanzen mit dem Kopf. Ihr Tanz ist künstlich. Das schadet uns, durch sie bekommen unsere Tänze einen schlechten Ruf. Und es gibt schon zu viele, die mich imitieren. Zuleika spricht sehr gut Englisch und Französisch, aber meine Sprache versteht sie kaum. Zora, ihre Cousine, ist sehr hübsch und anmutig, aber sie tanzt noch nicht lange und kann bisher nur den Taschentuchtanz.

Und Fatima ... Fatima sollte sich von der Bühne zurückziehen. Sie tanzt gut, aber sie ist zu alt. Ihre Muskeln sind müde, und sie hat nicht mehr die Kontrolle über ihren Körper wie eine junge Tänzerin, ihr Rücken ist nicht mehr so biegsam, daß sie sich zurückbeugen kann. Ich bin die einzige professionelle Tänzerin. Ich tanze von innen heraus. Ich bin eine echte Ghawazi, ich konnte schon tanzen, bevor ich laufen oder sprechen konnte. Meine Großmutter hat mir die alten Schritte beigebracht, und später lernte ich von meiner Mutter die neuen Tänze aus der Stadt.

Sollen Zora, Zuleika und Fatima aufs Gericht gehen. Ich bleibe hier. Ich habe gesehen, wie sie losgefahren sind. Die Straße war voller Leute: Sie haben sie angestarrt, mit dem Finger auf ihre Kutsche gedeutet und gelacht. Ich gehe nicht zum Gericht. Ich lasse nicht mit dem Finger auf mich zeigen. Ich gehe einkaufen. Allein. Wir sind hier schließlich in Amerika, in einem freien Land. Keiner kann mich zu etwas zwingen, was ich nicht will. Mr. Delacroix denkt, er kann für uns Werbung machen, indem er uns aufs Gericht schickt. Aber die Leute zahlen dafür, mich auf der Bühne zu sehen, und ich denke nicht daran, umsonst aufzutreten. Ich bin zu stolz, als daß ich wie ein angeketteter Affe vor einem Gericht in New York tanzen würde. Wenn ich vor einem Richter auftreten soll, will ich dafür bezahlt werden, und außerdem trete ich nicht ohne meine Musiker auf.

> Ich kannte ein Mädchen,
> Das »Little Egypt«, »Little Egypt« heißt.
> Man sagt, sie käme aus Kairo,
> Vielleicht aus Kairo, vielleicht aus Illinois.

Ich komme aus Kairo. Es gibt mittlerweile jede Menge Tänzerinnen, die sich »Little Egypt« nennen und mich nachahmen. Einige von ihnen haben mich nie gesehen! Aber mein Tanz ist eine Kunst, die ich 18 Jahre lang studiert habe. Niemand tanzt wie ich. Es dauert viele Jahre, bis man die arabischen Rhythmen beherrscht. Es macht mich wütend, wenn ich höre, daß andere Tänzerinnen sich »Little Egypt« nennen. Ich bin nicht klein. Ich bin Fahreda Mahzur und stolz auf meinen Namen. Fahreda ist der Name, den mir meine Familie gegeben hat, und zugleich der Name meiner Großmutter. Ägypten ist der Name eines Landes und nicht der eines Mädchens. Die Amerikaner nennen mich »Little Egypt«. Sie machen viel Aufhebens davon, daß ich ein Tablett mit Leuchtern auf dem Kopf balanciere, aber das kann jedes Kind. Es ist auch nicht schwer, einen Stuhl mit den Zähnen zu halten. Ja, es ist nicht mal eine besondere Kunst, ein Tablett auf einer Flasche zu balancieren. Was schwierig ist, ist die Kontrolle vom Bauch her, wenn man sich zurückbeugt, bis man fast den Boden berührt. Die Leute sind ganz begeistert, weil das Tablett nicht hinunterfällt, sie begreifen nicht, daß ich mit dem Bauch tanze, wenn ich fast flach auf dem Boden liege. Es ist die Kraft tief im Bauch, die eine gute Tänzerin ausmacht. Man muß aus dem Bauch tanzen. Dort ist der Schwerpunkt einer Frau, dort kann sie ihre Kraft und Stärke spüren. Ich drehe mich aus der Hüfte heraus und nicht mit dem Oberkörper, damit der Bauch fast den Boden berührt, wenn ich mich nach vorn beuge. Die Amerikanerinnen verstehen das nicht, sie wedeln mit den Armen und schütteln ihre Brüste, ohne zu begreifen, daß es das Holz ist, das brennt, und nicht die Flamme.

Die Amerikaner tanzen anders. Wenn wir zu Hause tanzen, kommen die Männer und tanzen mit uns. Wenn man gut ist, tanzen viele Leute mit einem, weil sie Achtung haben vor der Kraft des Tanzes und der Musik. Hier sitzt das Publikum regungslos da. Die Männer kriegen Stielaugen, aber sie kommen nie auf die Bühne, um mit mir zu tanzen. Sie sitzen da und starren mich an. Sie klatschen auch nicht; sie pfeifen und rufen und starren, bis ihnen fast die Augen aus dem Kopf fallen.

Zu Hause tanzen wir die Taschentuchtänze zu zweit und die Stocktänze zu dritt oder viert, aber hier wollen sie nur einen Solotanz sehen, den Beledi. Den Amerikanern gefällt er, weil sie unsere Musik und unsere Rhythmen nicht verstehen, deshalb haben sie großartige Bewegungen und akrobatische Kunststücke am liebsten. Wenn wir nur den Beledi tanzen sollen, dann werde ich mehr Geld verlangen. Ich werde es heute abend Mr. Delacroix sagen, wenn er vom Gericht zurück ist ...

In Ägypten behandeln uns die Ausländer ohne Respekt. Sie zahlen eine Menge Geld, um uns nackt tanzen zu sehen. Ich habe einmal für einen Ausländer nackt getanzt, aber nur, weil er soviel bezahlt hat, daß ich damit meine Reise nach Amerika finanzieren konnte. Und ein anderes Mal habe ich für einen Mann getanzt, weil ich ihn mochte. Er kam noch einmal aus Frankreich, nur um mich zu besuchen, und ich wußte, daß es das letzte Mal sein würde. Ich kann mich noch gut an die Nacht erinnern. Wir waren in seinem Zelt; ich tanzte auf den Knien, weil es nicht hoch genug war, um stehen zu können. Wir waren uns sehr nahe, und ich wollte ihn zum Bleiben überreden. Ich weiß noch, daß ich den Musikern sagte, daß sie sich umdrehen sollen, weil es schamlos ist, nackt zu tanzen, aber ich wollte, daß mein Liebhaber blieb, und dieser Tanz war alles, was ich ihm geben konnte. Ich begann mit dem Bienentanz. Der Tanz beginnt mit einem Schrei, und ich weiß noch, daß ich so laut schrie, daß mein Liebhaber mich erschrocken ansah. Ich lächelte ihn an, um ihm klarzumachen, daß der Schrei zu meinem Tanz gehörte. Für einen Moment hatte ich Angst, er würde gehen, aber er verstand, daß ich aus Angst vor einer imaginären Biene schrie, die sich in meinen Kleidern versteckt hatte. Dann begann ich, mich auszuziehen, langsam, ein Kleidungsstück nach dem anderen. Ich ließ meinen Schal von den Hüften gleiten, dann legte ich meinen Yelek ab, den die Amerikaner »Weste« nennen, damit meine Brüste unter dem dünnen weißen Hemd zu sehen waren. Während ich tanzte, klebte mein Hemd auf meiner Haut, und ich wußte, daß mein Körper meinen Liebhaber reizte. Ich warf ihm meinen Gürtel hin, und er fiel schwer in seinen Schoß, weil er mit kostbaren Steinen bestickt war, und während ich noch das Klirren des Gürtels im Ohr hatte, zog ich meine Shintiyan aus, die die Amerikaner »Hose« nennen. Dabei tanzte ich, bewegte die Hüften wie eine Schaukel, verlagerte das Gewicht, balancierte meinen Körper und bewegte die Brüste, die sich immer deutlicher abzeichneten, weil die Hitze im Zelt zunahm. Schließlich zog ich das Hemd aus, und während ich mich aus der Hüfte heraus drehte, fiel ihm mein Haar über Gesicht und Körper, immer und immer wieder. Dann nahm ich ein kleines Glas Rosenwasser zwischen die Zähne und tanzte weiter. Er schwitzte, und unsere Schweißtropfen fielen in das Glas, dann goß ich das Rosenwasser langsam über sein Gesicht und ließ das Glas auf den Boden fallen. Als ich nackt war, bewegte ich meinen Bauch immer heftiger, und als mich die Musiker hoch und schrill schreien hörten, begannen sie schneller zu spielen, weil sie wußten, daß sich der Tanz in seinem letzten, ekstatischen Stadium befand. Mein Liebhaber sah aus, als wäre er in Trance. Ich zog einem der Musiker das Schwert aus dem Gürtel und tanzte mit dem Schwert zwischen den Zähnen vor ihm, bis er es mir mit einer solchen Zartheit aus dem Mund nahm, daß ich zu ihm hochsah und ihn küßte. In jener Nacht liebten wir uns voller Leidenschaft mehrere Male. Viele Male.

Maud Allan
1873–1956

Maud Allan kam am 23. April 1873 unter dem Namen Maud Durrant in Toronto zur Welt. Ihr Vater, der Schuhmacher William Durrant, ging nach San Francisco, als Maud und ihr älterer Bruder Theodore noch sehr klein waren. 1877 folgte Mrs. Durrant mit ihren beiden Kindern ihrem Mann, der mittlerweile an der amerikanischen Westküste lebte. Mrs. Durrant war eine dominante und ehrgeizige Frau; sie setzte ihre ganze Energie in die Förderung ihrer Kinder. Da Maud talentierter als ihr Bruder war, investierte die Mutter Zeit und Geld vor allem in ihre Ausbildung. 1895 konnte sie ihrer Tochter eine Ausbildung als Konzertpianistin in Europa finanzieren. Sie schickte Maud am 14. März desselben Jahres nach Berlin, wo diese sich kurz darauf an der Hochschule für Musik einschrieb. Am 15. April, einen Monat nach ihrer Ankunft in Deutschland, teilte die Polizei Maud Durrant mit, daß ihr Bruder wegen Mordes an Blanche Lamont und Minnie Williams verhaftet worden sei. Maud war 22 Jahre alt. Beide Opfer waren im selben Alter. In einem Interview mit der San Franciscoer Zeitung *The Examiner* bekannte Theo freimütig: »Ich mochte Miss Lamont sehr. Sie war wie meine Schwester – so lebhaft und vergnügt.«

Theos Prozeß zog sich fast drei Jahre lang hin. Nachdem man ihn schuldig gesprochen hatte, fochten die Eltern und ihre Anwälte das Urteil mehrfach an und forderten die Wiederaufnahme des Verfahrens. Vergebens. Theo wurde am 7. Januar 1898 hingerichtet. Wegen der langen Prozeßdauer und der außergewöhnlichen Grausamkeit des Verbrechens sorgte der Fall zwei Jahre lang für Schlagzeilen.

Die Presse von San Francisco stürzte sich auf den Fall nicht zuletzt deshalb, weil die Familie den Medienrummel offenbar begrüßte und hoffte, daß die Publicity ihrem Kampf um die Freilassung des Sohnes nützen könne. Theo selbst schien seine Berühmtheit zu genießen. Die Kriminalreporter interessierten sich brennend dafür, ob, wie und warum er die beiden jungen Frauen umgebracht hatte. Als schließlich Gerüchte über eine enge, ja sogar inzestuöse Mutter-Sohn-Beziehung an die Öffentlichkeit gelangten, war der Skandal perfekt. Maud in Europa blieb von diesen Skandalgeschichten verschont, aber da sie eine enge Bindung an ihre Familie hatte, belasteten der Prozeß und die Verurteilung ihres Bruders sie sehr. Die Ereignisse sollten ihr ganzes weiteres Leben überschatten.

Um Theos Tatmotiv rankten sich verschiedene Theorien, unter anderem daß er, ein einfältiger, vielleicht sogar geistig zurückgebliebener junger Mann, die Trennung von seiner Schwester nicht verkraftet hatte. Um Maud indirekt zu bestrafen, brachte er zwei junge Frauen um, die ihr ähnlich waren.

In ihrem Tagebuch bekannte Maud, daß sie sich mitverantwortlich für das Verbrechen fühlte. Am 12. November 1895 schrieb sie: »Wenn ich in jenen verhängnisvollen Stunden zu Hause gewesen wäre, hätte er zu mir kommen können.« Am 21. November 1897, keine sechs Wochen vor Theos Hinrichtung, druckte der *Examiner* Auszüge seines 200 Seiten langen Schlüsselromans *Azora*, dessen Heldin seine stark idealisierte Schwester Maud war.

In den Jahren zwischen der Verhaftung und Hinrichtung ihres Bruders litt Mauds Arbeit erheblich; ihr mangelnder Erfolg frustrierte sie. 1901 traf sie die wichtigste Entscheidung ihres Lebens: Sie beschloß, einen neuen künstlerischen Weg einzuschlagen und Tänzerin zu werden. Aber erst 1906 brachte sie zum erstenmal den Tanz auf die Bühne, der sie berühmt machen sollte: ihre »Vision der Salome«. Maud schien mit dieser Inszenierung auch den Versuch zu unternehmen, ihre Schuldgefühle zu verarbeiten. Mit keiner ihrer späteren Darbietungen konnte sie an den sensationellen Erfolg ihrer Salome-Interpretation anknüpfen. Nach dem Ersten Weltkrieg verblaßte ihr Ruhm, und es gelang ihr nicht, ihre Karriere fortzusetzen. Nach verschiedenen gescheiterten Versuchen, mit neuen Choreographien das Londoner Publikum noch einmal für sich zu begeistern, zog sie sich schließlich von der Bühne zurück. Maud Allen starb mittellos in einem Pflegeheim in Los Angeles.

1955. In einem Pflegeheim in Los Angeles

Schwester, fahren Sie mich doch bitte auf die Station raus, hier ist es zu dunkel. Ich will meine Alben durchsehen. Danke. Ach, meine schönen Alben. Die schönen alten Bilder ... Können Sie sich erklären, warum die Leute immer nur die Salome in mir gesehen haben? Dabei habe ich immer wieder klarzumachen versucht, daß ich eine Künstlerin bin, die sich von der

Poesie der Musik inspirieren läßt. Warum hat man nicht öfter Mendelssohns *Frühlingslied* und Chopins *Trauermarsch* erwähnt? Man sprach über nichts anderes als Salome. Vorsicht! Meine Alben ... Oh, an diese Aufführung erinnere ich mich noch gut, es war eine der ersten. »Budapest, 13. Januar 1907: Während Miss Duncan altgriechische Stimmungsbilder tänzerisch umsetzte, präsentierte Miss Allan bereits echtes Tanzdrama; ehe wir uns versehen, wird diese Pionierin einer neuen Tanztradition allein durch die rhythmische Bewegung ihrer Füße philosophische Traktate, ja finanzpolitische Erörterungen auf die Bühne bringen.«

Und jetzt Prag. Das war im Oktober 1907: »Miss Allan beherrscht sämtliche Stimmungsnuancen – von höchster Glückseligkeit bis zu tiefster Verzweiflung, ihr Körper ist das Instrument, das auf die leisesten Regungen ihrer Seele reagiert.«

1907 war ein gutes Jahr, ein sehr gutes Jahr: Ich war in ganz Europa eine Sensation. Alle Kritiker würdigten mich als Schöpferin eines neuen Tanzstils. Ein neues spirituelles Erwachen, nannten sie es. Hier ein Bericht aus Leipzig, 1908: »Miss Allan unterscheidet sich in einem wesentlichen Punkt von Miss Duncan: Allan ist zweifellos die Anmutigere von beiden und – was deshalb so wichtig ist, weil das äußere Erscheinungsbild ein entscheidendes Element dieser Kunstform ist – auch die Schönere ...«

Schwester, wer ist der junge Mann dort? Was will er hier? Mich interviewen? – Oder wollen Sie mich in die große Welt entführen, junger Mann? Na, ich hätte nichts dagegen, mit Ihnen durchzubrennen. Wir könnten nach Indien reisen. Ich würde schrecklich gern den Taj Mahal wiedersehen. Nur noch einmal. Wegen Isadora Duncan sind Sie gekommen? Weil ich eine Schülerin von ihr war?

Sie sind Journalist? Natürlich sind Sie's, das sehe ich doch. Zeitungsleute stellen doch immer dieselben Fragen. Sind Sie deshalb gekommen? ... Isadora Duncan! Ich habe mich so bemüht, den Leuten begreiflich zu machen, daß meine Kunst mit ihrer nicht das Geringste gemein hat. Miss Duncan erzählte der französischen Presse, daß ich ihre Schule besucht hätte. Das stimmt nicht. 1902 trat die Duncan zum erstenmal barfuß auf, aber ich hatte das bereits 1890 bei Cornelius Vanderbilt getan. Die Duncan breitete ihr Privatleben vor der Presse aus und sorgte für jede Menge Aufsehen. Ich habe das nie getan, ich tanzte in Opernhäusern, und meine Kunst wurde von den größten Musik- und Tanzkritikern Europas und Amerikas gelobt. Ich trat vor Königen und Königinnen auf, vor Zaren und Zarinnen. Meine Kunst hat mit ihrer nichts gemein.

Also, wenn Sie möchten, können Sie gerne bleiben. Ich sortiere gerade meine Zeitungsausschnitte. Was ist das hier? Ach ja, die Vorankündigung meiner Premiere in London. »Sie hat mit ihrer Schönheit und Grazie Dichter, Musiker und Millionen von Franzosen, Deutschen

und Spaniern bezaubert, und Studenten und Künstler huldigen ihr zu Füßen die fleisch-
gewordene Inkarnation holder, anbetungswürdiger Weiblichkeit.« Na ja, das stimmt nicht ganz.
In Frankreich und Deutschland schon, in Spanien war es nicht ganz so. Aber fast. Ich wäre
dort auch aufgetreten, doch ich hatte einfach nicht die Zeit. Das ist nur zu wahr.

Hören Sie, es geht noch weiter. »Ihre nackten Füße, zart und sanft gewölbt, beschwören
einen erotischen Rhythmus. Während sie tanzt, umspielen die rosafarbenen Perlen liebkosend
ihre Brust und ihren Hals, und die langen Perlenschnüre, die von ihrem Gürtel herabhängen,
umschmeicheln in fließenden Bewegungen ihre weichen Hüften. Das Verlangen, das in ihren
Augen lodert und glutrot auf ihren Lippen brennt, entflammt die Luft mit dem Feuer der Leidenschaft. Mit den sehnsuchtsvoll ausgestreckten Armen und Händen, den hexengleich wiegenden Bewegungen, ist Miss Allan eine so verführerische Verkörperung der Lust, daß man
ihr die Sündhaftigkeit ihres wunderbaren Körpers einfach vergeben muß ... Mit ihrem locken-
den Mund, der sich gierig zum Kuß öffnet, vermag sie den keuschen Heiligen nicht zu verführen, wohl aber den unsichtbaren Herodes, der ihr heimtückisches Flehen erhört ...«

Alfred Butt war ein merkwürdiger Mann. Vielleicht hätte ich mich dagegen wehren sollen,
der Artikel wirkt so unschicklich und indiskret. Aber ich hätte es nie gewagt, ihm zu wider-
sprechen; schließlich hatte ihn mir der englische König persönlich empfohlen. Übrigens hat
König Edward die klassische Anmut meines Tanzes vor dem gesamten Budapester Hof gelobt. Allein deshalb stand es mir nicht zu, ihm zu mißtrauen oder gar seine Autorität in Frage
zu stellen. Vielleicht hätte ich es trotzdem tun sollen. Ich war schockiert, als ich hörte, daß ich
nicht in der Londoner Oper, sondern im Palace Theatre tanzen sollte. In allen europäischen
Hauptstädten war ich in Opernhäusern aufgetreten. Ich hatte erwartet, daß man meinem Tanz
in London denselben würdigen Rahmen verleihen würde. Und ich mußte an meine Eltern denken: Sie hatten so viel Geld für meine Ausbildung in Europa ausgegeben, und ich wünschte
mir, daß sie stolz auf mich wären. Aber ich durfte nicht allzu wählerisch sein. Ich tat es für
meine Mutter, wissen Sie, meine geliebte Mutter. Sie ermutigte mich, sie spornte mich an, ihr
verdanke ich meinen Erfolg. Sie wollte, daß ich Konzertpianistin werde, aber ich gab den Kla-
vierunterricht auf, um Tänzerin zu werden. Warum? Ach, was weiß ich, im nachhinein lassen
sich immer Gründe finden. Ich wollte tanzen. Ich wollte berühmt werden. Meine Mutter verlor ihren einzigen Sohn, wissen Sie, das war ein schwerer Schlag. Ich wußte, daß es ihr helfen würde, wenn ich mich ihrer Liebe würdig erwies; wir hatten ein so rastloses, unstetes Leben geführt, und ich dachte, daß ich mit meinem Erfolg etwas Beständigkeit in unser Leben
bringen könnte. Ich mußte einfach erfolgreich sein, nach all ihren schlimmen Enttäuschungen.
Ich war noch so jung, als ich Amerika verließ, gerade erst ein Teenager. Ein Teenager? Ach,

ich bin ganz durcheinander. Ich war noch jung und vermißte meine Mutter, ich habe sie schrecklich vermißt, als ich in Berlin war. Ich weinte mich oft in den Schlaf. Aber ich mußte stark sein. Ich wußte, daß die Karriere einer Tänzerin kurz ist. Ich mußte schnell Erfolg haben.

Schwester, ich habe Durst. Meine Kehle ist ganz ausgetrocknet. Könnten Sie so nett sein und mir ein Glas Wasser bringen? Danke schön. Der Krieg hat noch nicht allen Menschen ihre Manieren ausgetrieben. So viel ist seit den schweren Jahren in Berlin passiert. Ich hatte Alpträume … Ich wachte mitten in der Nacht auf und war schweißgebadet. Ich träumte, daß Finger von Toten in meiner Kommode gefunden wurden, in Gepäckscheine eingewickelt, auf denen stand: »Sie sah Dir so ähnlich, mein liebes Schwesterherz.« Manchmal war ich froh, daß ich weit weg von allem war. Und dann wieder hatte ich Schuldgefühle, weil ich den andern in dieser schlimmen Zeit nicht beistand. Und ich hatte Angst, daß man mich verhaften würde. In Berlin hatte ich immer den Drang, aus meinem Leben etwas zu machen, aber die Ereignisse auf der anderen Seite des Atlantiks zerrten wie Bleigewichte an mir. Manchmal habe ich schon ganz vergessen, wie schwer jene Jahre für mich waren. Meine Eltern konnten es sich kaum leisten, mich finanziell zu unterstützen, die Geschichte mit Theo verschlang ihr ganzes Geld. Ach, jetzt erinnere ich mich, ich habe Korsetts genäht. Kein Künstler kann nur von seiner Inspiration leben. Ich mußte Studiengebühren und Miete zahlen. Und dann arbeitete ich als sogenannte »Illustratorin« bei Dr. Penn. Er verfaßte – nun ja, damals nannte man sie biologische Handbücher, aber es waren eigentlich Aufklärungsbücher für Frauen. Ach, ich war jung und fand es amüsant und irgendwie aufregend. Und all die jungen Männer damals! Aber keinen habe ich geliebt. Ob sie mir leid tun? Nein, nur Arthur vielleicht, weil er mich unbedingt heiraten wollte und mich in all den Jahren finanziell unterstützte. Es muß schlimm für ihn gewesen sein, als ich fortging. Aber meine Arbeit nahm mich sehr in Anspruch. Diese vielen Jahre harter Arbeit. Es muß 1901 gewesen sein, als ich beschloß, Tänzerin zu werden. 1901? Egal. Ich schuf eine neue Kunstform. 1903 bin ich zum erstenmal aufgetreten.

Junger Mann, Sie sind ja immer noch hier! Sind Sie gekommen, um mich nach Hause zu bringen? Ein Glas Wasser, danke. Wie nett. Wie wunderbar es ist, jung zu sein. Sie können sich nicht vorstellen, was für ein Hochgefühl es war, als ich auf Europareise ging, von den süßen Früchten des Erfolgs und des Ruhms kostete.

Richard Strauss' Oper *Salome* war eine große Inspiration für mich. 1904 war ich bei der Premiere dabei, und obwohl ich bis dahin nur meinem Verlobten für eine Salome-Skulptur Modell gestanden hatte, wußte ich auf einmal genau, daß ich aus der Rolle etwas machen konnte. Ich wußte genau, was fehlte, wissen Sie, die Gedanken Salomes nach ihrer Eroberung, die Gedanken einer jungen Frau, die ihre Unschuld verloren hat und sich plötzlich ihrer Macht über Männer bewußt wird. 1906 gab ich mein Debüt als Salome, und dann dauerte es noch zwei Jahre, bis ich ein Engagement in London bekam.

Ich entwickelte eine neue Kunstform: »Poesie der Bewegung« nannten die Kritiker sie. Es war eine außergewöhnliche Ära, der Beginn eines neuen Jahrhunderts und einer Neuorientierung in der Kunst. Ich hatte wirklich tänzerisches Talent, mein Körper war mein Instrument. Trikots, Strumpfhosen oder irgendwelche andere einengende Kleidung lehnte ich ab. Was für ein befreiendes Gefühl, barfuß in locker fallender Kleidung zu tanzen. Aber welche Proteststürme mein Salome-Kostüm bei den Zensoren auslöste! In München erhielt ich Auftrittsverbot. Lächerlich, nicht? Wenn ich daran zurückdenke ... Ich sage Ihnen, mit diesem Kostüm könnte ich heute zum Nordpol und wieder zurück fahren, ohne daß ich auch nur eine Gänsehaut bekäme! Obwohl ich mein Londoner Debüt im Palace Theatre gab, hatte man mir eine Privatvorstellung im Hause von Lord Dudley zugesichert, bei der auch König Edward und Königin Alexandra als Ehrengäste anwesend sein würden. Hier ist das Programmheft von meiner Premiere. Ich war noch nie mit anderen Künstlern im selben Programm aufgetreten; erst als mir Alfred Butt das hier schickte, erfuhr ich, daß außer mir noch zwei Komiker namens Sam Elton und R. G. Knowles auftraten, dann noch diese Jongleure, die »Juggling McBans«, und Princess Trixie, »das einzige Tier der Welt mit menschlicher Intelligenz«, wie es in der Vorankündigung hieß. Das Ganze erinnerte mich mehr an einen Zirkus als an ein Theater. Aber nein, das ist dem britischen Publikum gegenüber nicht fair. Ich bin in England immer sehr herzlich aufgenommen worden. Die ganze Londoner Gesellschaft und die Aristokratie ahmten meinen Gang, meine Kleidung, meinen Schmuck nach, ja sogar meine kanadische Aussprache. Ich war der Star jeder Abendgesellschaft. Und ich hatte meine Grundsätze, ich trat nie in irgendwelchen Tanz- oder Vereinssälen auf und auch nie vor einem ausschließlich männlichen Publikum. Ich hatte viele weibliche Bewunderer, die mich liebten, nachahmten und verehrten. Ich weigerte mich, in der Royal Concert Hall in Hastings aufzutreten. Es muß da irgendein Mißverständnis gegeben haben ... Es war ein primitiver, schäbiger Saal mit billigen scharlachroten Vorhängen. Die Beleuchtung war völlig unzureichend. Sie wollten nur meinen Salome-Tanz sehen, aber gerade für den brauchte ich eine sehr aufwendige Beleuchtung. Ich konnte unter solchen Umständen keinesfalls auftreten, das konnte ich weder mir noch meinem Publikum zumuten. Ich war damals schon vermögend und konnte mir aussuchen, wo ich tanzte. Meistens jedenfalls. Aber dieses Engagement in Hastings hatte ich ja erst Jahre später. Es muß 1911 gewesen sein, glaube ich, damals verkehrte ich schon in adligen Kreisen. Deswegen gab es auch so ein Aufsehen wegen Manchester. Dieses

Zensurkomitee hatte meinen Auftritt verboten, was praktisch ein Affront gegen den König war, denn ihm hatte meine Aufführung gefallen. Aber sie ließen mich nicht auftreten, weil es unziemlich sei, eine biblische Geschichte auf die Bühne zu bringen. Welch eine Ignoranz! Ich führte klassische Tänze auf, zu einer Musik, die die größten Komponisten geschrieben hatten und die von einem 50köpfigen Sinfonieorchester gespielt wurde. Aber alles, was sie interessierte, war, daß ich meine Schuhe und Strümpfe auszog. Dabei stimmte das nicht einmal, ich tanzte von Anfang an ohne Schuhe und Strümpfe. Das Instrument meines Tanzes ist mein Körper. Und wie ein Musikinstrument entfaltet er die größte Wirkung, wenn man die gesamte Palette der Dur- und Moll-Tonleitern ausschöpft. Aber sie verboten meine Vorführung, weil ich »barfüßig und mit hauchdünnen, durchscheinenden Schleiern nur spärlich verhüllt« war. Diese Ignoranten hatten es nicht verdient, in den Genuß wahrer Kunst zu kommen. Sollten sie doch weiter ihren Ballettmädchen in Strumpfhosen und Trikots zusehen. Sie wollen schon gehen, junger Mann? Vergessen Sie nicht, mir ein Exemplar Ihres Artikels zu schicken, für mein Album, ja? Macht nichts, mein Junge, fahren wir eben ein anderes Mal nach Indien. Könnten Sie mir aus einer momentanen Verlegenheit helfen und mir ein paar Pfennige leihen? Danke, das ist zu freundlich von Ihnen. Wirklich sehr großzügig. Sie müssen sich unbedingt meinen Auftritt nächsten Monat in San Francisco ansehen, und falls Sie keine Zeit haben, kommen Sie einfach im Mai nach New York. Ich lade Sie ein.

Wo sind denn die anderen Artikel über London? Die müssen hier irgendwo sein. Schwester! Schwester! Wo sind meine Londoner Alben? Ach, ich hasse das Alter. Altwerden ist häßlich. Danke, Schwester. Setzen Sie sich doch ein bißchen zu mir. Ich möchte Ihnen von meinem ersten Triumph erzählen. Sehen Sie nur die vielen Artikel, die Huldigungen. Bitte lesen Sie sie mir vor. Meine Augen lassen in letzter Zeit ziemlich nach.

»*The Observer*, 8. März 1908: Es steht außer Frage, daß Miss Allan, die kanadische Tänzerin, die morgen im Palace Theatre Premiere hat, London im Sturm erobern wird, so wie sie auch Paris, Berlin und jede andere Hauptstadt, in der sie ihren klassischen Tanz aufführte, eroberte. Sie ist die Reinkarnation der anmutigsten und rhythmischsten Tanzformen der griechischen Antike; aber in ihr verwandeln sich Anmut und Rhythmus der griechischen Kunst, wie sie auf griechischen Vasen und Reliefs in starrer Form verewigt sind, in grazile Bewegung. Miss Allan ist jedoch nicht nur eine zum Leben erwachte Skulptur, sondern auch Musik, die sich in eine lebende Skulptur verwandelt ...«

Schicken Sie das bitte Mama, ja? Sie wird sich bestimmt freuen, wenn sie erfährt, daß ich in London so erfolgreich bin. Von Februar bis November 1908 trat ich Abend für Abend vor ausverkauften Häusern in London und in der Provinz auf. Ich verdiente 250 Pfund pro Woche, und genausoviel bekam ich für einen einzigen Privatauftritt. Schicken Sie alle Zeitungsausschnitte meiner Mutter. Sie wird stolz auf mich sein. Man hat mich gebeten, ein Buch über mein Leben und meine Kunst zu schreiben, und das werde ich ihr widmen. Was würde ich nur ohne sie machen? Meine Mutter. Warum bin ich keine Mutter? Ich war es einmal, aber dann hatte ich einen Unfall. Es war im November 1908, in London, und erst im Februar hatte ich mich wieder ganz davon erholt. Vielleicht war es besser so, wie hätte ich sonst von der Ostküste an die Westküste und zurück reisen können, und dann durch Südafrika, Australien, Indien und Südamerika? Über drei Monate lang lebte ich völlig zurückgezogen in London, und das auf der Höhe meines Erfolgs. Ich verkroch mich, um mich von meinem Sturz zu erholen. Mein Kind tot, meine Mutter tot. Meine Mutter ist tot? Wer hat mir das erzählt? Wir werden Chopin spielen. Ja, das ist eine wunderbare Idee. Wir werden auf ihrer Beerdigung Chopins *Trauermarsch* aufführen. Das würde meiner Mutter bestimmt gefallen. Ich höre schon die Musik: Ich werde schwarz verschleiert, mit gesenktem Kopf und gebeugten Schultern an ihrem offenen Sarg vorbeischreiten. Dann werde ich zurückgehen und hineinsehen. Ich werde sie mir noch einmal genau ansehen – bei meinem Bruder hatte ich keine Gelegenheit dazu. Und ich werde wie die Nymphen im alten Griechenland tanzen, voller Reinheit, Unschuld und Leichtigkeit. Manchmal sehe ich das Elysium vor mir und frage mich, ob meine Seele dort zur Ruhe kommen wird. Vielleicht bin ich auf dieser Welt nur auf der Durchreise. Oh, die Alben sind heruntergefallen, die Ausschnitte … Schwester, Schwester! Ach, ich würde schreien, wenn ich könnte, aber das Alter hat mich meiner Wut und meiner Beweglichkeit beraubt. Warum bin ich zur Bewegungslosigkeit verdammt? Ausgerechnet ich … ach, was für ein Durcheinander. Jetzt werde ich sie alle neu sortieren müssen. Es ist so grausam … Wie lange dauert es, bis ein Mensch stirbt? Ich wünschte, ich wüßte es. Ich habe einmal ein totes Kind gesehen. Das Mädchen war zwei Jahre alt. Ich war allein mit ihr und berührte ihr blondes Haar. Es fühlte sich steif an, und ich fragte mich, ob sich das Haar der beiden Toten genauso steif anfühlte, als er es berührte. Ich strich ihr über die Stirn und bettete sie zur letzten Ruhe. Wäre es nicht schön, wenn man ohne Mal sterben könnte? Ein makelloser, unversehrter Leichnam, das würde mir gefallen. Keine Abdrücke von einem Seil, keine Male, keine Narben. Sondern ohne jeden Makel. Ich würde nicht gerne mit einem Makel in den Himmel kommen.

Ich habe mir oft ausgemalt, wie sich ein junges naives Mädchen fühlt, das mit einem Makel leben muß. Salome war so ein Mädchen, und mein Tanz verkörperte diese Visionen. Was hat sie empfunden, als man ihr den blutigen Kopf von Johannes dem Täufer überreichte? Schuldgefühle, Grauen, den Verlust der Unschuld, ja, alle Unschuld in einem einzigen Moment verloren. Wie sehr sie sich danach gesehnt haben muß, sich aus den Fesseln zu befreien, die sie einschränkten. Auch ich wollte meiner Umgebung entfliehen, wenn ich daran dachte, wie grausam das Leben ist. Und dann war da diese Liebesgeschichte, die Theo geschrieben hatte, in der ich die Heldin war. Und seine Tagebücher. Ich kannte Blanche Lemont. Sie ist tot. Und Theo für immer verloren. Wie sollte ich das ertragen? Es war so schrecklich, so schrecklich. Warum war ich nicht bei ihm? Ich habe viel zu früh meine Unschuld eingebüßt. Viel zu früh. Niemand kennt meine Gefühle, und es soll sie auch niemand kennen. Ich werde noch ganz krank vor lauter Grübeln. Warum quäle ich mich so? Was habe ich getan? Ich habe das Grauen getanzt. Salome war jung und verführte Herodes, so wie sie ihren Vater verführt hätte. Und plötzlich war sie kein Kind mehr. Der arme verstümmelte Leichnam. Der arme Junge.

Schwester, holen Sie mir doch bitte etwas zu schreiben. Ich fühle mich frisch genug, um mit meinen Memoiren zu beginnen. Ich habe immer noch die Seele des Tanzes in mir. Düster und sinnlich nannten sie mich in München. Lächerlich. Ich tanzte in einer knielangen Tunika, trug goldene Ohrringe und Diamantschmuck. Bei den indischen Tänzen trug ich einen durchscheinenden Seidenschleier. Ach, die Salome war am schönsten. Wenn ich zurückblicke, muß ich gestehen, daß ich die Salome immer am meisten mochte. Aber ich wollte, daß die Rezensenten auch meine anderen Arbeiten würdigten. Oscar Wilde war mein großes Vorbild. Seine Salome-Inszenierung in London hat mich zu meiner besten Arbeit inspiriert. Mit der richtigen Beleuchtung ist Nacktheit die höchste Ausdrucksform der Kunst.

Schieben Sie mich bitte ans Fenster, damit ich die herbstlichen Bäume betrachten kann. Ich möchte die Musik des kanadischen Herbstes hören. Ich möchte zusehen, wie sich das Laub verfärbt. Mein Tanz beruht ganz auf Spontaneität und Phantasie. Ich versuche das auszudrücken, was die Musik mir persönlich sagt, ihren emotionalen Gehalt. So ist es gut, danke. Ich fühle mich heute viel besser. Vielleicht bin ich am Wochenende kräftig genug, um wieder zu laufen. Setzen Sie sich ein Weilchen zu mir. Was meinen Sie, Schwester? Glauben Sie, daß diese Beine wieder kräftig genug sein werden, um mich zu tragen? Bei meinem nächsten Engagement werde ich zu Mendelssohns *Frühlingslied* tanzen. Sie müssen meiner Sekretärin schreiben und sie bitten, alles in die Wege zu leiten. Wir werden für nächstes Frühjahr eine Reise nach London planen. Ich würde London gerne noch einmal sehen. Sie müssen mitkommen. Aber wo werden wir wohnen? Ich habe mittlerweile jede Gastfreundschaft und jedes Hilfsangebot über Gebühr in Anspruch genommen. Ich habe kein Geld mehr, und es ist niemand mehr da, von dem ich welches leihen könnte. Ist das schon immer so gewesen? Auch schon im Altertum? Manchmal sehe ich die Boote von Argolis vor mir, die 700 Jahre vor Christus mit ihrer Besatzung am Strand von Trinacrian anlegten. Schlichtheit und Unschuld. Ich möchte in Griechenland beerdigt werden. Ich bin immer ein junges Mädchen. Ich sehe immer jung aus. Der Liebling ihrer Mutter. Ich war immer ihr Liebling, und deshalb bin ich so jung geblieben. Die Kritiker schrieben, daß es meine Mädchenhaftigkeit sei, die meinen Tänzen etwas Unschuldiges gebe. Ein junges Mädchen kann nicht frivol sein, weil sie Lüsternheit und Schamlosigkeit noch nicht kennengelernt hat. Es ist tragisch, wenn ein junges Mädchen seine Mutter zu Grabe tragen muß. Hätte ich nur nicht miterleben müssen, wie sie alt und krank wurde …

Ich bin müde, Schwester. Sehr müde. Bitte bringen Sie mich zurück in mein Zimmer. Wir können morgen damit anfangen, meine Erinnerungen aufzuschreiben.

Anita Berber
1899–1928

Anita Berber wurde 1899 in Deutschland geboren und absolvierte ihre Ausbildung an der Rita-Sacchetto-Tanzschule. Bereits 1919 galt sie als »tanzende Erlebnissucherin«, die sich der Erforschung der Grenzen tänzerischer Ausdrucksfähigkeit verschrieben hatte. Diese Suche ging einher mit zahlreichen Exzessen.

Zwischen ihrem 18. Lebensjahr und ihrem Tod im Alter von 29 Jahren war sie dreimal verheiratet. 1917 heiratete sie Herrn von Nathusius und ließ sich 1919 von ihm scheiden, als sie sich in das Fotomodell Susi Wanowski verliebte. Susi war eine starke, unabhängige Frau, die bald die Organisation von Anitas Auftritten übernahm. Anita Berber hatte oft drei bis vier verschiedene Engagements pro Abend; unter anderem trat sie in den mondänen Lesbenklubs Berlins auf, von denen die Pyramide in der Schwerinstraße wohl der berühmteste war.

Sie genoß die Widersprüche des Berlins der Nachkriegszeit in vollen Zügen; sie war bisexuell und machte kein Hehl daraus. Sie erklärte, sie ziehe Frauen Männern vor, betonte aber auch, daß sie einen reichen Mann heiraten wolle, der sie mit Cognac und Kokain versorge. Kokain war die Modedroge der zwanziger Jahre, und Anita war süchtig danach. Überdies trank sie exzessiv. Sie ließ zu, daß ihr Tanzpartner und zweiter Ehemann Sebastian Droste sie mit Männern verkuppelte, damit beide ihre Drogensucht finanzieren konnten.

Den künstlerischen Durchbruch erlebten Anita Berber und ihr Partner mit »Die Tänze des Lasters, des Grauens und der Ekstase«. Sebastian Droste organisierte eine Europatournee, die in Wien begann und anschließend nach Paris und Budapest führte. Am 21. November stellten Berber und Droste ihre »Tänze des Lasters, des Grauens und der Ekstase« im Wiener

Konzerthaus vor. Sie erhielten begeisterte Kritiken, aber die Tournee war von Skandalen begleitet. Der folgende Artikel erschien am Mittwoch, dem 6. Dezember, in der Zeitung *Illustriertes Wiener Extrablatt*:

»Anita Berbers Auftritt verboten

… Anita Berber trat zunächst vor dem Wiener Publikum anläßlich eines Tanzabends im Konzerthaus auf und seit dem 1. Dezember auch im Apollo und im Tabarin. Wir haben jedoch erst jetzt erfahren, daß Direktor Rosner vom Ronacher-Theater eine gerichtliche Verfügung erwirkt hat, die ihren Vorführungen ein Ende setzt, da er das Tänzerpaar für den gesamten Dezember für eine Gage von einer Million Kronen verpflichtet hatte.

Sebastian Drostes erster Auftritt in Wien war wahrscheinlich für die Polizei interessanter als für das Publikum. Droste, der aus einer wohlhabenden Hamburger Patrizierfamilie stammt und den Namen der großbürgerlichen Familie Knobloch trägt, hat für den Geschmack seines Vaters, der schon wiederholt für die Schulden seines Sohnes aufkommen mußte, bereits genug Unfug angestellt. Im November kam Droste nach Wien und mietete zusammen mit Anita Berber eine Wohnung im Klinikviertel der Stadt. Dann ging er zu einem alten, angesehenen Juwelier am Graben und versuchte unter dem Vorwand einer Empfehlung von Prinz Taxis, einem Freund von ihm, 50 Millionen zu leihen. Die Unterschriften erwiesen sich jedoch als gefälscht, und am nächsten Tag wurde er verhaftet. Es wurde zwar kein Verfahren gegen ihn eingeleitet, aber er wurde aus Österreich ausgewiesen. Damit er seine Angelegenheiten regeln konnte – er hatte Schulden in Höhe von 200 Millionen –, wurde ihm erlaubt, bis Ende November zu bleiben.

Kurz nach ihrem sensationellen Auftritt im Konzerthaus sprachen Droste und Berber bei Rosner vor, dem Direktor des *Ronacher-Theaters*, um ihn zu überreden, sie für den Dezember zu engagieren. Sie verschwiegen ihm jedoch, daß ihr Auftritt davon abhing, daß er bei der Polizei eine Verlängerung ihrer Aufenthaltsgenehmigung erwirkte. Als die Sache aufflog, ging Rosner zur Polizei, um ihre Aufenthaltsgenehmigung bis Ende Dezember verlängern zu lassen; er argumentierte, daß durch die Einnahmen des Gastspiels die Wiener Gläubiger des Paares wenigstens teilweise befriedigt werden könnten. Man stelle sich nur sein Erstaunen vor, als er erfuhr, daß das Paar über Nacht sowohl mit dem Apollo-Theater als auch dem Tabarin für Dezember abgeschlossen und dadurch bereits eine Verlängerung seiner Aufenthaltsgenehmigung erhalten hatte.

Wegen dieses Vertragsbruchs kam es zu einer Schiedsgerichts-Verhandlung bei der Internationalen Artisten-Organisation. Dr. Moritz Krohn vertrat das *Ronacher-Theater*, der Anwalt der beiden Tanzpartner war Dr. Stieglandt. Nach einer langen Sitzung wurde beschlossen, daß das Paar seinen Vertrag mit dem *Ronacher-Theater* erfüllen muß, und es wurde ihm verboten, im *Apollo* oder im *Tabarin* aufzutreten.

Gestern abend versuchte der Rechtsvertreter Dr. Krohns in Begleitung von zwei Justizbeamten, den Tänzern den Gerichtsbeschluß am Haupteingang des *Apollo-Theaters* auszuhändigen. Das Paar betrat das Gebäude jedoch durch einen Seiteneingang, so daß der Plan mißlang. Später fand man sie eng umschlungen in ihrer Garderobe. Es gelang ihnen, unbemerkt das Theater zu verlassen und wie zuvor im Tabarin aufzutreten. Wenn Anita Berber und Sebastian Droste dem Gerichtsbeschluß nicht Folge leisten, laufen sie Gefahr, verhaftet zu werden.«

Wien. 7. Dezember 1922

Wieso sind wir hier? Sebastian, ich will weg aus Wien. Ich habe genug von diesen lächerlichen Streitereien mit der Polizei über irgendwelche Verträge. Ich lasse mir nicht vorschreiben, wo ich tanze. Ich tanze, wo ich tanzen will, und das ist mein letztes Wort. Ich will zurück nach Berlin.

Ich trete nicht im *Ronacher-Theater* auf. Kein Polizist schreibt mir vor, wo ich tanze. Wien ist eine Stadt voller engstirniger Bürokraten und Pförtner, und wenn ihnen meine Kunst gefällt, dann müssen sie bezahlen und sie sich dort ansehen, wo es mir paßt. Ich trete gern in Nachtklubs auf, ich mag das Publikum. Das *Ronacher* ist einfach deprimierend. Es ist noch nicht mal ein richtiges Varietétheater. Ich tanze im *Apollo* und im *Tabarin* und sonst nirgends.

Klär es irgendwie, Sebastian, du hast uns diesen Ärger schließlich eingebrockt. Geld ist mir egal. Wir haben genug für Alkohol und Koks. Und ich habe genug für meine Kostüme. Was brauchen wir sonst? Was ich jetzt brauche, ist ein Drink … Dann geh doch. Ja, geh. Wo ist die Champagnerflasche? War sie nicht vorhin unter dem Bett? Oder auf dem Schrank? Im Koffer? Ah, da! Wie kann er den Champagner in meinen Umhang für den koreanischen Tanz legen! So ein Idiot! Ich werde noch verrückt hier. Ich will nach Hause.

Sebastian nennt unsere Tänze eine neue Kunstform für ein neues Zeitalter. Wir wollen den Tanz revolutionieren, aber hier scheint das kaum möglich zu sein. Das war alles seine Idee, auch der Titel »Tänze des Lasters, des Grauens und der Ekstase«. Ich will, daß meine Arbeit die Leute schockiert. Ich will die Leute aufrütteln. Deshalb kann ich auch nicht im *Ronacher* auftreten. Vor dicken, gelangweilten Männern im Frack mit grauhaarigen, mit Schmuck behängten Frauen in engen Kostümen, die ihre kleinen Handtaschen an sich pressen. Ich fühle mich wohler in Cafés voller Künstler und Dichter und Intellektueller – voller Leute, die verliebt sind. Die Romantiker dieser Welt sind die einzigen, die merken, daß Sex die einzig revolutionäre Kunst ist. Im Sex liegt die Kraft der Menschheit. Unser Weg zum Glück liegt in der spirituellen Erhöhung der sexuellen Erfahrung.

Sex ist meine Religion. Wenn ich ein Mann wäre, hätte ich die Revolution zu meiner Religion gemacht, und ich hätte in den Straßen Berlins gekämpft. Wenn ich an Gott glauben würde, hätte ich Nonne werden können. Ich bin eine Frau, deren Körper angebetet wird, und ich habe die Kraft und Stärke und Leidenschaft, die Kunst zu revolutionieren – die Poesie und Schönheit bürgerlicher Phantasien zu zerstören und sie zu ersetzen durch … durch etwas, das ehrlicher ist, oder etwas, das obszön und vulgär ist. Ich würde gern wirklich an das glauben, was wir tanzen. Und manchmal, wenn ich das Erstaunen in den Gesichtern der Leute sehe, dann fühle ich mich stark und mächtig. Ich fühle mich wie ein Offizier, bevor er den Befehl zum Angriff gibt. Das hört sich verrückt an. Aber ich glaube, daß das ein Akt kreativer Gewalt ist. Mir gefallen die Offiziere in Wien. Sie gefallen mir sogar sehr. Aber ihre Frauen kann ich nicht ausstehen. Sie sind hysterisch und tyrannisieren ihre Männer.

Susi ist anders. Sie ist genauso stark wie ich. Was würde die Presse hier schreiben, wenn sie über uns Bescheid wüßte? Hier haben ja städtische Beamte nicht mal den Mut, meine Vorführungen zu besuchen, weil ich nackt tanze. Wenn sie ahnten, was hinter der Bühne geschieht, würden sie sich an ihrer Sachertorte verschlucken. Als neulich einige Beamte hier auftauchten, um zu überprüfen, ob das Theater für meine Vorstellung zusätzliche Steuern zahlen müßte, war es einem von ihnen so unangenehm, daß er darum bat, in eine andere Abteilung versetzt zu werden. Er ließ sich degradieren, um sich die Peinlichkeit zu ersparen, Anita Berber auf der Bühne zu sehen!

Sebastian ist nie da, wenn ich ihn brauche. Ich hätte gern, daß er mich jetzt küßt. Mich mit seinen blassen Lippen küßt. Zart wie eine Orchidee. Aber er ist nicht da. Noch einen Schluck, dann mache ich mich auf die Suche nach ihm. Wir müssen bald auf die Bühne. Wir tanzen den Eros und brauchen dafür eine ganz neue, erotische Herangehensweise – Proben, Aufwärmübungen, Bühnenauftritte, Kritiken –, alles muß geändert werden. Einfach alles. Tanz ist die neue Kunst. Früher bestand Tanzen nur aus Schritten, aber jetzt ist es eine Kunst, die den Körper befreit. Der Körper muß durch seine Glieder sprechen. Das einzige Problem ist, die Kritiker dazu zu bringen, daß sie zwischen gutem und schlechtem Tanz unterscheiden und nicht nur zwischen schönen und häßlichen Körpern. Vielleicht sollten wir manchmal in unseren Kleidern tanzen. Ich habe das Gefühl, daß mich alle Welt verachtet und voller Haß über mich redet. Was geht in den Köpfen der Leute vor, wenn sie uns zusehen? Gestern abend habe ich gehört, wie sich zwei Frauen im Café Central über unseren Auftritt unterhalten haben. Sie haben sich gefragt, ob ich mir die Beine und Achseln rasiere! Absurd. Völlig absurd. Keiner versteht unsere Kunst, und ich habe keine Lust, ihre Walzer zu tanzen.

Es wird Zeit, daß ich mich fertig mache. Ich trete heute abend im Apollo auf. Ich habe einen Vertrag unterschrieben. Ich habe den Ronacher-Vertrag nicht unterschrieben, also kümmert er mich auch nicht. Verdammt. Ich kann nicht mal durchs Zimmer gehen, ohne über Morgenröcke und Schminkkittel und Gott weiß was noch für Klamotten zu fallen. Man sollte das ganze Zeug aus dem Fenster werfen! Warum muß ich einen Morgenmantel anziehen? Wieso kann ich nicht nackt herumlaufen? Ich bin Nackttänzerin. Wenn jeder einen Körper hätte wie ich, würden alle so herumlaufen. Aber dazu sind sie ja viel zu spießig in diesem Hotel. Ich nehme nur den Cognac mit. Der wird mir Gesellschaft leisten, während ich mich schminke.

Wir tanzen den inneren Aufruhr unseres Lebens und drücken den Untergang Europas aus. Keiner versteht das. Wir sind Europas Propheten und tanzen seine Plagen: »Morphium«, »Selbstmord«, »Märtyrer«, »Cocain«, »Halluzinationen« und »Haus der Irren«. Und in Wien fragt man sich, ob ich einen Rasierer benutze oder nicht. Ich wünschte, ich wäre bei Susi in Berlin. Ich wäre jetzt gern mit Susi zusammen. Ich würde gern die zarte Haut einer Frau spüren und ihre wunderschöne Möse verwöhnen, bis sie vor Lust aufschreit. Ich würde gern in der Pyramide auf der Bühne stehen und sie beobachten und ihr das Gefühl geben, daß ich nur für sie tanze, vor all diesen Frauen, die meinen Körper begehren, und er gehört doch nur ihr. Und danach würden wir uns hinter der Bühne lieben, und ich würde meine Smokingjacke anziehen und mein Monokel aufsetzen und ins Nelson-Theater gehen. Ach, in Berlin verstehen wir es zu leben! Man feiert den Luxus, schwelgt in Parfüm, Mode, Pelzen und Schmuck und huldigt dem aberwitzigen Traum von Reichtum. Wir sind die einzigen, die dem Grauen, das der nächsten Generation bevorsteht, Ausdruck verleihen, und nur wir verkünden eine neue Politik, wir propagieren die Erotik des Körpers.

Und hier? Ich werde einfach vergessen, daß ich in Wien bin. Ich werde mich nur auf meine Tänze konzentrieren. »Cocain« ist mein Lieblingstanz. Ich muß meine Augen für diesen Tanz mehr schwärzen als sonst. Ist mein Gesicht zu weiß? Es kann gar nicht weiß genug sein. Manchmal kriege ich Angst, wenn ich sehe, wie traurig mein Gesicht aussieht. Ist das nicht verrückt? Gleich tanze ich das Elend und die Ekstase im Leben einer Prostituierten und mache mir über meinen traurigen Gesichtsausdruck Gedanken. Mehr weißes Make-up. Noch mehr. Diese Frau tanzt, um ihrer Verzweiflung zu entgehen. Die Bühnenausstattung ist perfekt; ich hoffe nur, daß sie auch die Beleuchtung hingekriegt haben. Ich brauche nur einen Tisch und eine niedrige Lampe, damit das schwache Licht die geisterhaften Schatten zeigt, die ich in mir fühle, die Schatten verzweifelter Seelen. Ich liebe den Moment, wenn ich die

Schatten auf der Bühne sehe und nackt auf dem Boden liege und der Raum gefüllt ist mit den Geistern der Männer, die durch mein Leben gegangen sind … all die alptraumhaften Abende mit miesem Sex, unbezahltem Sex … und dann erhebe ich mich langsam, schmerzhaft, in dem Bewußtsein, daß mein Körper nicht mir gehört, sondern von all den Geistern im Raum besessen ist. Überall grüne Augen, viele Augen, Millionen von Augen. Dann der Schatten am anderen Ende des Raums, und ich wende mich ihm zu, tanze meine Angst vor dem Schatten, der mich quält und mich verschlingen will. Ich habe über diesen Tanz ein Gedicht geschrieben. Letzte Nacht, für den Fotografen.

>>Wände

Tisch

Schatten und Katzen

Grüne Augen

Viele Augen

Millionenfache Augen

Das Weib

Nervöses zerflatterndes Begehren

Aufflackerndes Leben

Schwelende Lampe

Tanzender Schatten

Kleiner Schatten

Großer Schatten

Der Schatten

Oh – der Sprung über den Schatten

Er quält dieser Schatten

Er martert dieser Schatten

Er frißt mich dieser Schatten

Was will der Schatten

Kokain

Aufschrei

Tiere

Blut

Alkohol

Schmerzen

Viele Schmerzen

Und die Augen
Die Tiere
Die Mäuse
Das Licht
Dieser Schatten
Dieser schreckliche große schwarze Schatten«[77]

Ja, genau so ist es. Ich bewege mich langsam, schwankend, unsicher. Sind meine Ängste real oder durch Drogen hervorgerufen? Wahnvorstellungen … ich brauche Drogen, um dem Zimmer und seinen Schatten zu entfliehen, und ich brauche den Alkohol und leide unter den Qualen des Lebens. »Cocain« ist mein Lieblingsstück. Ich kenne diese Frau so gut, ich kenne ihre Gefühle und ihre Ängste, und ich weiß, wie man ihren Schmerz tänzerisch ausdrückt. Mut und Verletzbarkeit, das sind die Gefühle, die ich ausdrücken will. Daran muß ich denken. Und das Publikum wird den Atem anhalten und wegsehen, weil ich nackt tanze.

Sebastian, wo steckst du? Zum Teufel mit dir! Er ist kein Künstler. Scheiße. Verdammte Scheiße. Ich hasse ihn. Ich will zurück nach Berlin. Er hat mich zu diesem Gastspiel überredet, und jetzt stecke hier im Schlamassel. Wenn wir nicht nach Berlin zurück können, sollten wir nach Paris gehen. Wir treten da sowieso nächsten Monat auf, also können wir auch ein bißchen früher hinfahren. Ich war noch nie in Paris. Wir müssen ja nicht direkt nach Paris fahren, sondern könnten in München Zwischenstation machen. Ich mag München. Sebastian, wo steckst du? Ich muß zur Tür gehen, aber ich bin nicht sicher, ob ich sie finde. Lächerlich. Wo ist die Tür dieses Zimmers? Sebastian? Sebastian!

Sebastian, du hast mir gefehlt. Wo warst du? Wir müssen in zwei Stunden auf der Bühne stehen. »Cocain«. Und dann sollten wir »Märtyrer« aufführen. Ich liebe es, mich zurückzubeugen, nach deinem Hals zu greifen und dich als Märtyrer in den Armen zu halten. Sebastian, ich will nicht ins Gefängnis. Ich sehe die Schatten über die Mauer kriechen. Ich fühle, wie mein Körper seine Kraft verliert. Hast du dem Conférencier gesagt, daß der Tisch nur schwach beleuchtet werden soll? Sag der Polizei, daß ich krank bin. Ich fühle mich elend. Mir geht es schlecht, ich kann nicht ins Gefängnis. Geh und klär das Ganze irgendwie … Nein, komm her, mein süßer Liebling, du siehst so blaß aus. Laß mich dein Haar küssen. Zieh dein Hemd aus, laß mich deine Brust betrachten. Ich will deine Lider küssen, deinen Mund. Komm, mach die Tür zu, und laß mich dich lieben. Nein? Also gut, dann geh und kümmer dich um deine kleinen Polizeibeamten …

Danach kommt die »Vision«. Ich tanze die »Vision« nach dem »Märtyrer«. Diese heilige

Vision von der Passion, der Kreuzigung, der Auferstehung und der Verklärung, alles in einer strahlenden Schreckensvision von menschlichem Leid und menschlicher Pein.

Ich muß meinen Körper zu meinem Schrein, meinem Tempel, meiner Kirche machen – vielleicht sollte ich mir einen Garten voller Orchideen vorstellen, mit vollen, schweren Blüten ... Ja, und ich küsse all die Orchideen, bis sie auf meinen Lippen sterben, auf meinen roten Lippen, die die Orchideen kosten, als wären es Männer und Frauen, und ich verzehre sie alle. Mein Körper wird den Geschmack und die überwältigenden Düfte bewahren. Dann legen sich die Finger einer Hand um meinen Hals, fünf rote Tropfen Blut, ja, bringt mich an den Ort, wo ein Körper zwischen den Orchideen schwankt, wo ein Körper, so bleich wie das Mondlicht, langsam stirbt, und ein schlanker, junger Mann mit meinem Körper spielt, mit meinem zitternden Körper ...

Dann »Morphium«. Ich tanze die reine Form, reine nackte Schönheit, reine Vision. Venedig, Gondeln, schrille Schreie. Treibhauspflanzen, Java und Sarajewo. Geschrei in weiter Ferne. Ich muß dieses feine Geläut wiederfinden, meine schimmernden Träume von fernen Glocken. Das ist es, wonach wir streben, das seltsame Geräusch von Glocken, die eine neue Weltordnung verkünden. Ein Tanz der Erotik ... reine, nackte Sexualität, Sexualität ohne Schuldgefühle. Das Geheimnis besteht darin, den Körper als Emotion zu begreifen, alles Körperliche hinter sich zu lassen und reines Gefühl zu werden. Ich muß die Verzweiflung sein und die Ekstase, und ich muß sie auf der Bühne erleben. Sebastian, wir tanzen, laß uns tanzen, tanzen ...

Margie Hart
* 1916

Margery Hart kam 1916 unter dem Namen Margaret Bridget Ryan zur Welt und wuchs in der 800-Seelen-Gemeinde Edgerton in Missouri auf, etwa 20 Meilen von Kansas City entfernt.

Margaret Ryan brach die Schule nach der 10. Highschool-Klasse ab und brannte mit ihrer besten Freundin Marie Bohenstringle nach Chicago durch. Alles, was sie bei sich hatten, waren fünf Dollar und ein gefälschtes Empfehlungsschreiben für einen Chicagoer Agenten. Margery bekam auf Anhieb ein Engagement als Revuetänzerin, aber ihr Vater reiste ihr nach und brachte sie wieder nach Hause.

Kurze Zeit später kehrte sie unerschrocken nach Chicago zurück, wo sie eine Stelle als »Stripper in Training« – eine Art Ausbildungsplatz als Stripperin – für 50 Dollar die Woche ergatterte. Das war ein gutes Gehalt, wahrscheinlich mehr, als ihr Vater verdiente. Anschließend ging sie nach St. Louis, schloß ihre Ausbildung ab und kehrte nach Chicago zurück, wo sie 1931 von Billy Minsky entdeckt wurde. Minsky erkannte ihr Talent und holte sie nach New York. Nach kurzer Zeit verdiente Margery Hart als Stripperin bereits eine Spitzengage, so daß sie ihre ganze Familie zu sich nach New York an die noble Upper West Side holen konnte. Mitte der dreißiger Jahre erlebte sie den Kampf um die Konzessionen für Burlesque-Theater am Broadway aus nächster Nähe mit und war etliche Male als Zeugin vor Gericht geladen.

New York, September 1935. Vor dem Bezirksgericht

Ich habe dieses Jahr soviel Zeit im Gericht verbracht, daß es mir schon wie mein zweites Zuhause vorkommt. Wie mein zweites Theater. Allerdings gibt es hier nicht so viele Zuschauer. Und Sprechrollen lagen mir noch nie. Ich bin eine schnelle Stripperin. Heute ist unsere ganze Truppe da, denn alle wissen, was auf dem Spiel steht. Wenn wir diesen Prozeß verlieren, wird es kein einziges Burlesque-Theater mehr am Broadway geben. Ich könnte natürlich jederzeit ans New Gotham in Harlem gehen. Nicht, daß es da oben in der Hundertfünfundzwanzigsten Straße weniger Razzien gäbe, es sollen dort ziemlich rauhe Sitten herrschen. Abe Minsky leitet das Theater. Er ist ein Tyrann. Und er will, daß sich seine Stripperinnen ganz ausziehen. Ich arbeite gern im Republic in der Zweiundvierzigsten Straße. Meine Arbeit wird dort anerkannt. Man wird geachtet und geschätzt.

Die letzte Razzia war im September. Wir hatten seit etwa vier Monaten wieder geöffnet. Erst gegen Ende des Sommers bekamen wir langsam wieder mehr Zulauf, und wir Stripperinnen standen unter enormem Druck, möglichst viele Zuschauer anzulocken. Wir arbeiteten schwer, machten Unmengen von Überstunden, alles unbezahlt. Und jetzt gibt's keine Arbeit und keine Proben mehr! Deshalb sind wir heute alle hier, um uns den ganzen Zirkus anzusehen. Die Minskys und die Richter stehen nicht gerade auf freundschaftlichem Fuß. Als Billy Minsky noch lebte, war das anders. Er hatte keine College-Ausbildung und keine hochgestochenen Ideen – er war durch und durch ein Burlesque-Komiker; er schrieb alle Shows selbst und führte Regie. Er starb 1932, gerade als ich richtig anfing. Das ist typisch für mich, dieses Pech. Ich habe die richtig guten Zeiten der Burlesque nie miterlebt, nur die schlechten.

1932 holten mich die Minskys nach New York. Aber da ging es mit der Burlesque schon bergab. Das muß wirklich in unserer Familie liegen, dieses Pech. Es ist der Fluch meines Großvaters. Er war Sklavenhändler und ist im letzten Jahrhundert aus Irland eingewandert. Dann kam der Bürgerkrieg. Wenn der nicht gewesen wäre, wären wir heute wahrscheinlich reich. Wenn das kein Pech ist.

Jetzt ist HK Minsky im Zeugenstand. Ich hatte schon immer eine Schwäche für ihn, obwohl er eigentlich gar nicht für die Burleske taugt. Er ist zu träge und langweilig. Seine Familie redet kein Wort mehr mit ihm, weil er eine Stripperin geheiratet hat. Das spricht doch für sich, oder? Du reißt dir den Hintern auf, um ganz nach oben zu kommen, sie hofieren dich und machen jede Menge Publicity für dich, aber letzten Endes bist du sogar für die Minskys nur der letzte Dreck. HK macht seine Sache hier vor Gericht gut. Er läßt sich überhaupt nicht aus der Ruhe bringen.

»Eine Aussetzung der Konzession würde für den Kläger praktisch den finanziellen Ruin bedeuten. Die Gewerkschaftsbestimmungen verlangen, daß ein Theater seine Beschäftigten über die mit einer Schließung verbundene Beendigung ihres Arbeitsverhältnisses rechtzeitig in Kenntnis setzt ... Drei unserer Stars haben mit uns einen Einjahresvertrag abgeschlossen ...«

Ja, ja. Einige denken vielleicht, ich wäre dumm, weil ich die Highschool abgebrochen habe, aber ich bin sicher nicht zu dumm, um Dollarzeichen in einen Vertrag einzusetzen. Ich verdiene 1000 Dollar – pro Woche. Und ich habe einen von diesen Jahresverträgen, der mir meine volle Gage garantiert, egal, ob ich auftrete oder nicht. Ich bin vielleicht nicht sehr helle, aber in Gelddingen kenne ich mich aus. Man wird nicht Stripperin, wenn man was auf dem Kasten hat, und ich gehörte zu denen, die noch in der Highschool mit den Fingern rechnen mußten. Aber ich weiß, wie man viel Geld macht, und das habe ich geschafft, und zwar schnell. Und ich weiß auch, daß man es schnell wieder loswerden kann. Als sie anfingen, in jedem Theater auf der Zweiundvierzigsten Straße Razzien zu veranstalten, war mir klar, daß die Zukunft nicht sehr rosig aussieht. Ich wollte immer Verträge, in denen mehr Zahlen als Worte stehen. Die habe ich schon immer besser verstanden.

Spitzenstripperinnen haben die besten Verträge. Die andern Beschäftigten kriegten nur einen Wochenvertrag. Fast hundert Leute arbeiten da: Die Revuetänzerinnen, vielleicht 22, wenn das Geschäft gut läuft, und zehn oder zwölf, wenn es schlecht läuft; dann eine Handvoll Bühnenarbeiter und die Türsteher, vielmehr die Rausschmeißer, die dafür sorgen, daß nicht irgendwelche aufdringlichen Typen unsere Garderoben stürmen – ohne die kämen wir nicht aus; dann die Filmvorführer, die am Ende der Show einen Kinofilm zeigen; die Garderobieren – meist ehemalige Stripperinnen oder Revuegirls, die jetzt, mitten in der Depression, bestimmt keinen neuen Job finden werden. Dann gibt es noch die Musiker; sogar in schlechten Zeiten hat das Orchester mindestens sechs Blechbläser. Wer noch? Die Platzanweiser, die gleichzeitig Verkäufer sind und alles mögliche anbieten, von billigen »französischen« Postkarten bis Schokolade. Und dann natürlich noch die Theaterleitung, und von diesen Typen gibt's sowieso zu viele. Ich schätze, daß alles in allem allein im *Republic* 100 Jobs auf dem Spiel standen; von den vielen arbeitslosen Künstlern im *Eltinge* und *New Gotham* und den vielen anderen geschlossenen Theatern ganz zu schweigen. Es ist eine Schande. Leere Theater. So trostlos wie mit Brettern vernagelte Wohnhäuser; allerdings mit dem Unterschied, daß die ehemaligen Bewohner eine neue Bleibe haben und wir nicht. Wo sollen wir denn hin? Nach Miami vielleicht? Ach, was soll's, darüber kann ich mir immer noch den Kopf zerbrechen, wenn uns der Hahn endgültig zugedreht wird. Ich muß ja nicht nur für mich selber sorgen – ich habe noch eine Mutter, einen kranken Vater und acht Geschwister.

Die Arbeit ist okay, solange man welche hat, aber man weiß ja nie, wie lange noch. Strippen ist die einzige Arbeit, die es für mich noch gibt. Wir arbeiten hart für unser Geld. Vier Vorstellungen am Tag, eine einzige Pause nachmittags zwischen fünf und sieben. Ich glaube, Revuetänzerinnen und Stripperinnen sind keine Künstlerinnen, sondern nur Arbeitstiere. Wegen der langen Arbeitszeit und der schlechten Arbeitsbedingungen haben wir auch gestreikt. Kurz vor der letzten Razzia trat unsere Gewerkschaft für eine Woche in den Streik. Das war für die Minskys natürlich ein schwerer Schlag. Erst haben sie wegen des Streiks viel Geld verloren und jetzt noch einmal wegen der aufgehobenen Konzession. Aber die Arbeitsbedingungen sind wirklich mies, und wenn ich mies sage, dann meine ich es auch so. 22 Tänzerinnen müssen sich eine Garderobe teilen. Die Kosten für Unterkunft und Verpflegung werden von der Gage abgezogen, so daß die meisten ständig pleite sind. Wegen der Garderobe würde ich nicht streiken, aber wegen der Arbeitsbedingungen und der langen Arbeitszeit schon ... Vor einem ungehobelten Publikum aufzutreten, ist kein Zuckerschlecken, und meist sind die Zuschauer wirklich schlimm. Viele Mädchen stehen das nur durch, indem sie sich mit Tabletten, Alkohol und Nikotin vollpumpen. Ich habe nie geraucht – na ja, jedenfalls rauche ich nur nikotinfreie Zigaretten, und die zählen ja nicht. Das liegt wahrscheinlich daran, daß mir die Arbeit nie etwas ausgemacht hat. HK meint, ich hätte kein Schamgefühl. Na und? Ich bin schließlich in einer Familie aufgewachsen, in der ich mir mit acht Geschwistern ein Zimmer teilen mußte. Neun Kinder in einem Zimmer. Und das in einem Alter, in dem man schon einen Busen kriegt. Da kann man sich kein Schamgefühl leisten. Ich habe mich nie geschämt – ich strippe, weil mich Gott mit einem schönen Körper ausgestattet hat, auf den man stolz sein kann. Und das bin ich.

Ah, jetzt ist Paul Moss im Zeugenstand. Ich bin eigentlich ein umgänglicher Mensch, aber keine von uns kann diesen miesen Typ, diesen elenden Heuchler leiden. Da sieht man mal wieder, wie korrupt die Stadtverwaltung ist: Ein ehemaliger Broadway-Produzent als Leiter der Konzessionsabteilung! Seit Billy Minsky Anfang der Zwanziger mit dem *National Winter Garden* in der Second Avenue so einen Erfolg hatte, hat Moss die Burlesque und besonders die Minskys auf dem Kieker. Hör sich einer dieses Gezeter an!

»... eine schmutzige, schlüpfrige und obszöne Unterhaltung, die ungebührlichem Verhalten und Sittenlosigkeit Vorschub leistet und die Moral der Personen untergräbt, die besagtes Theater regelmäßig besuchen ...«

Woher, zum Teufel, will er eigentlich wissen, was die öffentliche Moral untergräbt? Ich sehe das Ganze viel einfacher: Die Leute haben schon genug unter der Depression zu leiden, und dann verbietet man ihnen auch noch das Trinken. Für diese Leute ist die Burlesque das einzige Licht am Ende eines langen, dunklen Tunnels, und die Minskys wollten ihr Elend erträglich machen. Na, und dann hielten sie immer einen reichlichen Alkoholvorrat bereit, egal, wer gerade Bürgermeister war oder sonstwie was zu sagen hatte. Das gehörte einfach dazu – ein Glas Whisky hinter der Bühne für die Sittenpolizei oder wer sich sonst gern bestechen ließ. Und jetzt stellt dieser Kerl sich hin und präsentiert eine Liste mit Polizeibeamten und selbsternannten Tugendwächtern, die uns und unsere Arbeit für obszön erklären. Immerhin verbringen Leute wie die Minskys ihre Zeit damit, andern Leuten Arbeit zu verschaffen, statt sie ihnen wegzunehmen. Ich verschwinde jetzt besser, sonst bringe ich die Minskys in noch größere Schwierigkeiten, weil mir nämlich gleich der Kragen platzt und ich diesem Moss dann die Meinung sage.

Ich komme in einer Stunde wieder. Ich muß ein bißchen herumlaufen und mich beruhigen. Ich gehe in den Central Park. Gute Idee. Ich bin total kaputt – wahrscheinlich habe ich mich noch nicht von den zwei schlaflosen Nächten erholt, die ich letzte Woche im Gefängnis verbracht hab. Ich muß das Ganze einfach mal eine Zeitlang vergessen. Aber genau das funktioniert eben nicht. Ich versuche, nicht daran zu denken, aber die Frage läßt mich nicht los: Was passiert, wenn die Burlesque endgültig erledigt ist? Keine Ahnung, was ich dann machen soll. Ich weiß, daß ich keinen »cooch« tanzen, keine schmutzigen Lieder singen oder einen auf künstlerisch machen kann, aber als Stripperin bin ich immer gut angekommen. Rote Haare sind in ganz Amerika eine Sensation. Und dann mein Gang. Mit wiegenden Hüften gehe ich langsam über die Bühne. Das ist eine echte Kunst.

Als ich mein erstes Engagement bekam, waren die Kostüme noch ziemlich einfallslos. Es mußten neue Ideen und Gags her. Für mein erstes Kostüm habe ich alles verwendet, was ich bei uns zu Hause auftreiben konnte. Mein Vater war Handlungsreisender und hat nie irgendwas verkauft. Ich habe meine Kindheit auf der Ladefläche seines Kleinlasters verbracht, wo er seine Nähmaschinen vorführte. Unser Haus war voller Nähmaschinen, Stoff, Garn und Perlen. Es gab alles, was man sich nur vorstellen konnte; er muß eine ganze Schneiderei mit sich herumgefahren haben, wahrscheinlich hat er deshalb nie etwas verdient. Er hat einfach keinen Geschäftssinn. Wenn man Nähmaschinen verkauft, braucht man eigentlich nur die Maschinen, aber er hat gemeint, er muß sie vorführen, und hat seinen Kunden gleich eine ganze Garderobe genäht. Na, jedenfalls habe ich auf diese Weise gelernt, mir meine Bühnenkostüme zu machen. Ich entwarf ein Kleid, das den Körper richtig zur Geltung brachte, ehe man sich überhaupt ausgezogen hatte. Mit so einem Kleid hat man praktisch schon eine eigene Nummer, ohne Tanzeinlagen oder irgendwelches Geplapper wie bei Gypsy. Ich nähte mir ein Kleid aus vielen Lagen Seide. Wenn ich darin über den Laufsteg gehe, können die Jungs erahnen, was sie später alles zu sehen bekommen. Es ist aufreizend wie eine Tanznummer. Ich muß nichts weiter tun, als ganz gemächlich von einem Ende der Bühne zum andern zu schlendern, und dann ziehe ich am Schluß der Nummer das Kleid in einem Rutsch aus. Das Publikum ist schon vorher wie hypnotisiert. Sie sitzen da, verschlingen mit ihren Augen mein Dekolleté und warten auf das Finale ...

Ich stand schon einmal vor Gericht und mußte mit anhören, wie behauptet wurde, daß meine Darbietung nicht den geringsten künstlerischen Wert hätte, weil ich nicht tanzen würde. Man hat kein Recht auf eine Erwiderung. Man muß still dasitzen, während sie einen mit Schmutz bewerfen. Ich kann nicht behaupten, daß mich so was kalt läßt. Diese Leute verstehen einfach nichts von der Burlesque. Unsere Zuschauer wollen keinen künstlerischen Firlefanz; sie wollen mich, und mich bekommen sie auch. Bei der Burlesque kam es schon immer auf die Kostüme, auf Witz und exaktes Timing an. Jede Stripperin weiß, wie wichtig gutes Timing ist und daß sie so gut wie der beste Komiker sein muß.

Die Leute sollten endlich kapieren, daß ein schöner Körper eine besondere Gabe ist, wie Schreiben oder ein komisches Talent oder guter Geschäftssinn. Ich habe einen phantastischen Körper, und Gott hat mich ohne Scham und Schuldgefühle geschaffen. Es ist wie im Garten Eden, bevor Eva in den Apfel beißt. Ohne Schamgefühl ist man vor Gott rein und unschuldig. Ich gehe immer noch regelmäßig in die Kirche. Strippen bedeutet nicht, daß man seinen Glauben vergißt. Aber diese Katholiken im Rathaus wollen uns das einreden. Sie sind in Panik wegen der Wahlen, weil sie die Stimmen der rechtschaffenen New Yorker Bürger verlieren könnten, und deshalb predigen die Pfarrer auch seit neustem die Sündhaftigkeit des Strippens. Als ich einmal in der Messe war, habe ich gehört, wie der Pfarrer in seiner Predigt allen Stripperinnen ewige Verdammnis androhte. Als wäre Strippen eine Todsünde. Als ich die heilige Kommunion empfing, war ich voller Reue und schwor mir, nie mehr ein Burlesque-Theater zu betreten. Aber als ich draußen war, dachte ich an meinen kranken Vater und meine Geschwister und sah die Sache realistisch. Aber seitdem habe ich immer eine Bibel bei mir, damit Gott weiß, daß ich ihn nicht vergesse. Und ich glaube, daß mir Gott vergibt.

Ich fürchte mich nicht vor der Hölle. Außer der Schließung unseres Theaters fürchte ich höchstens verklemmte Reißverschlüsse oder eine Blinddarmentzündung. Alle Stripperinnen haben Angst vor einer Blinddarmentzündung, weil man mit der Narbe nicht mehr so leicht ein Engagement bekommt. Und ein klemmender Reißverschluß, das ist wirklich ein Alptraum. Wenn er bei

Ann Corio klemmen würde, könnte sie immer noch ihre harmlose Kleinmädchen-Nummer abziehen. Rosita Royce könnte mit den Tauben plaudern, die auf ihr sitzen, aber meine Nummer ist nur deshalb gut, weil ich schnell und frech bin. Ich wäre völlig aufgeschmissen, wenn ich mitten in der Nummer an meinem Reißverschluß herumzerren müßte. Die schüchterne Masche liegt mir einfach nicht. Ich glaube, Gypsy hat sämtliche Reißverschlüsse in ihren Kostümen durch Druckknöpfe und Knöpfe ersetzt, weil sie Reißverschlüssen nicht über den Weg traut. Und wenn Gypsy einen Knopf nicht aufkriegen würde, könnte sie das mit irgendeinem Gag problemlos überspielen.

Gypsy ist wirklich nicht auf den Mund gefallen. Sie hat sich sogar einen Presseagenten zugelegt. Sie ist clever. Sehr clever. Ich hatte nie einen Agenten, aber ich kriege trotzdem eine gute Presse. Nehmen wir nur mal die letzte Razzia zum Beispiel. Am Dienstag wurde ich verhaftet; als die Presse eintraf, habe ich mich vor den Kameras bis zur Hüfte ausgezogen, und es brach ein Blitzlichtgewitter über mich herein. Ich war geblendet, obwohl ich an Bühnenbeleuchtung, Scheinwerfer und so weiter gewöhnt bin. Am nächsten Morgen war ich in allen New Yorker Zeitungen auf der ersten Seite mit der Schlagzeile »Die beste Stripperin der Ostküste«. Quatsch. Ich war nicht die beste, ich war nur die erste, die vor der Presse strippte. Na, man braucht schon Humor in diesem Gewerbe. Ich habe immer alles mit Humor genommen, bis Rose la Rose auftauchte. Und mir zuschaute. Nichts dagegen einzuwenden. Georgia Sothern hat auch immer vor den Sperrsitzen gesessen und Gypsy genau studiert, und so hat sie's gelernt. Sie waren immer die besten Freundinnen. Aber Rose la Rose hat mir mein Stripkostüm abgeguckt. Und sie hat nicht nur mein Kostüm kopiert, sondern es auch noch so abgewandelt, daß die ganze Nummer reizlos wurde. Wenn man mich fragt, seit wann es mit dem Strippen bergab ging, dann sage ich, es war ab dem Moment, als Rose la Rose auf der Bildfläche erschien. Ihr Kostüm war wie meines, aber es hatte drei Löcher – oben zwei, unten eins. Sie hätte gar nicht mehr zu strippen brauchen. Aber es war gar nicht das Kleid, das mich so wütend machte. Was mich auf die Palme gebracht hat, war, daß sie versuchte, mich, Margie Hart, zu kopieren. Als ich mir die Nase operieren ließ, hatte sie nichts Eiligeres zu tun, als sich ihre auch gleich korrigieren zu lassen.

Dieser ganze Quatsch über Stripperinnen, die sich umeinander kümmern und füreinander da sind. Alles sentimentaler, verlogener Unsinn. Vielleicht ist das bei den Revuetänzerinnen so, aber die Starstripperinnen kratzen sich gegenseitig die Augen aus. Die Konkurrenz ist zu groß, es gibt zu wenig Jobs. Und Rose la Rose ist neu im Geschäft und gut zehn Jahre jünger als ich. Ich werde den Abend nicht so schnell vergessen, als sie zum erstenmal auch als Topstripperin angekündigt wurde. Ich war wütend! Bei meinem Auftritt wäre ich am liebsten jedem Flegel im Publikum ins Gesicht gesprungen. Dann war Rose an der Reihe, und im Flur sagte sie irgend so was Blödes wie »Darf ich bitte mal«, oder vielleicht hat sie sich auch wortlos an mir vorbeigedrängt – ich erinnere mich nicht mehr genau. Aber ich erinnere mich noch gut daran, daß ich plötzlich rot sah und daß ihre hübsche neue Nase hinterher ziemlich übel dran war. Sie konnte einen Monat lang nicht auftreten. Zum Schluß tat sie mir sogar leid und ich habe ihr etwas Geld geliehen. Es ist immer besser, seinem Ärger Luft zu machen.

Der Spaziergang hat gutgetan. Und jetzt geht im Gericht gleich der Spaß los. Perfektes Timing! Sie vereidigen gerade Frank Donovan, irgendein Typ aus der Konzessionsabteilung, der jetzt seine Version der Geschichte zum Besten geben darf. Jetzt wird's lustig. Diese Typen kapieren einfach nicht, daß es bei der Burlesque nicht auf den Text ankommt, sondern auf die Bewegung, auf die Hände, auf die Augen und Ohren. Es ist doch zu komisch, wenn jemand eine Parodie wörtlich nimmt.

»Eine Männerstimme kündigt über Lautsprecher Magie Hart an, die keine Zeit verliert, sich zu entkleiden; zuerst streift sie den linken Träger ab, dann den rechten, und im nächsten Moment ist sie bis zur Hüfte nackt; der Rock hängt ihr von den Hüften, während sie mit schnellen Schritten auf und ab läuft; ehe sie abtritt, läßt sie ihren Rock fallen und enthüllt ein winziges, mit Pailletten besetztes Etwas, das auf die Farbe ihres Schamhaars abgestimmt ist – ihre einzige Bekleidung, als sie abtritt und immer wieder auf die Bühne zurückkommt, offensichtlich ist sie der Star der Stripteaseshow.«

Offensichtlich!

»Anlage E. Komischer Sketch. 28. August 1935.«

Das war vor zwei Wochen, ich erinnere mich noch gut an diesen Abend. Margot Lopez und Pat Paree traten mit mir im selben Programm auf, wir hatten unseren Auftritt schon hinter uns. Beim Sketch am Schluß der Show öffnete sich der Vorhang, und Carolee stand nackt auf der Bühne und hielt sich die Hände vor ihre Scham. Und dann der Komiker: »Also, irgendwas stimmt mit dem Mädchen nicht – ihre Hände sind zu groß.« Ich hörte noch, wie die Zuschauer grölten und johlten, weil sie unbedingt wollten, daß sie die Hände wegnahm. Sie waren außer Rand und Band. Und dann auch noch die Razzia.

Jetzt ist Weinstock im Zeugenstand. Armer Weinstock, er muß den Kopf hinhalten, er ist schließlich der Geldgeber der Minskys. Aber es heißt, daß er auch nicht mehr so gut dasteht. Morton und HK kommen nicht so gut mit ihm aus wie Billy Minsky damals, und man munkelt, daß sie sich vielleicht von ihm trennen wollen.

Egal, von welcher Seite man es betrachtet: Es wird verdammt hoch gepokert. Und damit kenne ich mich aus. Ich bin die beste Pokerspielerin der Truppe. Ich spiele nur, um zu gewinnen, und wenn ich nicht mehr gewinne, höre ich auf. Aber es gibt ja noch die Bürgerrechtsliga, die einen Artikel zu unserer Verteidigung veröffentlicht hat. Lauter berühmte

Schriftsteller wie Fannie Hurst und ein Haufen Anwälte haben ihn unterzeichnet. Ich hoffe, daß das Ganze noch mal gut ausgeht. Was soll ich verdammt noch mal machen, wenn die Burlesquen verboten werden?

Nickie Roberts
* 1950

Nickie Roberts arbeitete in den siebziger und achtziger Jahren als Stripperin in Soho, London. 1973 hatte sie ein Einkommen von 200 Pfund die Woche, was drei- bis viermal mehr war als der Lohn eines Facharbeiters und siebenmal soviel, wie sie 1969 als Fabrikarbeiterin in Lancashire verdient hatte. Nicht zuletzt deshalb hatte ihre Familie eine tolerante Einstellung zu ihrer Berufswahl. In den siebziger Jahren empörte sich Nickie Roberts nicht nur über die Unterdrückung der Frau, sondern auch über die feministische Anti-Porno-Bewegung, die sowohl ihre berufliche Existenz als auch ihr aufkeimendes Selbstbewußtsein als Stripperin bedrohte. 1986 veröffentlichte sie *The Front Line*, eine Dokumentation über ihr Arbeitsleben in Soho und eine Reihe von Interviews mit Kolleginnen. Mit ihrem Buch wollte sie aufräumen mit dem Bild von der Stripperin und Sexarbeiterin, die der Brutalität von Männern ausgeliefert ist.

Heute ist Nickie Roberts Autorin, Bauchtänzerin, Rockmusikerin und Sängerin. Über ihre Erfahrungen als Stripperin hat sie in mehreren Interviews Auskunft gegeben.

Interview mit Nickie Roberts, Stripteasetänzerin, 1996

Den ersten Striptease meines Lebens habe ich tatsächlich erst zwei Stunden vor meinem eigenen ersten Auftritt gesehen. Ich bin in einen Klub gegangen, habe einer Stripperin zugesehen und war total fasziniert von ihr. Total gefesselt. Ich fand den Strip unglaublich stark. Unglaublich schön. Ich erinnere mich noch genau daran. Na ja, es ist schwer mit Worten zu beschreiben, aber ich hatte noch nie so etwas Faszinierendes gesehen.

Als ich 1969 nach London kam, gefiel mir die Stadt auf Anhieb. Dieses pulsierende Leben auf den Straßen. Ich war begeistert. Manche sagen, daß die Glanzzeit des Striptease die Fünfziger waren, aber als ich nach Soho kam, boomte das Geschäft immer noch. Ich habe Anfang der Siebziger in Striplubs gearbeitet, und da war wirklich noch was los. Bis zu den Säuberungen 1973 gab es gute Jobs. Dann sah es allerdings düster aus.

Ich war nicht gleich von Anfang an als Stripperin dabei. Zuerst habe ich als Kellnerin in einem türkischen Restaurant gejobbt und später in einem Pornofilmklub. 1969 arbeitete ich als eine Art

Animierdame im Klub von Big Frank und Dave in der Greek Street. Zusammen mit meiner Freundin Greta. Wir verlangten von jedem Typen 10 Shilling Eintritt und durften die Hälfte behalten. An meinem ersten Wochenende dort lief gerade eine Automobilausstellung in der Stadt. Das war das erste Mal, daß ich richtig gut Geld verdient habe. Es war toll. Im Norden hatte ich in einer Fabrik gearbeitet und 69 Pfund die Woche verdient, und hier machte ich 60 Pfund pro Abend. Können Sie sich vorstellen, was das für ein Gefühl war? Und alles, was wir tun mußten, war zu sagen: »Die Vorstellung fängt gleich an, Sir. Kommen Sie und sehn Sie sich unsere phantastische, sexy Vorführung an!« Aber das Ganze war ein Riesenschwindel. Sie zeigten nur einen läppischen Schwarzweißfilm von einer Frau, die sich duschte, und die nahm noch nicht mal das Handtuch vom Kopf. Sie ließen den Film immer einmal vorwärts und einmal rückwärts laufen. Und dann kam einer von den Typen runter und knöpfte den Kerlen noch mehr Geld ab – das war so komisch, daß ich mich bald kaputtgelacht habe, wirklich, saukomisch. Er leierte ihnen zehn oder manchmal sogar 20 Pfund aus den Rippen, indem er ihnen sagte: »Kommen Sie doch nachher noch hoch in unsern Puff, wenn Sie Lust haben.« Und diese Esel haben jedesmal angebissen! Der Geschickteste war Taff. Er hatte einen Sprachfehler, aber er war der gerissenste Betrüger im ganzen West End. Er war einfach genial. Dumm wie Bohnenstroh, aber ein gerissener Betrüger. Er ging immer runter, kam dann mit 15 oder 20 Pfund wieder hoch und steckte uns ein paar Pfund zu. Wenn dann irgendwann ein Typ hochkam und fragte: »Wo ist der Besitzer?«, haben wir geantwortet: »Also hier ist er nicht«, und dann hat er gesagt: »Das gibt's doch gar nicht. Er wollte mich hoch in den Puff bringen!« Wir haben mit den Achseln gezuckt und gesagt: »Davon wissen wir nichts.« Darauf er wieder: »Ich habe ihm gerade 20 Pfund gegeben«, und dann hat er uns Taff beschrieben. Darauf wir: »Ach so, der Herr hat gerade eine Eintrittskarte gekauft.«

Es gab eine Menge solcher Schuppen in dieser Gegend. Nach außen wirkten sie wie Stripklubs, aber es war alles nur Schwindel. Irgendein bezahlter Kundenschlepper verkaufte Eintrittskarten für einen Platz in einem Stripklub und brachte die Kerle dann zu einem Klub, wo sie das Eintrittsgeld gleich noch mal zahlen mußten.

Die Polizei war absolut korrupt. Das Gewerbe befand sich in einem Zwischenstadium, irgendwie legal und doch wieder illegal, und die Bullen verdienten sich dumm und dämlich daran, drückten beide Augen zu und kassierten fleißig Schmiergeld. Der illegale Zweig des Gewerbes boomte nur so ... Es gibt Gesetze gegen arglistige Täuschung und Betrug und so was, aber die Bullen steckten selber so tief drin, daß sie sich nicht darum scherten – Hauptsache, sie konnten jeden Abend ihren Ganoven fünf Pfund abknöpfen. Seien wir ehrlich: Wenn die Polizei gewollt hätte, hätte sie dem Ganzen einen Riegel vorschieben können. Sie hätten die Kerle schnappen können.

Es gab Dutzende von diesen kleinen Stripklubs, die alle irgendwie illegal waren und der sogenannten Malteser Mafia gehörten. Das waren wirklich üble Kerle. Sie waren nicht so schlimm wie die italienische Mafia, aber ganz schön gefährlich. Und sie hatten einen guten Draht zur Polizei. Die Polizei mißbrauchte ihre Macht, und wir haßten sie deswegen. Die Bullen erpreßten einen, und wenn man nicht machte, was sie wollten, drohten sie einem damit, daß sie einem was anhängen würden. Ich weiß von schwarzen Frauen, die im Gefängnis vergewaltigt worden sind. Ich habe von einer Schwarzen gehört, die in einer Gefängniszelle in Manchester vergewaltigt wurde; sie verklagte den Kerl, aber sie verlor den Prozeß, und es gab eine Menge Wirbel in der Presse. Ich habe diese korrupten Methoden am eignen Leib erlebt. Ein Bulle hat mich erpreßt; er wollte, daß ich mit ihm schlafe, dabei war ich noch gar nicht in der Sexindustrie, sondern arbeitete als Kellnerin. Dieser Zivile machte mich also an, und zwei Tage später schickte er einen Typen vorbei, der mir ausrichtete, daß mir der Bulle eine Straftat anhängen würde, für die ich mindestens sechs Monate sitzen müßte, wenn ich mich nicht mit ihm treffen würde. »Aber wenn du ihn bumst, passiert dir nichts«, versicherte mir der Typ. Ich haute für ein paar Tage nach Euston ab und hoffte, daß er die ganze Sache vergessen hätte, wenn ich zurück wäre. Aber er hatte mich schon reingeritten. Sie karrten mich ins Gefängnis, durchsuchten mich von oben bis unten und sperrten mich in eine Zelle. Zwei Tage später klagten sie mich wegen Erregung öffentlichen Ärgernisses an und verdonnerten mich zu einem Bußgeld von zehn Pfund. Aber der Hund ließ nicht locker und setzte mir solange zu, bis ich schließlich vor lauter Angst zusagte, mich mit ihm zu treffen. Ich hab mich vorher richtig vollaufen lassen, damit ich nichts mitkrieg. Ich erzähle Ihnen das, damit Sie wissen, daß es keine nostalgische Schwärmerei ist, wenn ich von den guten alten Zeiten als Stripperin erzähle. Ich erzähle die ganze Wahrheit übers Strippen, damit niemand auf die Idee kommt, mich als Opfer zu sehen oder als irgend so ein Fallbeispiel für Frauenmißhandlung.

Wenn es keine Zensur geben würde, wenn unsere Arbeit legalisiert wäre und wenn wir dieselben Rechte hätten wie andere berufstätige Frauen, dann wären unsere Arbeitsbedingungen schon viel besser – da bin ich sicher. Es war nicht das Gewerbe, das mir so zu schaffen gemacht hat, sondern die Brutalität und die Armut. Die Bullen konnten einem das Leben ganz schön schwermachen, und das wußten sie genau. Sie hatten ungeheuer viel Macht. Sie konnten dafür sorgen, daß man seinen Job verlor, aber sie konnten einen auch wegen Betrug anzeigen, wenn sie wollten ... Es kam schon vor, daß Frauen einem Typen Geld abknöpften und ihn dann in einen Puff schickten, den es gar nicht gab. »Vorspiegelung falscher Tatsachen« nennen sie das. Natürlich ist das Betrug, aber eigentlich kam das nur Ende der Sechziger und Anfang der Siebziger vor, also vor der großen Säuberungswelle.

Das Schlimmste war der ständige Druck, unter dem man lebte und der einen zermürbte und auslaugte. Man mußte ständig damit rechnen, daß man in eine Straßenkontrolle oder eine Razzia geriet und in einem Gefangenenwagen abtransportiert wurde, nur weil man Stripperin war, und es gab niemand, der einem beistand, und die Bullen wußten genau, daß sie im Knast mit einem machen konnten, was sie wollten. Zum Beispiel mit meiner Freundin Cathy. Sie geriet mit dem Besitzer einer Peepshow aneinander, der sie brutal mit dem Kopf gegen eine Wand stieß; aber weil er mit einigen Typen von der Sittenpolizei auf Du und Du war, sorgte er dafür, daß sie sich Cathy schnappten und die ganze Nacht in eine Zelle sperrten. Solche Sachen meine ich. Sie halten uns für den letzten Dreck und machen mit uns, was sie wollen, ohne daß wir uns im geringsten dagegen wehren können.

Die Journalisten haben uns immer als arme, hilflose Opfer dargestellt oder als bedauernswerte »gefallene Mädchen«. Das ist ein typisches bürgerliches Klischee, genau wie diese tragischen Frauengestalten in Groschenromanen. Vor 100 Jahren wollten die viktorianischen Feministinnen die Prostituierte retten; sie wollten die gefallenen Mädchen aus der Prostitution befreien, nur um sie wieder in die Fabriken zu schicken. Wozu? Meine Mutter war Schichtarbeiterin in einer Fabrik in Lancashire und arbeitete eine Woche von sechs bis zwei und die nächste von zwei bis zehn. Nach 30 Jahren Fabrikarbeit war sie ein körperliches Wrack. Sie schlief mit geballten Fäusten ein und wachte weinend mit geballten Fäusten auf. Das waren Verhältnisse wie im 19. Jahrhundert. Der Dampf in der Fabrik war so dicht, daß die Arbeiterinnen zwei-, dreimal am Tag bis auf die Haut durchnäßt wurden, und die Maschinen waren so laut, daß sich die Frauen mit Zeichensprache verständigten. Meine Großmutter hat einmal zu mir gesagt: »Wenn du dich wie ein Fußabtreter verhältst, wird man auch auf dir herumtrampeln.« Verstehen Sie? So ein Arbeitsleben wäre ein Fußabtreterleben gewesen – ich wollte auf keinen Fall 30 oder 40 Jahre meines Lebens in einer Fabrik schuften und dann sterben. Die Arbeit als Stripperin war die Chance für mich, dieser Tretmühle zu entkommen. Als die Feministinnen behaupteten, daß ich zur Unterdrückung von Frauen beitragen würde und daß ich lieber einen Job in der Fabrik hätte annehmen sollen, war ich stocksauer. Ich wußte genau, was ich für Alternativen hatte, und ich habe mich damals für die Arbeit in der Sexindustrie entschieden, weil das die einzige Möglichkeit war, frei über mich selbst zu bestimmen. Ich bin weiß Gott nicht beim Strippen gelandet, weil ich in irgendein Abhängigkeitsverhältnis geraten bin oder weil ich ein Opfer war. Wir sind keine Opfer. Opfer können in Soho nicht überleben. Man muß stark sein. Wirklich stark. Opfer haben da keine Chance. Man hat uns natürlich schikaniert, aber wir waren keine Opfer.

Ich habe gern als Stripperin gearbeitet. Ich habe nie mehr soviel verdient wie in Soho, wo man mich dafür bezahlte, daß ich meine Klamotten auszog. Es hat mir Spaß gemacht, ich war mittendrin im Geschehen. Im Sexzentrum der Stadt. Obwohl das Gewerbe nach außen hin vielleicht chaotisch wirkte, war es ein Gewerbe wie jedes andere auch. Es gab eine Hierarchie aus Chefs und Arbeiterinnen, und man wußte genau, daß man zu den Arbeiterinnen gehörte. Der einzige Unterschied war, daß die Arbeit nicht ganz legal war. Ich bin weiß Gott auf keinem nostalgischen Trip, aber manchmal denke ich, daß das die besten Jahre meines Lebens waren. Ich war vorher noch nie nur unter Frauen gewesen und erlebte das jetzt in den Garderoben der Stripklubs. Wir haben ziemlich wilde Partys gefeiert und hatten einen Riesenspaß zusammen. Es gab eine richtige Solidarität unter den Stripperinnen. Wir saßen nackt zusammen in der Garderobe und begutachteten und verglichen unsere Kitzler. Das war echte Solidarität! Die bürgerlichen Frauen könnten so viel von den Frauen in der Sexindustrie lernen ... wie man locker miteinander umgeht und wie man es sich zusammen gutgehen läßt. Es war wie im antiken Griechenland, gerade bei den Partys. Da lief eine Menge ab zwischen den Mädchen, und es war unglaublich befreiend.

Als ich noch blutige Anfängerin war, reagierte ich total geschockt, als ich hörte, daß Mai Lou, eine schöne Stripperin aus Hongkong, lesbisch war. Und als ich mir auf dem Heimweg mit ihr ein Taxi teilte, hatte ich tatsächlich Angst, daß sie mir jeden Moment an die Wäsche gehen würde, nur weil sie eine Lesbe war. Heute könnte ich mich schieflachen darüber. Ich arbeitete erst seit drei Wochen im Klub und war völlig unerfahren, ich hab total eingeschüchtert und verkrampft neben ihr gesessen. So naiv war ich am Anfang. Ich hätte nie gedacht, daß ich je eine lesbische Beziehung haben könnte; hatte ich dann aber. Ich glaube, das ist ganz natürlich. Und es kommt oft vor. In der Sexindustrie verhält man sich viel freier als im normalen Arbeitsleben. Du fängst zum Beispiel mit einer Frau eine Beziehung an, weil du mit ihr auf der Bühne eine lesbische Nummer bringst, und du denkst, oh, ihre Haut fühlt sich so toll an, und du fragst dich nicht, o Gott, wie kann ich so was nur empfinden? Ihr trinkt was zusammen und raucht einen Joint, und dann kommt ihr zur Sache, wie mit Männern sonst auch. Es passiert eben einfach.

Beim Striptease erlebt man, wie verschieden und wie schön unsere Körper sind. Man muß nicht groß und superschlank sein. Jede Frau in einem Stripklub hat eine andere Figur. Das war auch etwas, das mich fasziniert hat. Du hast dich in der Garderobe umgesehen und gedacht: »Mensch, die sehen alle klasse aus.«

Man kann dem Publikum nichts vorspielen. Man zeigt sich so, wie man wirklich ist, und dazu gehört wirklich Courage. Vor allem, wenn man sich überlegt, daß man Frauen jahrtausendelang eingebleut hat, daß ihre Körper unvollkommen oder sündig oder sonst was wären. Und beim Strippen zeigt man: »Ich bin nicht unvollkommen oder sündig. Ich bin ich. Ich bin schön.« Es ist nichts Schlimmes an einem schönen Körper, an dieser Kunst, an dieser Art, sich zu bewegen.

Strippen ist etwas Natürliches. Ich hatte gedacht, daß es einen verunsichern müßte, nackt vor einem Publikum zu stehen, aber das stimmt nicht. Kraft und Stärke gehen von einem selbst aus.

Strippen ist eine Kunst. Strippen ist eine der stärksten Ausdrucksformen der erotischen Kunst. Schwer zu beschreiben, ohne hochgestochen daherzureden, eigentlich hat man gar keine bestimmte Technik – man steht einfach auf der Bühne. Man tut es einfach. Man ist es einfach. Die Stripperin und ihre Kunst sind eins. Die meisten Leute denken bei Strippen nur an Hüftschwünge und Beckenkreisen, aber es ist eine sehr subtile Kunst. Das Besondere kann ein bestimmter Blick sein, ein Blick oder die Art, wie du deine Schulter bewegst. Es ist schwer zu beschreiben.

Es hat natürlich auch viel mit tänzerischem Talent zu tun und mit einem Gefühl für Rhythmus und Bewegung. Jede Nummer dauerte bei uns genau neun Minuten, zwischen den Nummern hatte man kaum Zeit, um die Requisiten zu wechseln. Wenn die Arbeitsbedingungen mies sind, hat man keine Lust und zieht einfach seine Nummer durch, aber wenn sie einem eine Chance geben, kann man sehr kreativ sein. Man muß aus sich herausgehen, ohne sich zu verlieren. Ich habe mich zum Beispiel von Marilyn Monroe oder Carmen Miranda inspirieren lassen und versucht, das Besondere an ihrem Stil in meine Stripnummern einzubauen. Meine Nummer war nicht nur ein Strip, sie war immer auch ein Teil von mir. Du fragst dich: Wer bin ich? Was bin ich für eine Frau? Und das, was dich ausmacht, bringst du rüber, in einer Bewegung, einer Geste. Und deshalb ist Strippen eine verdammt gewagte, mutige Angelegenheit. Etwas, was anerkannt und nicht niedergemacht werden sollte.

Das ist auch einer der Gründe, weshalb ich gegen Zensur bin. Die Zensur treibt das Gewerbe in die Illegalität, und die Frauen, die dort arbeiten, haben am meisten darunter zu leiden. Wenn man einen bürgerlichen Beruf hat, kann man sich problemlos organisieren. Aber welche Gewerkschaft nimmt schon jemanden auf, der in einem illegalen Gewerbe arbeitet? Equity jedenfalls nicht. Für uns wurde es nach den Säuberungen 1973 viel schwieriger. Bis dahin war unser Gewerbe halb legal, halb illegal gewesen, aber plötzlich war es eindeutig illegal, praktisch über Nacht mußten die meisten Stripklubs dichtmachen. Aber die Sexindustrie ist wie eine Hydra: Du schlägst ihr einen Kopf ab, und es wächst ein neuer nach. Und so blieben ein paar Stripklubs übrig, die ihre Konzession behalten konnten. Dann gab's noch Klubs, die keine Konzessionen hatten und nur die Mädchen engagierten, die sich in allen möglichen Posen auf die Bühne stellten. Nach den Säuberungen gingen viele Mädchen anschaffen. Anfang der Siebziger noch auf dem Straßenstrich, aber dann bekamen sie immer mehr Schwierigkeiten mit den Bullen. Natürlich arbeiten einige von uns auch in den großen Hotels.

Viele haben sich im Ausland einen Job gesucht. Eine Menge Freundinnen von mir sind nach Skandinavien und Holland gegangen. Aus Holland haben sie mir geschrieben, daß es ihnen dort nicht gefiel, weil sie als Animierdame arbeiten mußten; sie sollten sich zu den Kunden an den Tisch setzen, mit ihnen was trinken und dann mit ihnen ins Bett gehen. Aus Stripperinnen wurden Sexarbeiterinnen, die keine Eigenständigkeit und Unabhängigkeit mehr hatten. Wenn man im Ausland arbeiten wollte, mußte man sich eine Mappe mit Fotos zulegen, das kostete eine Menge Geld, man brauchte Fotos und Kostüme und einen Agenten, der natürlich ordentlich absahnte. Wieder eine Situation, in der man sich von jemandem abhängig machte. In London war das anders. Man konnte einfach in einen Klub gehen und »Hallo« sagen, eine Zeitlang dort arbeiten und sich, wenn man die Nase voll hatte, wieder verabschieden, bis man wieder einen Job brauchte. Man war viel unabhängiger.

Für uns Stripperinnen waren die Säuberungen 1973 eine Katastrophe. Wir waren genauso von der revolutionären Bewegung der Sechziger beeinflußt wie alle andern auch: die Frauenbewegung, die Schwulenbewegung. Wir waren Frauen, die endlich auch ihre Interessen vertreten wollten. Ich hatte gerade angefangen, über mein Leben als Stripperin zu schreiben. Wir wollten an die Öffentlichkeit gehen, damit die Leute was über unser Leben erfuhren, denn für die existierten wir ja praktisch gar nicht. Und dann, nach den Säuberungen, kam die Anti-Porno-Bewegung mit ihren Nachtdemos und bügelte uns nieder. Dabei hatten wir sowieso schon das Gefühl, daß unser Gewerbe, unsere Welt von allen Seiten angegriffen wurde. Und wir dachten, na, schlimmer kann's ja wohl nicht mehr kommen, aber da täuschten wir uns gewaltig. Ehe wir uns versahen, marschierten unsere »Schwestern« ein. Gerade, als wir dabei waren, ein eigenes Selbstbewußtsein zu entwickeln und in der Öffentlichkeit für unsere Rechte einzutreten.

Mit diesen Nachtdemos wollten die Aktivistinnen mehr Sicherheit für Frauen auf der Straße erreichen. Das war Ende der Siebziger. Die erste Demo fand Ende 1977 oder 1978 statt, glaube ich. Ich könnte viel zu dem Thema sagen, aber im Grunde war doch die Frage, für wen sie die Straßen eigentlich sicherer machen wollten. Denn wir in Soho waren auf der Straße sicher. Wir waren schon lange auf der Straße. Soho ist wahrscheinlich eine der wenigen Ecken in ganz England, wo Frauen sich abends sicher fühlen können, einfach weil so viele von ihnen unterwegs sind. Ich glaube, die Anti-Porno-Feministinnen wollten, daß die Straßen für Spießerfrauen und Immobilienfritzen sicher werden. Aber letztlich haben sie uns aus Soho vertrieben.

Damals habe ich zum erstenmal feministische Sachen gelesen, und vieles von dem, was sie über starke Frauen geschrieben haben, traf auf mich und meine Freundinnen zu. Aber dann zogen diese Frauen durch unsere Viertel mit Fackeln und Laternen und Transparenten, auf denen »Schließen!« oder »Hier werden Frauen erniedrigt!« stand. Das war doch praktisch ein Angriff gegen uns. Es waren nicht nur die Nachtdemos, durch die wir uns bedroht fühlten, sondern auch die rabiaten Frauen selbst, die Pornoshops anzündeten. Völlig irrwitzig! Wenn man schon was abfackeln will, sollte man sich wenigstens das richtige Ziel aussuchen. Wie Guy Fawkes damals. Der wollte immerhin das Parlament hochgehen lassen.

Die Demos konnten einem schon Angst einjagen. Sie zogen mit Fackeln durch die Straßen und warfen mit Ziegelsteinen die Fenster von Klubs ein, und wir hatten wirklich Angst. Aber ihre Stoßrichtung, ihre ganze Politik war völlig daneben. Meine Güte, diese Wut, diese Hysterie, dieser ganze Aufstand wegen ein paar Stripklubs, wo es doch in Wirklichkeit um Armut und Gewalt ging. Einfach verschwendete Energie.

Ich hab mir dann eine von denen gekrallt und sie gefragt: »Sagt mal, was macht ihr da eigentlich? Was soll das Ganze überhaupt?« Sie drehte sich zu mir um und sagte: »Wir sind nicht gegen euch, wir sind auf eurer Seite.« Neben mir stand eine schwarze Stripperin, die sagte: »Hör mal, ich hab drei Kinder. Was soll mit denen passieren, wenn die Klubs dichtmachen? Und ihr behauptet, ihr wärt auf unserer Seite?« Und wissen Sie, was die geantwortet hat? Gar nichts. Sie ist einfach weitergegangen.

Wofür wir kämpften, war die Legalisierung unserer Arbeit, aber die wurde uns verweigert. Die Anti-Porno-Bewegung war der Nagel zu unserem Sarg. Die Anti-Porno-Feministinnen haben uns mundtot gemacht und uns um unser Recht gebracht, für die Legalisierung der erotischen Kunst zu kämpfen.

Alles, was wir über die Sexindustrie, die Arbeitsbedingungen, über mögliche Verbesserungen unserer Situation oder andere berufliche Alternativen zu sagen hatten, wurde von den Argumenten der Anti-Porno-Bewegung übertönt. Wo ich auch hinging, um über unsere Sache zu reden und die Diskussion weiterzubringen, überall mußte ich mir denselben Schwachsinn über Zuhälter und ihre armen Opfer anhören. Ständig wurden wir als Opfer von Mißhandlungen und Drogensucht hingestellt. Ich habe den Journalisten oft gesagt, daß Drogensucht in der Stripperszene überhaupt kein Thema ist. Ich habe in all den Jahren, in denen ich in Soho gearbeitet habe, nur einen einzigen Junkie erlebt. Es gab natürlich eine Menge Freizeitdrogen, aber auch nicht mehr als in der bürgerlichen Szene. Es wurde eine Menge Gras geraucht, und viele nahmen Aufputschmittel und Speed. Aber man brauchte Speed einfach – wir arbeiteten schließlich von mittags bis Mitternacht. Und wenn man richtig Geld verdienen wollte, arbeitete man nicht nur in einem, sondern in mehreren Klubs; ich war zum Schluß in fünf oder sechs gleichzeitig und hatte eine 72-Stunden-Woche. Als Junkie hätte man das nie auf die Reihe gekriegt.

Die Anti-Porno-Bewegung hatte nur zwei Rollen für uns: Entweder waren wir hilflose Opfer oder reumütige Sünderinnen, die an den Pranger gestellt wurden, wie Angeklagte in einem stalinistischen Komplott. Und so kam man sich wirklich vor. Es gab nur eine Art von Frauensolidarität, nämlich die unter den bürgerlichen und intellektuellen Frauen. Die kamen einfach nicht klar damit, daß wir Unterschichtsfrauen waren und trotzdem nicht in Ehrfurcht vor ihnen erstarrten. Wir stellten uns hin und sagten ohne Umschweife: »Nein, ihr habt unrecht.« Und damit konnten sie nicht umgehen.

Wie verlogen diese ganze Frauensolidarität ist, ist mir mit einem Schlag klargeworden, als ich mit einer Anti-Porno-Feministin, einer Akademikerin, herumdiskutierte und die irgendwann sagte: »Ich habe so viele Jahre gearbeitet und verdiene nur ein Drittel von dem, was du verdienst.« Ich habe gedacht: Aha, jetzt ist die Katze aus dem Sack. Das ist es also. Ich soll nicht so viel Knete machen. Ich darf nur für 1 Pfund 50 die Stunde ihren Fußboden schrubben. Sie verlangen doch tatsächlich von uns, daß wir uns irgendeinen beschissenen Job suchen, für den sie sich selber zu schade sind. Ich war Fabrikarbeiterin und Kellnerin. Ich hab mich als Arbeiterin und als Sexobjekt ausbeuten lassen, und es ist keine Frage, was mir lieber ist. Wer möchte schon sein ganzes Leben auf sich rumtrampeln lassen? Ich nicht. Nein danke.

Man hätte viel Kraft gebraucht, um es mit der Anti-Porno-Bewegung aufzunehmen, und die hatten wir nicht. Und deshalb ist es mit der Erotikkunst den Bach runtergegangen. Dabei hätten die bürgerlichen Frauen von der Pornoindustrie noch was lernen können. Wir verkörpern etwas, was die Bürgerlichen verloren haben. Diese Frauen leben ihre Sexualität durch mich aus, wie ein Voyeur oder Zuhälter, und haben mich trotzdem als Opfer abgestempelt. Im nachhinein glaube ich, daß wir deshalb nicht miteinander reden konnten, weil wir eine ganz andere Seite von Weiblichkeit verkörpern; das paßte einfach nicht in ihr Konzept. Wir waren anders, und das konnten sie nicht akzeptieren. Entweder wir bereuten und schlossen uns ihnen an, oder wir gehörten nicht dazu. Wir haben damals eine einmalige Chance vergeben, und das ist wirklich tragisch, nicht nur für uns – vielleicht besonders für uns –, aber auch für die bürgerlichen Frauen. Sie werden viel länger brauchen, um ihre ganze Weiblichkeit zu entdecken.

Ich finde es immer noch wichtig, daß Frauen, die in der Sexindustrie arbeiten, in den Selbstfindungsprozeß aller Frauen miteinbezogen werden. Vor ein paar Jahren habe ich in einem Bauchtanzkurs ein junges Mädchen kennengelernt; Rosie, ein Arbeitermädchen aus Suffolk. Wir haben uns ein bißchen unterhalten, und sie fragte mich, was ich so mache. Ich erzählte ihr, daß ich früher als Stripperin gearbeitet hätte, und habe schon darauf gewartet, daß sie mich gleich mit Mitleid überhäufen würde, so in der Art wie: »Ach, du Ärmste. Wie kam denn das?« oder »Ich habe auch schon einiges in meinem Leben durchgemacht.« Statt dessen sagte sie: »Das wollte ich auch immer machen und meine Mutter auch.« Das tat verdammt gut.

Als ich aus Soho wegging und nach Norwich zog, hab ich einen Bauchtanzkurs besucht. Einige Bewegungen dabei ähneln denen beim Strippen sehr, und deshalb war das in gewisser

Hinsicht eine Fortführung meiner Beschäftigung mit erotischer Kunst. Ich war begeistert von den neuen Bewegungen und Ausdrucksmöglichkeiten, denen ich schon als Stripperin begegnet war und die ich nun durch das Studium des ägyptischen Tanzes ergänzen und vertiefen konnte. Ich besuchte mehrere Kurse und kaufte mir Videos von den besten ägyptischen Tänzerinnen. Diese Frauen strahlten eine besondere Kraft aus, die ich schon bei tunesischen Tänzerinnen und in Londoner Stripklubs gespürt hatte, aber diese Ägypterinnen sind erfolgreiche, berühmte Frauen und stolz auf ihren Beruf. Und so studierte ich die Bewegungen von Nagwa Fouad, Aisa Sharif, Sahair Zaki – sie macht so anmutige Handbewegungen, die habe ich mir von ihr abgeguckt – und Samir Gamal und besuchte Unmengen von Kursen. Jetzt gebe ich selber Bauchtanzunterricht. Ich beobachte die Frauen in meinem Kurs und sehe, wie gut ihnen der Bauchtanz tut. Es ist ein heilender Tanz, und diese Wirkung spürt man nicht nur beim Tanzen, sondern auch, wenn man den andern dabei zusieht und wenn man sich miteinander daran freut.

Ich glaube, daß ich mich in Zukunft noch intensiver mit dem ägyptischen Tanz beschäftigen werde. Meine politische Arbeit besteht darin, die Kunst des Bauchtanzes an andere Frauen weiterzugeben, weil wir unsere unterdrückte Sexualität befreien und unser verkrampftes Verhältnis zu unserem Körper verändern müssen, um unsere Erotik wiederzuentdecken. Die positive schöpferische Energie, die ich aus dem Bauchtanz ziehe, ist etwas, was nur mir gehört und worauf ich stolz sein kann.

Man hat uns die Erotik so radikal ausgetrieben, daß wir sie nur wiederentdecken können, wenn wir das moralische Korsett sprengen, das unsere Sexualität so lange eingeschnürt hat. Meine erste Begegnung mit Erotik hatte ich in Tunesien. Ich war 19 von so einem gewalttätigen Typen abgehauen. Als ich dort zum erstenmal einen Bauchtanz sah, erlebte ich so etwas wie körperliche Ekstase – es war nicht gerade ein Orgasmus, aber ich war total überwältigt. Diese Art von Bewegung und Schönheit läßt sich nicht mit Worten beschreiben, aber die besten Stripteasekünstlerinnen, die ich gesehen habe, haben alle dieselbe sinnliche Kraft. Es ist wichtig, daß wir diese Kraft wiederentdecken, und ich glaube, daß das nur wirklich mutige Frauen schaffen. Für mich ist dieser Befreiungsprozeß unglaublich spannend. Wir haben es selbst in der Hand, unseren Körper und unsere erotische Kraft zurückzuerobern. Die erotische Kunst beschränkt sich nicht nur auf Auftritte vor einem Publikum, sondern schließt auch ein, daß Frauen füreinander tanzen, sich am Körper der anderen erfreuen und ihn bewundern. Natürlich ist die erotische Kunst auch für Männer da, aber wenn man als Tänzerin auch für Frauen tanzt, dann ist man nicht nur Objekt. Publikum und Darstellerin kommunizieren miteinander. Erotik hat auch mit Freigebigkeit, mit Geben und Nehmen, mit Austausch und nicht nur mit Starren und Angestarrtwerden zu tun. Und das kann schön sein wie ein Orgasmus.

Danksagung

Mein besonderer Dank gilt Nickie Roberts, die mir ihre Erfahrungen als Stripperin in Soho anvertraute. Es war ihr Buch *The Front Line*, das mir die Stärke der Frauen bewußt machte, die an vorderster Front der Sexindustrie arbeiten. Es ist Nickie zu verdanken, daß ich mich dazu entschloß, mich mit der Geschichte der stolzen, starken Frauen zu befassen, die selbstbewußt ihre Sinnlichkeit und Erotik zum Ausdruck brachten. Ich danke allen Tänzerinnen, mit denen ich mich in London, New York und Kairo traf und die mir ihre Geschichte anvertrauten, besonders Diana Mahiou. Der ägyptische Kostümbildner Ahmed Khalil machte mich mit Serena und Alan Wilson in New York bekannt, deren Studien über »Little Egypt« von unschätzbarem Wert für mich waren.

Ich danke Polly vom Crazy Horse, die die Archive für mich durchforstete; Felix Cherniavsky, der mir sein Forschungsmaterial über Maud Allan zur Verfügung stellte, und der Dance Collection in Toronto, die mir das von ihm zusammengetragene, unveröffentlichte Material zuschickte; den Mander & Mitcheson Archives, die mir Unterstützung gewährten; dem Theatre Museum in London; den Billy Rose Theater Collections und den Dance Collections in New York; der Harvard Theater Collection in Boston und dem Österreichischen Theatermuseum in Wien.

Für phantasievolle Anregungen danke ich außerdem Derek Bailex von Landseer Film, mit dem ich ein Fernsehskript zum Thema verfaßte. Ein Freund, Simon Andreae, brachte mich auf die Idee, aus dem Skript ein Buch zu machen, und ermutigte mich, mich an einen Verlag zu wenden. Ich danke ganz besonders meiner Lektorin Belinda Budge bei Pandora für die moralische Unterstützung und die fruchtbare Zusammenarbeit.

Ich danke meiner Mutter für ihren wunderbaren Humor und für ihre Vulgarität (obwohl ihr das nicht recht sein wird) und meinem Vater, dem hoffnungslosen Romantiker, für seine phantastischen Träume. Danke, Marilyn, für Kairo. Und Dir, John, für die Durchsicht des Manuskripts.

Ohne meinen Liebhaber, Partner und Freund Chris Rawlence wäre dieses Buch niemals zustande gekommen. Seine gründliche Lektüre des Manuskripts in allen Stadien und sein Zuspruch motivierten und ermutigten mich, wenn mir das Projekt über den Kopf zu wachsen schien.

Danke. Es hat mir viel Freude gemacht, dieses Buch zu schreiben. Ich hoffe, es macht ebensoviel Freude, es zu lesen.

Anmerkungen

1 Olive Logan, *Apropos Women and Theatre*. 1869, S. 113 f.

2 Diese Aussage wird Richard Grant White zugeschrieben. Der undatierte Zeitungsausschnitt stammt aus der *New York Times*. Harvard Theater Collection.

3 M. Wilson Disher, *Winkles and Champagne. Comedies and Tragedies of the Music Hall*. London 1938.

4 ebd.

5 Archibald Haddon, *The Story of the Music Hall*, Kapitel XV.

6 M. Wilson Disher, *Winkles and Champagne …*

7 zit. aus einem Interview mit *The World*, 1891.
   Lydia Thompson, die aus ärmlichen Verhältnissen stammte, ist wahrscheinlich von ihren Eltern zu einer Bühnenlaufbahn gedrängt worden, um zum Familienunterhalt beizutragen. Ihre Aussage macht deutlich, welch zweifelhaften Ruf Frauen, die in Strumpfhosen auftraten, in den USA hatten.

8 zit. in: Jacques Charles, *Cents Ans de Music Hal*. Paris, Genf 1956.

9 Die Truppe machte eine Tournee durch Lateinamerika, wo die blonden Haare der Tänzerinnen so gut beim dunkelhäutigen, männlichen Publikum ankam, daß sich das Ensemble bis auf ein Mitglied dezimierte – alle anderen legten sich einen Liebhaber oder Ehemann zu und blieben!

10 unbelegtes Zeitungszitat. Harvard Theater Collection.

11 ebd.

12 Barbara Barker, *Harvard Council for Dance Research Papers*, 1982.

13 Robert Clyde Allen, *Horrible Prettiness*. Chapel Hill, 1991.

14 1918 wurde unter der Leitung von Paul Derval aufgrund der Ermordung eines Homosexuellen der Tradition der Wandelhalle nach einem halben Jahrhundert ein Ende gesetzt.

15 zit. bei: Jacques Castelnau, *Belle Époque*. Paris 1962, S. 161 ff.

16 ebd., S. 162 ff.

17 Andrea Stuart, *Showgirls*. London 1996, S. 23.

18 Armand Lanoux, *Le Moulin Rouge*. 1963.

19 Manuel de Bare, *Les Meunières de la Moulin Rouge*. Les Oeuvres Libres no. 48. Paris 1925.

20 *Paris Dansant*. 1889.

21 Toulouse-Lautrec erklärte, daß das Gemälde La Goulue und ihre Schwester Victorine, eine Prostituierte, zeigte. La Môme Fromage und Victorine sahen sich jedoch sehr ähnlich, und die Mehrdeutigkeit des Bildes entging gewiß weder dem Maler noch der Tänzerin.

22 Wendy Buonaventura, *Bauchtanz: Die Schlange und die Sphinx*. München 1998.

23 Wendy Buonaventura, *Die Schlange vom Nil: Frauen und Tanz im Orient*. Hamburg 1990.

24 vgl. Wendy Buonaventura, *Bauchtanz*, S. 56.

25 ebd.

26 zit. in: Alan und Serena Wilson *The Legacy of Little Egypt.*

27 ebd.

28 ebd.

29 zit. nach: Wendy Buonaventura, *Bauchtanz*, S. 87.

30 Robert Clyde Allen, *Horrible Prettiness …*, S. 226.

31 in: *Illustriertes Wiener Extrablatt* vom 16. Dezember 1906.

32 in: *Die Zeit*, Wien, 16. Dezember 1906.

33 in: *Le Temps* vom 9. Mai 1907.

34 in: *Morning Herald*, Sydney, 6. Juli 1914.

35 Kommentar von Leo Cherniavsky in einem Interview mit dem *Star of Johannesburg* 1963 über die Reisen des Cherniavsky-Trios.

36 Aus den persönlichen Aufzeichnungen des Tourneemanagers vom Sonntag, 22. Februar 1913, Schanghai.

37 Anita Berber und Sebastian Droste, *Die Tänze des Lasters, des Grauens und der Ekstase.* Wien 1923.

38 zit. bei: Mary Beth Hamilton, *The Queen of Camp.* London 1996, S. 22.

39 ebd., S. 21–22.

40 Charles Castle, *The Folies Bergère.* London 1984.

41 Stefan Zweig, *Die Welt von Gestern.* Frankfurt a. M. 1998, S. 356–357.

42 Werner Suhr, *Der künstlerische Tanz.* Leipzig 1922.

43 vgl. Anita Berber und Sebastian Droste, *Die Tänze des Lasters …*

44 vgl. Stefan Zweig, S. 357–358.

45 Nachruf auf Anita Berber von Siegfried Geyer. Veröffentlicht in: *Die Bühne*, 1928. Zit. nach: Lothar Fischer, *Tanz zwischen Rausch und Tod: Anita Berber 1918–1928 in Berlin.* Berlin ³1996, S. 76.

46 Geoffrey Gorer, *Hot Strip Tease and Other Notes on American Culture.* London 1937.

47 Morton Minsky, *Minskys' Burlesque.* 1948.

48 »El« ist eine Abkürzung für Elevator oder auch Elevated Railroads, Hochbahn in Chicago; Anspielung auf Eugene O'Neills Stück *Desire under the Elms*, deutsch: *Gier unter Ulmen.*

49 vgl. Roland Barber, *The Nigth they Raided Minskys.* 1947.

50 ebd.

51 Zeitungsausschnitt aus der Billy Rose Theater Collection, New York.

52 in: *New York Times* vom 15. Mai 1932.

53 Ein Gerät, bei dem man mittels einer Handkurbel einen Zylinder drehte, auf dem Fotografien befestigt waren.

54 Ein Zuschauer über die Show von Rose la Rose im *Hudson Theatre*, Union City, New Jersey.

55 in: *See* vom September 1951.

56 in: *Wink* vom Dezember 1951.

57 in: *New York News* vom 22. April 1951.

58 ebd.

59 Jacovsky, *Les Feux de Montparnasse.* Paris 1957

60 »Happenings« waren spontane, improvisierte Aktionen, die außerhalb der konventionellen Theater stattfanden und mit denen Künstler beabsichtigten, die Kunst des Alltäglichen mit den Mitteln des Theaters zu verbinden.

61 in: *Show*, Nr. 17, 1955.

62 in: *The Daily Telegraph* vom September 1994. Nachruf auf Alain Bernardin, September 1994.

63 zit. bei: Rose Lee Goldberg, *Performance of Art, From Futurism to the Present*, Thames & Hudson World of Art series, 1988.

64 *»Paris – Cabaret girl«*, in: *Dance Magazine* vom Februar 1991.

65 in: *New York Mirror* vom 30. Dezember 1950.

66 Interview mit einer Stripperin in einem Videofilm, der 1972 in New York aufgenommen wurde: *»Four Ladies Onstage«*.

67 ebd.

68 Yvette Paris, *Queen of Burlesque*. Buffalo, New York 1990.

69 in : *The Sunday News*, New York, Sonntag 4. Juni 1967.

70 in: *Spare Rib*, Nr. 66 vom Januar 1978.

71 »Mein lieber Freund, ich werde Sie am 8. April gegen zwei Uhr nachmittags aufsuchen. Ich wäre Ihnen äußerst dankbar, wenn Sie Zeit fänden, mir etwas für einen Stand zu malen. Er ist am Trone. Wenn man reingeht, auf der linken Seite – es ist ein sehr guter Platz. Wenn Sie mir sagen, wo ich die Leinwände kaufen kann, werde ich sie noch am selben Tag besorgen.«

72 1904 wurden die Gemälde im Salon d'Automne ausgestellt, 1910 im Musée des Arts Decoratifs. 1926 befanden sie sich im Besitz der bekannten Kunsthändler Barbazangues und Hodebery und wurden in acht Teile zerschnitten. 1929 erwarb der französische Staat die Bilder und ließ sie restaurieren und wieder in ihren ursprünglichen Zustand bringen.

73 Der Bal des Quatz' Arts (Ball der vier Künste) wurde alljährlich von den Pariser Kunststudenten im *Moulin Rouge* veranstaltet.

74 In einer anderen Version ist von vier Modellen die Rede; Manon stellte La Rosière dar, ein junges Mädchen, der man als Anerkennung für ihre Tugendhaftigkeit alljährlich einen Kranz überreichte. Wieder einer anderen Quelle zufolge waren Suzanne und Yvonne als Sklavenhändler verkleidet.

75 In den hedonistischen Jahren Ende des 19. Jahrhunderts, als ganz Paris dem Sex und der Romantik frönte, erschien die moralische Entrüstung der Öffentlichkeit angesichts der nackten Modelle unzeitgemäß. Als die Modelle verurteilt wurden, demonstrierten die Studenten im Quartier Latin, und es kam zu Auseinandersetzungen mit der Polizei, bei denen ein unbeteiligter Zuschauer getötet wurde. Da man die Polizei für den Tod des Passanten verantwortlich machte, mußte Polizeichef Loze seinen Hut nehmen. Die Studenten wurden von jeglicher Schuld freigesprochen.

76 Der Bericht über die Kairoer Straße stammt aus einem Artikel des Burlesque-Historikers Bernard Sobel über den »cooch«, der 1946 im *Dance Magazine* veröffentlicht wurde.

77 Lothar Fischer, *Tanz zwischen Rausch und Tod* ..., S. 70–71.

Bibliographie

A Guide to Sexy London. Tabir Publications Ltd. ³1978

Allan, Maud, *My Life and Dancing.* London: Everett & Co 1908

Allen, Robert Clyde, *Horrible Prettiness – Burlesque in American Culture.* Chapel Hill: University of North Carolina Press 1991

Aulnoyes, François des, *Histoire et philosophie du striptease.* Paris 1957

Barber, Rowland, *The Night They Raided Minskys.* 1947

Bare, Marcel de, *Les Meunieres du Moulin Rouge,* Les Oeuvres Libres no. 48. Paris: Periodical Publications 1925

Barrass, Charles M., *The Black Crook*

Bell, Shannon, Reading, *Writing and Rewriting the Prostitute Body.* Bloomington: Indiana University Press 1994

Berber, Anita und Sebastian Droste, *Die Tänze des Lasters, des Grauens und der Extase.* Wien 1923

Buonaventura, Wendy, *Bauchtanz: Die Schlange und die Sphinx.* München: Frauenbuchverlag 1984

Buonaventura, Wendy, *Die Schlange vom Nil: Frauen und Tanz im Orient.* Hamburg: Rogner & Bernhard 1990

Carter, Randolph, *Ziegfeld. The Time of His Life.* London: Bernard Press 1988

Castelnau, Jacques, *La Belle Epoque.* Paris 1962

Castle, Charles, *The Folies Bergère.* London: Methuen 1984

Charles, Jacques, *Cent ans de Music Hall.* Paris 1956

Cherniavsky, Felix, *The Salomé Dancer: The Life and Times of Maud Allan.* McLelland & Stewart Inc. 1991

Colette, *Meine Lehrjahre.* Reinbek: Rowohlt 1983

Dahlena mit Donna Meilach, *The Art of Belly Dancing.* Toronto: Bantam 1975

Day, Gary und Clive Bloom, *Perspectives on Pornography: Sexuality in Film and Literature.* Basingstoke: Macmillan 1989

Disher, Maurice Willson, *Winkles and Champagne.* London: Batsford 1938

Dragu, Margaret, *Revelations – Essays on Striptease.* London: Knightwood Editions 1988

Faber, Monika, *Madame d'Ora Wien – Paris.* Wien: Brandstätter 1993

Fischer, Lothar, *Tanz zwischen Rausch und Tod. Anita Berber 1918–1928 in Berlin.* Berlin: Haude & Spener ³1996

Friedrich, Thomas, *Berlin in Bildern 1918–1933.* München: Heyne 1991

Futterman, Marilyn Suriani, *Dancing Naked in a Material World.* Buffalo, New York: Prometheus Books 1992

Giacobetti, Francis, *Les filles du Crazy.* Paris: Editions Love Me Tender 1982

Goldberg, Rose Lee, *Performance Art: From Futurism to the Present.* London: Thames and Hudson 1988

Gorer, Geoffrey Edgar Solomon, *Hot Striptease and Other Notes on American Culture.* London: Cresset Press 1937

Haddon, Archibald, *The Story of the Music Hall, from Cave of Harmony to Cabaret.* London: Cecil Palmer 1924

Hamilton, Marybeth, *The Queen of Camp: Mae West, Sex and Popular Culture.* London: Pandora 1996 auch unter dem Titel, *When I'm Bad, I'm Better*. New York: Harper Colins 1995

Hermite, Maurice, *Vingt ans chez les femmes nues*. Paris 1948

Hobin, Tina, *Belly Dancing*. London: Duckworth 1982

Hooke, S. H., *Middle Eastern Mythology*. London: Penguin 1948

Jakeman, Frank, *Being Frank*. London: Headline 1987

Jakovsky, Anatole, *Les Feux de Montparnasse*, Souvenirs et documents no. 9. Lausanne 1957

Jowett, Deborah, *Time and the Dancing Image*. Berkeley: University of California Press 1988

Lania, Leo, *Der Tanz ins Dunkel. Anita Berber – Ein biographischer Roman*. Berlin 1929

Lanoux, Armand, *Le Moulin Rouge*, Les Oeuvres Libres no. 205. Paris: Periodical Publications 1963

Lauri, Lewin, *Naked is the Best Disguise. My Life as a Stripper*. London: Pandora 1986

Leavitt, Michael, *Fifty Years in Theatrical Management*

Lenoir, Jacqueline, *L'histoire fabuleuse du Casino de Paris*. Paris 1967

Logan, Olive, *Apropos Women and Theatre*. 1869

Lombroso, Cesare, *Das Weib als Verbrecherin und Prostituierte*. Hamburg 1884

Meyerlink, Hubert von, *Meine berühmten Freundinnen*. Düsseldorf 1967

Minsky, Morton, *Minskys' Burlesque*. 1948

Morca, Maria, *Maria Morca's Belly Dancing Kit*. Toronto 1975

Mure, Pierre la, *Moulin Rouge*. Hamburg: Wegner 1951, Frankfurt: Fischer 1960, Reinbek: Rowohlt 1977 und 1980, Berlin: Ullstein 1994

Niklaus, Paul, *Tänzerinnen*. München 1919

Paris, Yvette, *Queen of Burlesque*. Buffalo, New York: Prometheus Books 1990

Pessis, Jacques, *Le Moulin Rouge*. Paris: Herme 1989

Prasteau, Jean, *La merveilleuse aventure du Casino de Paris*. Paris: Denoel 1975

Rich, Daniel Catton, *Henri de Toulouse Lautrec au Moulin Rouge*, in: the Art Institute of Chicago, Gallery Books no. 20. London 1949

Roth, Joseph, *Selections, Berliner Saisonbericht, Unbekannte Reportagen und journalistische Arbeiten 1920–39*. Köln: Kiepenheuer & Witsch 1984

Roberts, Nickie, *The Front Line*. London: Grafton 1986

Russell, Mary, *Vom Segen eines guten festen Rocks*. Bern: Scherz 1987

auch unter dem Titel, *Frauenreisen: Vom Segen eines guten festen Rocks*. München: Goldmann 1991

Ryan, Marianne (ed.), *Toulouse Lautrec*, New Haven: Yale University Press 1991

SHOW, Periodical Publications, A candid magazine of international film, theatre, cabaret and television, vols 1–29, 1955

Silvers, Phil, *The Man Who Was Bilko*. Norwich: Fletcher & Sons Ltd. 1974

Sobel, Bernard, *A Pictorial History of Burlesque*. 1947

Stuart, Andrea, *Showgirls*. London: Jonathan Cape 1996

Suhr, Werner, *Der künstlerische Tanz*. Leipzig 1922

Vane, Roland, *Vice Rackets of Soho*. Stoke on Trent: Archer Press 1950

Von Eckardt, Wolf und Sander Gilman, *Bertolt Brecht's Berlin – A Scrapbook of the Twenties*. Lincoln: University of Nebraska Press 1993

Webb, Peter, *The Erotic Arts*. London: Secker & Warburg 1975

Wedekind, Frank, *Die Tagebücher eines erotischen Lebens*. Frankfurt: Athenaeum 1986

Weill, Alain, *100 Jahre Folies Bergère*. München: Pawlack 1977

Wortley, Richard, *Skin Deep in Soho*. London: Jarrolds 1969

Wortley, Richard, *A Pictorial History of Striptease*. London: Octopus 1976

Zweig, Stefan, *Die Welt von Gestern*. Frankfurt: Fischer 1990

Abbildungsnachweis

© Privatarchiv Lucinda Jarrett, London: Seite 25, 42, 96, 111, 141, 150, 155

© Privatarchiv Lothar Fischer, Berlin: Seite 35, 82, 89, 95

© Deutsches Tanzarchiv Köln: Seite 2, 16, 18, 30, 32, 48, 50, 72, 75, 81, 83, 84, 88, 98, 100, 104, 108, 127, 133

© Archiv für Kunst und Geschichte, Berlin: Seite 44, 45, 66, 69, 71, 77, 121, 131, 132, 138

© Deutsche Kinemathek, Berlin: Seite 110

© Franz von Stuck-Nachlaß, Baldham: Seite 71

Elliott Erwitt, © Magnum, Paris © Agentur Focus, Hamburg: Seite 176

Wolfgang Jansen, *Glanzrevuen der zwanziger Jahre*, Berlin 1987: Seite 23, 86

Wendy Buenaventura, *Die Schlange vom Nil*, Hamburg 1990: Seite 51, 54, 61

Leider war es uns nicht in allen Fällen möglich, die Inhaber der Rechte zweifelsfrei fest-zustellen. Wir bitten daher Rechteinhaber, die hier nicht genannt werden, sich an den Verlag zu wenden.